病理生理学实验

BINGLI SHENGLIXUE SHIYAN

主　编　李淑莲　郑　红
副主编　林　波　孙晓娟　张　静

河南大学出版社
·郑州·

图书在版编目(CIP)数据

病理生理学实验/李淑莲,郑红主编. —郑州:河南大学出版社,2016.12(2018.10 重印)

ISBN 978-7-5649-2648-9

Ⅰ.①病… Ⅱ.①李… ②郑… Ⅲ.①病理生理学–实验–医学院校–教材 Ⅳ.①R363-33

中国版本图书馆 CIP 数据核字(2016)第 316796 号

责任编辑　张雪彩
责任校对　王　贝
封面设计　郭　灿

出版发行	河南大学出版社
	地址:郑州市郑东新区商务外环中华大厦 2401 号　邮编:450046
	电话:0371-86059752(高等教育与职业教育出版分社)
	0371-86059701(营销部)　　网址:www.hupress.com
排　版	郑州市今日文教印制有限公司
印　刷	郑州市运通印刷有限公司
版　次	2017 年 4 月第 1 版　　　　　　　　印　次　2018 年 10 月第 2 次印刷
开　本	787mm×1092mm　1/16　　　　　　印　张　13.5
字　数	288 千字　　　　　　　　　　　　　定　价　30.00 元

(本书如有印装质量问题,请与河南大学出版社营销部联系调换)

前　言

病理生理学(pathophysiology)是一门重要的医学基础学科,实验教学是病理生理学教学任务的重要部分,实验教学除了验证课堂讲授知识,加深学生对理论知识的理解外,更主要的是培养学生的思维能力、创新能力、动手能力、实践能力和表达能力,加强对学生综合素质的培养。

随着医学的飞速发展,病理生理学常用实验仪器、实验设备不断更新,实验方法不断改进,原有病理生理学实验教材内容已明显滞后于现代教学的需求。为了适应现代医学的发展,我们结合本校医学机能实验设备条件,编写了该病理生理学实验教材。本教材共分九章,分别为绪论、病理生理学实验报告、常用实验仪器、常用手术器械、常用试剂及其配制、常用实验动物、动物实验的基本操作及标本采集、病理生理学基础实验、创新性实验。教材中的基础实验项目能满足现代医学教育对本科生培养的实验要求,创新性实验虽有一定难度,但对学生今后的科研发展有一定的帮助。本教材适合临床医学、口腔医学、护理学、药学等专业的本科学生使用,也可作为相关专业硕士生以及教师的参考用书。

本教材编写人员均为富有实验教学经验的一线教师,全书稿件虽经多次讨论、修改,但是受学术水平限制,不足之处在所难免,希望广大教师及同学在使用过程中提出批评和建议。

编　者
2016 年 10 月

目 录

第一章 绪论 …………………………………………………………（ 1 ）
    第一节 病理生理学实验概述 ………………………………（ 1 ）
    第二节 病理生理学实验的类型及观察指标 ………………（ 2 ）
    第三节 病理生理学实验的基本要求 ………………………（ 4 ）

第二章 病理生理学实验报告 ………………………………………（ 6 ）
    第一节 实验数据的采集 ……………………………………（ 6 ）
    第二节 实验结果的整理 ……………………………………（ 8 ）
    第三节 实验报告的写作 ……………………………………（ 9 ）

第三章 常用实验仪器 ………………………………………………（ 11 ）
    第一节 换能器 ………………………………………………（ 11 ）
    第二节 血气分析仪 …………………………………………（ 12 ）
    第三节 BL-420F 生物机能实验系统 ………………………（ 15 ）

第四章 常用手术器械 ………………………………………………（ 29 ）
    第一节 蛙类手术器械 ………………………………………（ 29 ）
    第二节 哺乳类手术器械 ……………………………………（ 30 ）

第五章 常用试剂及其配制 …………………………………………（ 33 ）
    第一节 麻醉药 ………………………………………………（ 33 ）
    第二节 常用生理溶液 ………………………………………（ 35 ）
    第三节 常用血液抗凝剂 ……………………………………（ 36 ）

第六章 常用实验动物 ………………………………………………（ 37 ）
    第一节 常用实验动物的种类 ………………………………（ 37 ）
    第二节 实验动物的编号及性别鉴别 ………………………（ 39 ）
    第三节 实验动物的捉持和固定方法 ………………………（ 40 ）
    第四节 实验动物的给药途径和方法 ………………………（ 43 ）
    第五节 实验动物的麻醉 ……………………………………（ 46 ）

第七章 动物实验的基本操作及标本采集 (48)
第一节 急性动物实验的基本操作技术 (48)
第二节 实验标本的采集方法 (55)

第八章 病理生理学基础实验 (58)
实验一 急性高钾血症及其抢救 (58)
实验二 实验性肺水肿 (61)
实验三 氯气中毒性肺水肿 (63)
实验四 血管壁通透性改变在水肿发生中的作用 (65)
实验五 家兔酸碱平衡紊乱 (66)
实验六 实验性缺氧及救治 (68)
实验七 家兔失血性休克及其实验性治疗 (71)
实验八 实验性感染性休克 (74)
实验九 家兔实验性弥散性血管内凝血(DIC) (76)
实验十 内毒素性发热 (78)
实验十一 心肌缺血-再灌注损伤及其治疗 (80)
实验十二 肠缺血-再灌注损伤 (82)
实验十三 急性右心衰竭 (85)
实验十四 急性左心衰竭 (87)
实验十五 急性呼吸衰竭 (89)
实验十六 氨在肝性脑病发病机理中的作用 (92)
实验十七 正常肾功能调节及急性缺血性肾功能不全 (96)
实验十八 急性中毒性肾功能不全 (98)

第九章 创新性实验 (103)
第一节 科学研究的基本程序 (103)
第二节 实验设计 (105)
第三节 设计性实验的程序与实施 (109)
第四节 常用的实验设计方法 (110)

附录 病理生理学练习题 (112)

参考文献 (210)

第一章　绪论

第一节　病理生理学实验概述

病理生理学(pathophysiology)是研究疾病发生、发展和转归规律的科学,其基本任务是探讨患病机体的功能、代谢变化及其机制(mechanism),为防治疾病提供理论依据。病理生理学既是一门医学基础理论学科,又是一门实验性学科。实践技能是医学生自学能力、逻辑思维能力、计划和实施能力、实践操作能力、语言和书面表达能力的综合,实验是现代医学发展的重要条件和手段之一。病理生理学实验是学生在学习了生理、生化的基本理论,掌握了实验的常用仪器设备和基本技能的基础上,进行的综合性动物实验,即通过进行较复杂的、多指标的、难度较大的实验,进一步强化实验操作,掌握疾病模型的复制和观察方法,对实验结果进行科学分析、逻辑推理,最后得出恰如其分的结论。在综合性实验的基础上,安排探索性实验,由学生自选题目,设计实验方案并实施实验,以小论文形式写出实验报告,最后进行论文答辩,以培养学生的思维能力、创新能力、动手能力、实践能力和表达能力,加强对学生综合素质的培养。

学习病理生理学实验,掌握疾病模型复制的方法和基本规律,对于训练医学生观察疾病时机体功能代谢的变化,培养其科学的思维方法十分重要,这些知识、技能和基本素质,也是学习后续临床课程、防治疾病和从事医学科学研究的坚实基础。

通过学习病理生理学实验,学生们不仅能掌握基本的常用实验操作技术、正确使用仪器的方法,还能通过对各种动物病理模型的复制、治疗等,将生理、药理、病理生理等知识融会贯通。通过探索性实验,培养学生的实验设计和结果统计分析能力、独立解决问题的能力、书面表达能力和团结协作能力,提高学生学习的主动性和创造性,培养学生的创新意识与开拓精神,为全面提高学生的综合素质打下坚实的基础。

病理生理学实验教学除了验证课堂讲授的部分理论,加深学生对理论知识的理解和使学生掌握一定的实验技能之外,更主要的是培养学生严格、严谨、科学的实验研究态度与逻辑思维方法。病理生理学实验课要求达到以下目的:

(1)使学生掌握动物疾病模型复制的基本方法和实验的基本操作技能,掌握机能指标的获取方法及常用仪器的正确使用方法。

（2）使学生学会观察、记录实验数据，分析实验结果和书写实验报告，培养学生灵活运用理论知识分析、解决实际问题的能力。

（3）培养学生基本的科研素质，即严肃的科学态度、严谨的科学作风和严密的科学思维，严格要求，实事求是。通过实验逐步培养学生能够客观地对事物进行观察、比较、分析和综合的能力，以及独立思考的能力。

（4）使学生初步掌握实验设计的技能，开发和培养学生的科学思维和创新能力，为其后续医学课程的学习打下坚实的基础。

第二节 病理生理学实验的类型及观察指标

病理生理学实验课常以动物模型为主要实验对象。

一、动物模型的复制

动物模型的复制是病理生理学动物实验的主要研究方法。在严格控制各种条件的前提下，在动物身上复制与人类基本相同的疾病模型，探索疾病发生发展的原因、条件、机制和规律，观察实验性治疗的疗效，并阐明疗效的机制。

虽然能够严格控制动物实验的实验条件，能按实验者的目的进行客观的定量分析，但是动物和人有质的区别，动物实验所得的结论必须经受临床实践的审慎检验，这样才能判定这些来自动物实验的结论在多大程度上适用于分析人类的疾病。动物实验不能代替临床观察和临床研究，将临床研究和动物实验结合起来，可起到相互补充、相互促进的作用，能使人们对疾病的本质有更加完整的认识。

二、动物实验的种类

动物实验根据实验的性质主要可分为急性实验和慢性实验两类。

1. 急性实验

特点：在短时间内完成，适用于某些急性疾病过程的研究，在教学实验中比较常用。

类型：

① 整体实验：常在麻醉的情况下施行手术，动脉、静脉、气管插管后，观察相应生命指标，施以致病因素后，分析机能代谢变化，或检测血液、尿液的改变。

② 离体实验：从活的或刚死去的动物体内取下能观察的组织或器官，在人工创造的体外环境中，使之保持生理功能，施加致病刺激或治疗，进行实验观察。如，摘取动物的心脏进行体外灌流，观察缺血/再灌注损伤等。在离体实验中可以随意控制实

验条件,排除其他因素的干扰,有针对性地观察某种条件对实验对象的影响,但难以观察完整机体的疾病活动规律。

优点:
① 实验条件比较简单,易于开展。
② 无须严格的无菌操作,较为方便。
③ 对实验对象的功能可进行直接观察和细致分析。

缺点:
① 时间短,观察欠全面,仅适用于病程较短的疾病或观察疾病过程中某一阶段的改变。
② 麻醉、手术创伤等使机体脱离正常状态,可影响实验结果,故需要慢性实验或临床研究加以校正。

2. 慢性实验

先给以致病因素或在无菌条件下施行手术,待动物逐渐致病或手术创伤愈合后再进行实验观察。动物的状况比较接近自然生活条件,能够对其进行较长期的连续观察,可对病程中的机能、代谢变化进行综合性研究,获得比较系统的实验资料,便于揭露疾病过程中整个生命活动的变化。

在医学科学研究中,急性实验和慢性实验常常起到相辅相成的作用,应根据研究目的和对象,选择合适的实验研究类型。

三、实验观察指标

根据指标的性质和观察内容的属性范围,实验观察指标主要分为下列三种。

1. 机能性指标

以机体的整体功能或某一器官功能为主,设立实验观察项目,并进行定量、定性分析,包括血压、呼吸、心率、体温、心电图、脑电图、全身一般状态等。

2. 代谢性指标

代谢性指标指用生物化学或临床检测手段,检测体内某些代谢产物、体液因子或某些成分的含量,包括血液、尿液中肌酐浓度,血浆纤维蛋白原,凝血因子,血浆酸碱参数,PO_2,PCO_2,Na^+,K^+,Cl^-,血液中血细胞等。

3. 形态学指标

观察器官、细胞的形态改变特征,可以用肉眼观察描述,也可借助显微镜描述其微细结构。例如,肉眼观察心腔扩张、肺水肿、下肢水肿等,在显微镜下观察肺水肿、汞中毒性肾病的微细病变,休克时的微循环变化等。

上述三类指标具有内在联系,应全面观察,综合判断。单项观察指标比较局限,常常很难全面说明问题。

第三节　病理生理学实验的基本要求

一、课前准备

（1）主动预习实验。学会课前预习实验指导，通过仔细阅读实验教材，了解本次实验的目的，充分理解实验原理，熟悉实验基本内容、实验方法和操作步骤，尤其要注意实验的"注意事项"，避免实验中出现忙乱和差错。

（2）复习有关理论。实验前结合实验内容，复习有关的理论知识，充分理解实验的设计原理和意义。

（3）预测实验结果。根据实验项目，预测各个步骤应得的结果，并尝试用已知的理论知识对其加以解释；预测实验中可能会发生的问题，并思考应对办法。

（4）认真书写预习报告。

（5）估计实验中可能产生的误差，并制定防止的措施。

二、实验期间

1. 遵守制度，注意节约

将实验器材摆放整齐，保持清洁，有条不紊；公用试剂、仪器设备用后放回指定位置，以免影响他人做实验；保持实验室安静，禁止进行与实验无关的操作；注意爱护实验器材、实验动物及标本，节约消耗性器材和药品。每一小组的器械和药品由组长领取（注意清点数目）。

2. 正确、规范操作

认真听取指导教师的讲解，注意观察示教操作的演示；按操作规程正确使用仪器和器材，如计算机及打印机等外设的电源开、关顺序，实验程序的进入和退出等，以避免损坏设备；注意及时储存实验结果文件和输入有特征的文件名，以防止丢失和方便查找；正确使用器械，正规抓取动物和按要求进行手术操作等，做到规范、统一。

3. 积极动手，密切配合

小组中各成员应积极参与实验，根据不同的实验项目，轮流担任不同的角色，以得到全面锻炼；在比较复杂的实验中应明确分工、积极配合，以保证实验的顺利进行。

4. 仔细观测，科学分析

按照实验步骤，以严肃认真的态度进行独立实验操作，仔细、耐心地观察实验过程中出现的现象，及时在实验记录上做好标记，如实地记录实验结果，并联系理论课讲授的内容进行思考。如：发生了什么现象，为什么出现此种现象，这些现象有什么生理意义等。对实验过程中遇到的每一个问题及实验结果都须正确对待和科学分析,切忌伪造实验结果。实验的成功与否与实验者的操作、仪器的使用、动物的机能状态、药品剂量和实验方法等都密切相关,因而要严格按照实验要求规范操作。实验过程中若出现问题,要先自己想办法予以解决,解决不了时,应及时向指导教师汇报情况,请求给予帮助。

5. 讲究卫生,重视环保

实验过程中用过的腐蚀性试剂,特别是废弃的强酸、碱,应将其倒入指定的容器内,严禁倒入水池中,以防损坏、腐蚀下水道造成污染;剪掉的动物被毛,丢弃的动物器官及组织等,应放入垃圾桶,严禁弃入水池,以免堵塞下水道;对于放射性污染物,应严格按规定要求放置,避免造成大范围污染。

三、实验结束

1. 整理实验用具

整理实验仪器,按操作顺序关闭所用实验仪器和外围设备的电源开关,罩好仪器防尘罩。将存活动物和死亡动物分置于指定场所。清洁实验台面,清除血迹和污渍,将器材按实验前的位置摆放整齐。清洗实验器械,并整理清点,由组长负责交还技术组老师。如有损坏或缺失应及时报告实验技术人员或指导教师。

2. 轮流值日制度

值日生负责打扫实验室卫生,包括清扫地面和走廊,整理讲台、黑板,关闭室内水、电开关和门窗,倒掉垃圾;经指导教师检查合格,在实验室工作日志上签名后方可离开。

3. 整理实验结果,完成实验报告

认真整理、分析、讨论实验结果,对于没有达到预期结果的项目,要及时分析其原因。在认真整理实验记录的基础上,结合有关理论内容讨论和研究实验现象、实验过程及实验结果,得出结论,按要求书写实验报告,并按时送交指导教师评阅。

(李淑莲)

第二章 病理生理学实验报告

实验报告是对实验的全面总结,是综合评定实验课成绩的重要依据之一。实验报告的书写也是一项重要的基本技能训练,是今后撰写科学论文的初始演练。

第一节 实验数据的采集

通过实验研究所做出的结论是以实验数据和结果分析为依据的。因此,数据的采集也就成为研究过程的关键环节之一。很多研究误差都是在数据采集的过程中引入的。完整、准确、客观的实验数据是高质量的实验研究的前提。所以,实验研究人员应特别重视实验数据采集的每一个细节。

一、常用观察指标

生物体进行生命活动时会发出多种多样的生物信息。通过一定的方法可以引导出这些信息,这些信息经进一步放大处理后可用于显示或反映生物体的功能变化。这些信息便是机能学实验了解、研究生物功能的各种观察指标,主要包括以下几种。

1. 电生理指标

电生理指标来源于对生物电信号的采集与处理。常见的生物电信号包括神经干动作电位、神经放电、诱发电位、心电、脑电、肌电、胃肠电等。生物电信号须经过专门的仪器采集、放大后方可记录观察。

2. 普通生理指标

普通生理指标主要指伴随生命活动的一些机械信号,用传统的方法即可观察,采集时相对比较容易,包括以下几种。

(1) 压力信号:如血压、胸内压、中心静脉压等。

(2) 张力信号:如肌肉张力、肠管张力、呼吸运动、蛙心搏动等。压力信号和张力信号均可经相应的换能器转变成电信号。

(3) 流量信号:如尿量、消化液分泌量的测定,一般采用计滴的方法。

3. 其他指标

其他指标主要包括:生化指标,如血糖浓度、体液pH、尿钠含量等;形态学指标,如微血管口径、红细胞计数等;行为指标,如屈反射等。

随着研究的进步,实验观察指标的种类和精度都会不断增加、提高,只要是能反映生物体功能变化的观察数据,都可以成为病理生理学实验的观察指标。

二、实验数据的分类与度量

实验数据的度量方式因数据的性质、类别及要求的精度不同而有所差异。我们一般将实验数据分为定量资料和定性资料两大类,每个大类又包含了不同的精度和类别等级。对不同类型的资料应采取不同的度量与处理方法。

1. 定量资料

定量资料又称计量资料,是指以具体数值为表达方式的资料,一般有相应的测量单位,是度量的最高级形式。如测量体重(kg)、动脉血压(mmHg 或 kPa)、心率(次/min)所获得的具体数据,即为定量资料。使用时要注意使用标准单位和恰当的精度。

2. 定性资料

定性资料又称等级资料,是指将研究对象按某种属性进行归类记录的资料。如男性或女性,细菌培养结果的阳性或阴性,生理功能的兴奋或抑制等。等级资料根据各分类之间是否存在大小多少的排序特征,又可分为有序分类资料和无序分类资料两种。

(1)有序分类资料:各类之间有程度的差别,又称半定量资料。例如,进行血清学检查时,抗体的滴度可以分为 -、±、+、++、+++、++++ 等;观察某种药物的疗效时,可将其分为治愈、显效、好转、无效等级别。

(2)无序分类资料:各类之间无程度的差别,无法进行优劣比较。包括:二项分类,如检测红细胞有无凝集,结果可以是有凝集或无凝集;多项分类,如血型,结果可以是 A 型、B 型、AB 型、O 型。定性资料所获得的测量结果以每一类别的样本数来表达时,也称为计数资料。例如,对 1000 名新入学的学生进行血型调查,结果可能是 A 型血 308 人,B 型血 292 人,AB 型血 90 人,O 型血 310 人。

在统计分析中,习惯将资料分为计量资料、等级资料和计数资料三种类型,对应于本分类方法分别相当于定量资料、有序分类资料和无序分类资料。根据分析的需要,各类资料的属性可以相互转化。

三、实验数据的评价

实验中获得的原始实验数据是后续分析的基础和得出科学结论的依据,因此实验数据的质量直接影响到研究结果的科学性和可靠性。对数据质量的评价一般有三个方面,即数据的完整性、准确性和精确性。

(1)数据的完整性是指按照实验设计要求收集所有的实验数据。另一层含义是应将所有实验数据用于分析过程,不得因某些数据与研究者预期的结果有较大差距而随意删除,或不引入分析过程,即不能任意删除实验数据。

(2)数据的准确性是指数据是否准确可靠、记录无误,能否真实地反映实验的客观事实。注意克服两方面的误差:由实验仪器或方法所造成的误差,即系统误差;在数据收集过程中出现的过失误差,即人为误差。

(3)数据的精确性是指测量数据的精度,即保留多少位有效数字更适合该测量数据。

第二节 实验结果的整理

整理实验结果就是对实验所观察到的现象和所获取的数据进行分析、归纳、综合,并找出其规律的过程。通过整理可以进一步明确已经取得的成绩,并训练自己分析、判断问题的能力,同时为写报告做好准备。

实验结果是实验报告中最重要的部分,应将实验过程中所观察到的现象忠实、正确、全面、详细地加以记述。有曲线记录的实验,应尽量用原始曲线表示实验结果,以保证结果的真实性。

实验报告中常用的实验结果表达方式有以下几种。

1. 描述法

描述法是用文字将观察到的有关现象客观地加以描述。描述时需要有时间概念和顺序。凡属于定量的资料,例如高低、长短、快慢、轻重、多少等,均应用正确的计量单位及数值表达。必要时可进行统计学处理,以保证结论的可靠性。不能简单、笼统地描述,如心跳的变化不能只写心跳"加快"或"减慢",而要写出心跳加快或减慢的具体数值。

2. 波形法

波形法指将实验中描记的波形或曲线,经过编辑,剪贴在实验报告纸上,以显示实验结果。如记录到的呼吸、血压、肌肉收缩曲线等。曲线上应有刺激记号、时间记号并加以必要的标注或文字说明。此外,还要就曲线频率、节律、幅度和基线做出定量分析。

3. 表格法和简图法

对计量或计数资料也可用列表或画图的方式表示,使结果更简明、突出,便于比较分析。制表时,一般将观察项目列在表内左侧,由上而下逐项填写,实验结果等则按顺序由左而右填写。绘图时,应在坐标上标明数字和单位。一般以横坐标表示各种刺激条件,纵坐标表示发生的各种反应,并在图的下方标注实验条件。

第三节 实验报告的写作

实验报告的内容可按每个实验的具体要求来写,但是基本内容应包括:一般项目、实验序号和题目、实验目的、实验对象、实验方法和步骤、实验结果、实验讨论和实验结论。要注意语句简练、通顺,条理清晰,观点明确,字迹要清楚、整洁。

实验报告的具体要求如下:

(1) 一般项目:姓名、班级、组别、学号、日期、室温、合作者、指导教师等。

(2) 实验序号和题目。

(3) 实验目的。

(4) 实验对象。若为动物,要写明种属、性别和体重。

(5) 实验方法和步骤。对实验指导书中已有的部分可简写,若实验操作改动较大,应详加记述。

(6) 实验结果。实验结果是实验报告中最重要的部分。应将实验过程中所观察到的现象真实、正确、全面、详细地记述下来。实验中的每项观察都应随时记录。实验结束后,根据记录填写实验报告,不可单凭记忆,否则容易发生错误或遗漏。可根据不同情况正确选用上述的不同方法(描述法、波形法、表格法和简图法)。有曲线记录的实验,应尽量用原始曲线表示实验结果,以保证结果的真实性。

(7) 实验讨论。实验讨论是围绕实验目的,根据已知的理论知识,通过分析和思考,对实验中出现的现象及结果做出客观、深入的解释和概括,分析实验结果的生理意义或病理变化。如果出现非预期结果,应分析其可能原因。在讨论实验结果时,要理论联系实际,从现象中找出规律,可以提出并论证自己的观点,重点要从实验结果中归纳出所验证理论的概念和原理。

(8) 实验结论。实验结论是从实验结果中归纳出的一般性、概括性的判断,也就是对该实验所能验证的概念或理论的简明总结。结论应简明扼要、切合实际,不应罗列和重复具体的结果,在实验中没有得到充分证明的问题不应写入结论中。

实验讨论和结论的书写是富有创造性的工作,应该严肃认真,不应盲目抄袭书本和他人的实验报告。可适当开展同学间的讨论,加深对实验的理解。

【附】

实验报告的基本格式

姓名　　　　　　　学号　　　　　　　日期　　　　　　　
年级　　　　　　　专业　　　　　　　班级　　　　　　　
实验序号和题目

实验目的
实验对象
实验方法和步骤
实验结果
实验讨论　　　　（详细书写）
实验结论

(郑　红)

第三章 常用实验仪器

第一节 换能器

换能器(传感器)是用来将机体机能活动的信息转换成与之有确定函数关系的电信息的变换装置。它是医学仪器中与机体进行直接耦合的环节,其功能是把机体的生理信息拾取出来,以便进一步实现传输、处理和显示。通过换能器可把机能学实验中一些机械力或容量的变化转换成电能(电流或电压),以便将此电能输入不同仪器加以处理,对其代表的机能变化做深入分析。

常用的换能器有以下两类(如图3-1所示)。

1. 张力换能器

张力换能器主要用于记录骨骼肌、心肌、平滑肌等组织的收缩曲线。它可以把张力信号转换成电信号,再经放大器将转换的电信号放大后观察或记录。

2. 压力换能器

压力换能器主要用来测量血压、胸腔内压、心内压、颅内压、胃肠内压和眼内压等。它可以把压力的变化转化为电阻率的变化,电信号的大小与外加压力的大小线性相关。

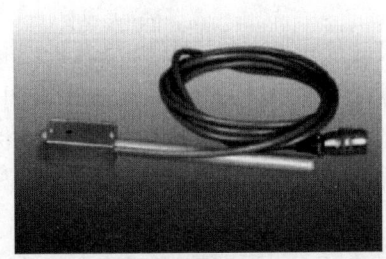 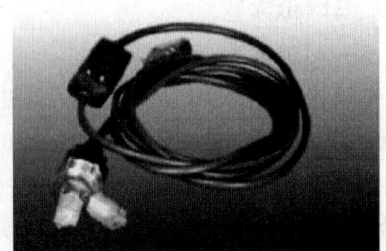

张力换能器　　　　　　　　压力换能器

图3-1　换能器的主要类型

换能器使用注意事项:

(1)张力换能器的应变元件非常精细,使用时要特别小心,实验时不能用力牵拉或用力扳弄换能器的悬梁臂，以免损坏仪器。应将换能器水平地安置在支架上，正式记录前，应将换能器预热30分钟，以确保精度。使用时，要防止生理盐水等溶液渗入换能器。

（2）压力换能器在使用时应固定在支架上，不得随意改变其位置，使用前预热30分钟，待零位稳定后方可进行测量。在进行测量前，要将两个压力嘴分别与三通管接好，不得有泄露现象，可用压力计先预压2～3次，然后再调整零位基准。换能器结构中有调零电位器，与记录仪配合调整。注意将"O"形圈垫好，以免漏水。

第二节 血气分析仪

血气是指血液中所含气体（O_2与CO_2）及其酸碱参数的简称，是人体内环境和生命信息之载体。人体任何生理病理变化都有相应的血气改变，血气分析是病理生理学实验的主要内容之一，也是当今急救医学不可缺少的一项检查。目前，血气分析仪种类很多，各有其特色，但都具备所需样品量少（25～100 μL）、检测快捷（1～2 min）、方便、范围广泛、自动显示数据、打印结果等优点。

一、血气分析仪测定原理及仪器结构

目前血气分析仪虽然型号很多，但都是测定血液pH、PCO_2和PO_2三项基本数据，再参考Hb及体温的数据计算出其他诊断参数。

测定血气的仪器主要由专门的气敏电极分别测出O_2、CO_2和pH三个数据，并推算出一系列参数。血气分析仪的型号很多，自动化程度也不尽相同，但其结构组成基本一致，一般包括电极（pH、PO_2、PCO_2）、进样室、CO_2空气混合器、放大器元件、数字运算显示屏和打印机等部件，进行自动化分析，所需样品少，检测速度快而准确。

（一）电极系统

（1）pH测定系统：包括pH测定电极即玻璃电极、参比电极及两种电极间的液体介质。pH测定电极是利用电位法原理测量溶液的H^+浓度，它是一个对H^+敏感的玻璃电极，同时必须用另一电位值已知的参比电极配套，通常与甘汞电极保持电接触。血样中的H^+与玻璃电极膜中的金属离子进行交换，产生电位差，并与血样的H^+浓度成正比，二者之间存在着对数关系。

（2）PCO_2电极：PCO_2电极属于CO_2气敏电极，主要由特殊玻璃电极和Ag/AgCl参比电极及电极缓冲液组成。这种特殊的玻璃电极是对pH敏感的玻璃膜外包围一层碳酸氢钠溶液（$NaHCO_3$ 5 mmol/L、NaCl 20 mmol/L，并以AgCl溶液饱和），溶液的外侧再包一层气体可透膜。此膜以聚四氟乙烯或硅胶为材料，可选择性地让电中性

能 CO_2 通过,带电荷的 H^+ 及带负电荷的 HCO_3^- 不能通过。CO_2 则扩散入电极内,与电极里的碳酸氢钠溶液发生化学反应,使其内 $NaHCO_3$、$NaCl$ 溶液的 pH 值发生改变,产生电位差,由电极套内的 pH 电极检测。pH 值的改变与 PCO_2 数值呈线性关系($\triangle pH/\log PCO_2$),根据这一关系即可测出 PCO_2 值。

(二) 管道系统

管道系统主要由测量室、转换盘(有或无)系统、气路系统、溶液系统及泵体等组成。测量室有一套自动控制温度使其稳定于 37 ℃ 的装置。转换盘是让样品进入并将有关溶液及气体送入测量室的装置,由计算机程序自动控制。气路系统由空气压缩机、CO_2 气瓶、气体混合器、湿化器、泵、阀门及有关管道组成。

二、血气分析仪操作简介

目前使用的血气分析仪,生产厂家多,型号各异,但性能和操作大同小异。现以 ABL-5 型血气分析仪为例,简要介绍该仪器的使用方法。

ABL-5 型血气分析仪装有 PO_2、PCO_2 和 pH 电极,直接测定全血,实际上是测定血浆 PO_2、PCO_2 和 pH,因为这些电极直接接触的标本是血浆,而未能伸入到红细胞内。测出这三个指标后,再通过仪器运算出其他指标。

(一) 定标

定标是一个分析过程,仪器通过对定标物的浓度等指标的测试,对自身的相关检测状态进行调整,从而达到最佳的测试准确性和仪器状态。各型血气分析仪均可检测和处理测量定标液时的电极信号响应的变化,调整仪器到最佳的测试性能状态。定标分两种形式,即两点定标(Cal2)和一点定标(Cal1)。两点定标是先用两种缓冲液对 pH 电极系统进行定标,再用混合后的两种不同含量的气体对 PCO_2 和 PO_2 电极进行定标。两点定标是让仪器建立合适的工作曲线。一点定标是每隔一定的时间检查一下电极偏离工作曲线的情况,也可设置为每个样本测试后自动进行。

开机后,两点定标自动进行是必须做的工作,并且不能中断。进行两点定标,仪器每隔 4 小时左右再自动进行下一次两点定标,必要时可根据情况任意选用定标程序再定标。

(二) 血气标本采集

血气分析标本的采集是极为重要的,若处理不当,将产生很大的误差,甚至比仪器分析的误差还大,因此必须足够重视。

血气标本以采动脉血或动脉化毛细血管血为主,静脉血也可供作血气测定。只有动脉血才能真实反映体内代谢氧化作用和酸碱平衡的状况,对 O_2 检测的有关指标必须采集进入细胞之前的动脉血,也就是血液中从肺部运氧到组织细胞之间的动脉血,才能真正反映体内氧的运输状态。

1. 抗凝剂的使用

常用的抗凝剂为肝素钠。每支肝素钠每毫升含 12 500 U,相当于 100 mg,用 20 mL 生理盐水稀释,分装成 40 支,消毒备用(4 ℃贮存)。临用时,用注射器吸取肝素钠溶液一支,而后将肝素钠溶液来回抽动,使针筒局部湿润,多余肝素钠溶液全部排出弃之,注射器内死腔残留的肝素钠溶液即可抗凝。

2. 实验动物动脉血的采取

(1) 颈总动脉取血:对于一些已进行颈部手术且剥离颈总动脉并进行动脉插管的实验,需要进行血气分析测定时,可直接由颈总动脉放血 2 mL 至已抗凝好的小玻璃试管中,迅速将试管与空气隔绝。

(2) 心脏穿刺取血:对于一些未进行颈部手术且未剥离颈总动脉的实验,需要进行血气分析测定时,可使家兔仰卧固定,手持注射器在 3、4 肋间左缘 3 mm 处垂直刺入心脏,血液借心脏搏动进入注射器,取左心室血 2 mL 左右。穿刺动作要迅速,注意针头不要在胸腔内左右摆动,以防伤及心肺。

(3) 股动脉取血:对于一些已进行股部手术且剥离股动脉的实验,需要进行血气分析测定时,可直接由股动脉放血 2 mL 至已抗凝好的小玻璃试管中,迅速将试管与空气隔绝。

(三) 测量

从开机到两点定标完成后,仪器屏幕上显示"READY",即已准备好,此时可进行测量。

1. 加样

打开进样口,选择测试模式:全项目或自选项目。连接注射器与进样口;按一下测量键,直到黄灯亮和听到短鸣声;移开样本,擦拭进样口。

2. 测量

进样完毕后,蠕动泵开始转动,将血样吸入测量室。当血样到达 pH 参比电极时,蠕动泵停转,血样停留在测量室中,仪器自动进行测量和计算。与此同时,输入样本来源(实验动物或病人)的体温数、样本类型、总 Hb 等信息,测量值及其计算值在屏幕上显示,并打印结果。

测量一结束,仪器自动进行冲洗将血样冲走,干燥后,进行一点定标,然后返回 READY 状态,又可接着进行第二个样品的测量。

注意事项:

(1) 注意防止血标本与空气接触,应使其处于隔绝空气的状态。因为:

① 空气中 PO_2 (21.17 kPa 或 150 mmHg)高于血液,PCO_2 (0.04 kPa 或 0.3 mmHg)低于血液,一旦血液与空气接触,大气中的 O_2 会从高压的空气进入血液,造成血液 PO_2 偏高的误差;CO_2 又会从高压的血液弥散到大气中,使血液 PCO_2 测出结果偏低。

② 与空气接触,易造成空气污染血标本。

（2）标本放置时间。采出的全血中有活性红细胞，其代谢仍在继续进行，O_2 不断地被消耗，CO_2 不断地产生。要求采取的血标本应在 30 分钟内检测完毕，如 30 分钟内不能检测，应将标本置于冰水中保存，最多不超过 2 小时。

（3）采末梢血必须是动脉化的毛细血管血，只有高灌注局部组织的代谢变化，其静脉血 pH、PCO_2、PO_2 才与动脉血所测值非常接近。

（4）防止溶血或血液凝固。

第三节 BL-420F 生物机能实验系统

一、概述

BL-420F 生物机能实验系统，是一种配置在计算机上的智能化的 4 通道生物信号采集、放大、显示、记录及数据处理系统。该系统主要用于记录实验中的生物电信号和张力、压力、呼吸等生物生理指标的波形，进而分析生物机体在不同实验项目下的机能变化。该系统不仅具有记录仪、示波器、放大器、刺激器、心电图仪等传统机能实验常用仪器的功能，而且有传统仪器所无法实现的数据分析功能。

如图 3-2 所示，BL-420F 生物机能实验系统由以下 3 个主要部分构成：

① 计算机；
② BL-420F 系统硬件；
③ TM_WAVE 生物信号采集与分析软件。

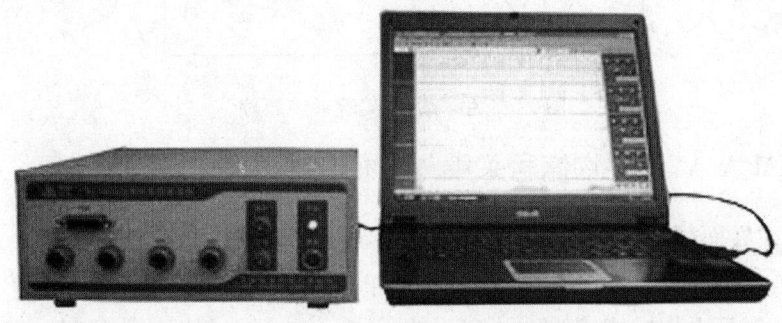

图 3-2 BL-420F 生物机能实验系统组成

BL-420F 系统硬件是一台程序可控的、带 4 通道生物信号采集与放大功能，并集高精度、高可靠性以及宽适应范围的程控刺激器于一体的设备。TM_WAVE 生物信号采集与分析软件利用微机强大的图形显示与数据处理功能，可同时显示 4 通道从生物体内或离体器官中探测到的生物电信号或张力、压力等生物非电信号的波形，并可对实验数据进行存贮、分析及打印。该实验系统完全替代了传统的机能实验设备，功能更加强大与灵活。

二、生物机能实验系统的原理简介

生物机能实验系统的基本原理：如图 3-3 所示，首先将原始的生物机能信号，包括生物电信号和通过传感器引入的生物非电信号进行放大（有些生物电信号非常微弱，比如减压神经放电，其信号为微伏级信号，如果不进行信号的前置放大，根本无法观察）、滤波（由于生物信号中夹杂有众多声、光、电等干扰信号，比如电网的 50 Hz 信号，这些干扰信号的幅度往往比生物电信号本身的强度还要大，如果不将这些干扰信号滤除掉，就会因为过大的干扰信号致使有用的生物机能信号本身无法被观察）等处理，然后对处理过的信号通过模数转换进行数字化并将数字化后的生物机能信号传输到计算机内部，计算机则通过专用的生物机能实验系统软件接收从生物信号放大、采集硬件传入的数字信号，然后对这些收到的信号进行实时处理，一方面进行生物机能波形的显示，另一方面进行生物机能信号的实时存贮。另外，它还可根据操作者的命令对数据进行指定的处理和分析，比如平滑滤波、微积分、频谱分析等。对于存贮在计算机内部的实验数据，生物机能实验系统软件可以随时将其调出进行观察和分析，还可以将重要的实验波形和分析数据打印出来。

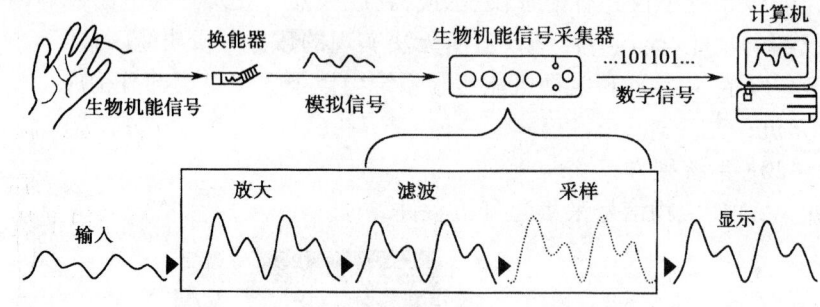

图 3-3　生物机能实验系统原理

三、TM_WAVE 生物信号采集与分析软件界面介绍

（一）主界面（建议在计算机实际操作界面下学习）

TM_WAVE 生物信号采集与分析软件（以下简称 TM_WAVE 软件）的主界面是用户与 BL-420F 生物机能实验系统交互的手段。为了能尽快地掌握 BL-420F 生物机能实验系统来完成自己的生物机能实验，首先需要了解 TM_WAVE 软件的主界面，熟悉主界面上各个部分的用途。

主界面从上到下主要分为标题条、菜单条、工具条、波形显示窗口、数据滚动条及反演按钮区、状态条等 6 个部分；从左到右主要分为标尺调节区、波形显示窗口和分时复用区 3 个部分（如图 3-4 所示）。

在标尺调节区的上方是通道选择区,下方是 Mark 标记区。分时复用区包括控制参数调节区、显示参数调节区、通用信息显示区、专用信息显示区和刺激参数调节区 5 个分区,它们分时占用屏幕右边相同的一块显示区域,可以通过分时复用区底部的 5 个切换按钮在它们之间进行切换。

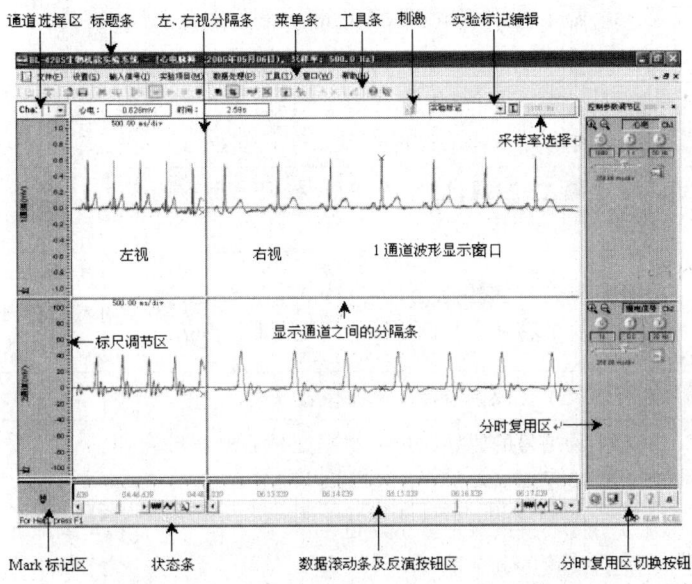

图 3-4　TM_WAVE 生物信号采集与分析软件主界面

主界面中需要特别说明的是视的概念。视可以看作一个用于观察生物波形信号的复合显示窗口,其中包括直接用于观察生物波形的显示窗口和相关的辅助窗口。每一个视均包含有 6 个子窗口,它们分别是:时间显示窗口(用于显示记录数据的时间),4 个通道的波形显示窗口(每个通道对应一个波形显示窗口),数据滚动条及反演按钮区(用于数据定位和查找)。

视的重要性就在于它把波形的显示部分组成了一个整体,即视就是一个完整的波形显示系统。那么到底左、右视的设计有什么好处呢? 首先,在 TM_WAVE 软件中左、右视的大小并不固定,通过左、右视分隔条可以同时改变左、右视的大小,一个视变大的同时另一个视缩小,当把左、右视分隔条移动到最左边或最右边时,其中一个视消失,另一个视变为最大,此时,它具有单视显示系统的全部优点,比如显示区域最大等。其次,如果左、右视同时出现(参见图 3-4),那么在实时实验过程中,可以使用右视观察即时出现的波形,同时使用左视观察过去时间记录的波形,这样,在不暂停或停止实验的情况下,可以观察本次实验中任何时段的波形。最后,在数据反演时,可以利用左、右视比较不同时段或不同实验条件下的波形,这些都是单视系统所无法比拟的。

TM_WAVE 软件主界面上各部分功能清单如表 3-1 所示。

表 3-1　TM_WAVE 软件主界面上各部分功能

名称	功能	备注
标题条	显示 TM_WAVE 软件的名称及实验相关信息	软件标志
菜单条	显示所有的顶层菜单项,可以选择其中的某一菜单项以弹出其子菜单。最底层的菜单项代表一条命令	菜单条中一共有 8 个顶层菜单项
工具条	一些最常用命令的图形表示集合,它们使常用命令的使用变得方便与直观	共有 22 个工具条命令
左、右视分隔条	用于分隔左、右视,也是调节左、右视大小的调节器	左、右视面积之和相等
特殊实验标记编辑	用于编辑特殊实验标记,选择特殊实验标记,然后将选择的特殊实验标记添加到波形曲线旁边	包括特殊实验标记选择列表和打开特殊实验标记编辑对话框按钮
标尺调节区	选择标尺单位及调节标尺基线位置	—
波形显示窗口	显示生物信号的原始波形或数据处理后的波形,每一个显示窗口对应一个实验采样通道	—
显示通道之间的分隔条	用于分隔不同的波形显示通道,也是调节波形显示通道高度的调节器	4/8 个显示通道的面积之和相等
分时复用区	包含控制参数调节区、显示参数调节区、通用信息显示区、专用信息显示区和刺激参数调节区 5 个分区	这些区域占据屏幕右边相同的区域
Mark 标记区	用于存放 Mark 标记和选择 Mark 标记	Mark 标记在测量光标时使用
时间显示窗口	显示记录数据的时间	在数据记录和反演时显示
数据滚动条及反演按钮区	用于实时实验和反演时数据快速查找和定位,可同时调节 4 个通道的扫描速度	—
切换按钮	用于在 5 个分时复用区之间进行切换	—
状态条	显示当前系统命令的执行状态或一些提示信息	—

(二) 生物信号波形显示窗口简介

生物信号波形显示窗口是 TM_WAVE 软件主界面中最重要的组成部分,观察到的所有生物信号波形及处理后的结果波形均显示在波形显示窗口中。BL-420F 生物机能实验系统可同时观察 4 个通道的生物信号波形,每个实验通道对应一个波形显示窗口。实验时可以根据自己的需要在屏幕上显示 1 个、2 个、3 个或 4 个波形显示窗口,也可以通过波形显示窗口之间的分隔条调节各个波形显示窗口的高度。将鼠标放在显示窗口下部的通道分隔条上,拖动分隔条即可改变该窗口的显示高度,如果只想显示某一通道,就在该通道处双击鼠标左键。在任一个显示窗口上双击鼠标左键,可将所有通道的显示窗口恢复到初始的大小。

图 3-5 表示一个通道的波形显示窗口,包含标尺基线、波形显示和背景标尺格线3 部分。表 3-2 列举了波形显示窗口中各部分的功能。

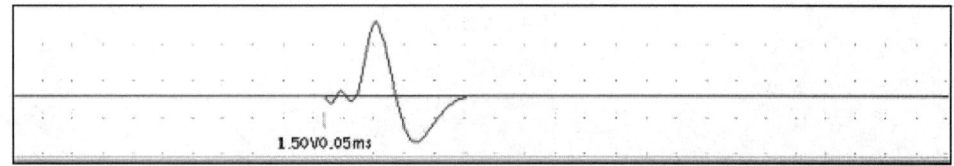

图 3-5　TM_WAVE 软件生物信号波形显示窗口

表 3-2　生物信号波形显示窗口各部分功能

名称	功能	备注
标尺基线	生物信号的参考零点,其上为正,其下为负	—
波形显示	显示采集到的生物信号波形或处理后的结果波形	—
背景标尺格线	波形幅度大小和时间长短的参考刻度线或点	其类型和颜色可选

在通道的波形显示窗口中还有一个快捷功能菜单可供选择。当在显示窗口上单击鼠标右键时,TM_WAVE 软件将会完成两项功能:一是结束所有正在进行的选择功能和测量功能,包括两点测量、区间测量、细胞放电数测量以及心肌细胞动作电位测量等;二是将弹出一个快捷功能菜单,如图 3-6 所示。这个快捷功能菜单包含的命令大部分与通道相关,所以如果需要对某个通道进行操作,就直接在那个通道的波形显示窗口上单击鼠标右键弹出与其相关的快捷功能菜单,比如对某个通道的波形进行信号反向或平滑滤波等操作。

在理解波形显示窗口快捷功能菜单命令之前,还需要解释一个概念——区域选择,所谓区域选择是指在一个或多个通道波形显示窗口中选择一块区域,并且该区域以反色方式显示。区域选择之所以重要,是因为有很多功能与其相关,包括波形显示窗口快捷功能菜单中的数据导出功能;另外,在进行区域选择的同时,TM_WAVE 软件内部还完成了选择区域参数测量(与区间测量相似,但不完全相同)和选择区域图形复制等操作,所以区域选择是一个基础性的概念。

进行区域选择有两种不同的方法:一是只在一个通道波形显示窗口中进行区域选择,即只选择一个通道波形显示窗口中的内容,如图 3-7 所示;二是同时选择所有通道波形显示窗口中相同时间段的一块区域,如图 3-8 所示。区域选择的两种操作方法基本相同,只是完成操作的窗口不同,前一种操作在通道波形显示窗口中完成,后一种操作在时间显示窗口中完成。

区域选择的具体操作方法是:在将要选择区域的左上角按下鼠标左键以确定选择区域的左上角,然后在按住鼠标左键不放的情况下向右下方拖动鼠标以选择区域的右下角,当选择好区域的右下角后松开鼠标左键即完成区域选择操作。

图 3-6　波形显示窗口中的快捷功能菜单

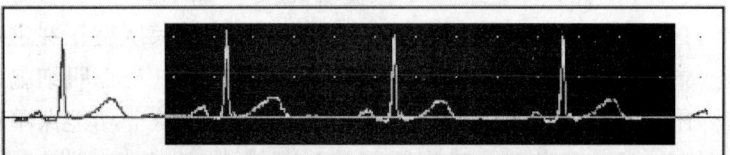

图 3-7　在一个通道波形显示窗口中进行区域选择

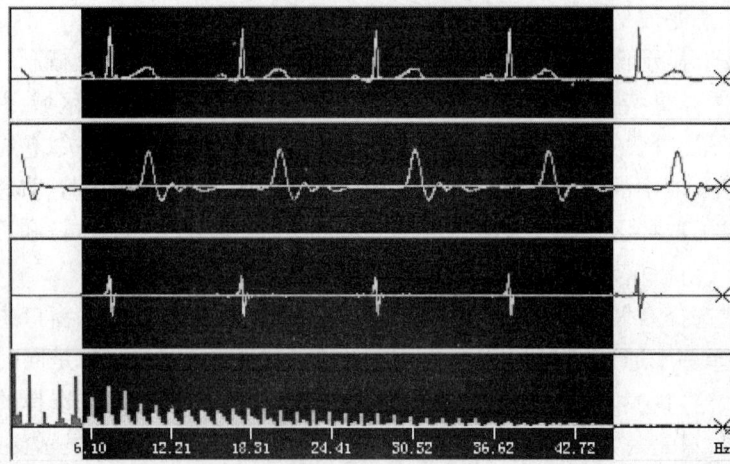

图 3-8　对多个通道波形显示窗口中相同时间段的区域进行区域选择

完成区域选择后,系统内部将自动完成选择区域的图形复制功能。所谓图形复制,就是将所选区域的一块窗口区域连同从这块区域波形中测出的数据一起以图形的方式发送到 Windows 操作系统的一个公共数据区的剪辑板内,以后可以将选择的这块图形粘贴到任何可以显示图形的 Windows 应用软件中,如 Word、Excel 或画图软件,方法是选择这些软件"编辑"菜单中的"粘贴"命令。

四、刺激器设置说明

(一)刺激参数调节区

刺激参数调节区中列举了要调节的刺激参数,在讲解刺激参数调节前,我们应该先了解一下刺激器中各个参数的意义,如图 3-9 所示。

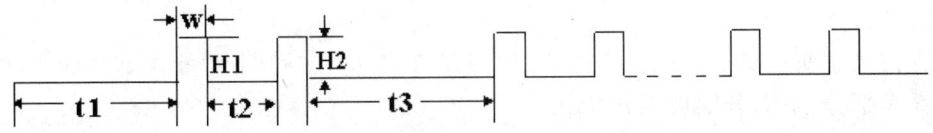

图 3-9　刺激器参数分析示意图

t1(延时):刺激脉冲发出之前的初始延时(范围:0 ~ 6 s;单位:ms)。

t2(波间隔):双刺激或串刺激中两个脉冲波之间的时间间隔(范围:0 ~ 6 s;单位:ms)。

t3(延时 2):在连续刺激中,连续刺激脉冲之间的时间间隔(范围:0 ~ 6 s;单位:ms),可与 t1 相等,也可以不等。在显示中,该参数将被换算为频率,换算公式如下:

$$F = 1/(t3 + w)$$

其中 F 为频率(单位:Hz),t3 和 w 的单位是 s。

W(波宽):刺激脉冲的宽度(范围:0 ~ 2000 ms;单位:ms)。

H1(强度 1):单刺激、串刺激中的刺激脉冲强度,或双刺激中第一个刺激脉冲的强度(范围 0 ~ 35 V;单位:V)。如果选择的刺激模式为电流刺激,那么它表示第一个刺激脉冲的电流强度(范围:0 ~ 10 mA;单位:mA)。

H2(强度 2):双刺激中第二个刺激脉冲的强度(范围:0 ~ 35 V;单位:V)。如果选择的刺激模式为电流刺激,那么它表示第二个刺激脉冲的电流强度(范围:0 ~ 10 mA;单位:mA)。

刺激参数调节区由上至下分为 3 个部分,包括基本信

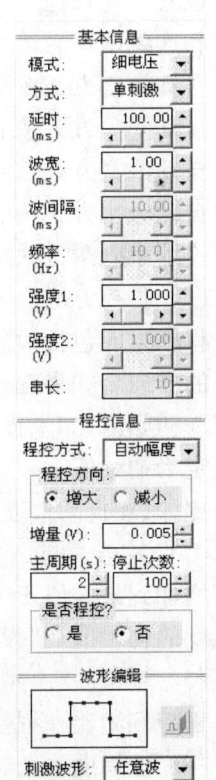

图 3-10　刺激参数调节区

息、程控信息、波形编辑,如图 3-10 所示。

1. 基本信息区

基本信息是关于刺激的基本参数,对于每一个参数,采用粗细两级的调节方法(如图 3-11 所示),每个参数加上一个调节机构叫作一个元素。

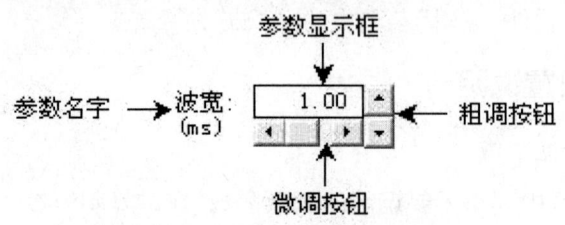

图 3-11　刺激器参数调节元素分解图

2. 程控信息区

程控信息属性页中包括程控方式、程控方向、增量、主周期、停止次数和程控刺激选择 6 个部分,下面分别加以介绍。

(1) 程控方式。

该命令为程控刺激方式选择子菜单,包括:自动幅度、自动间隔、自动波宽、自动频率和连续串刺激等 5 种程控刺激方式。

自动幅度方式按照设定的主周期自动对单刺激的刺激幅度进行改变。

自动间隔方式按照设定的主周期自动对双刺激的刺激波间隔进行改变。

自动波宽方式按照设定的主周期自动对单刺激的刺激波宽进行改变。

自动频率方式按照设定的主周期自动对串刺激的刺激频率进行改变。

连续串刺激方式按照设定的主周期自动、连续地发出串刺激波形。

(2) 程控方向。

程控方向包括"增大""减小"两个选择按钮,它们控制着程控刺激器参数增大或减小的方向。如果程控刺激器的方向为增大,那么参数增大到最大时,系统自动将其设定为初始值;如果程控刺激器的方向为减小,那么参数减小到最小时,系统自动将其设定为初始值。

比如,在自动幅度方式下,我们选择的程控方向为增大,初始幅度为 30 V,增量为 0.1 V,这样每过一个主周期时间,将发出一个单刺激,然后其幅度增加 0.1 V,当幅度增加到最大值 35 V 时,下一次刺激开始,刺激幅度将被设置为初始值 30 V,刺激强度的初始值在"设置"属性页的"强度 1"调节单元中进行设置。

(3) 增量。

程控刺激器在程控方式下每次发出刺激后程控参数的增量或减量。

(4) 主周期。

程控刺激器的主周期,单位为"s"。主周期是指程控刺激两次刺激之间的时间间隔。

(5) 停止次数。

停止次数是指停止程控刺激的次数,在程控刺激方式下,每发出一个刺激将计数一次,所发出的刺激数达到停止次数后,将自动停止程控刺激。也就是说停止次数是停止程控刺激的一个条件。

(6) 程控刺激选择。

程控刺激选择包括"是"和"否"两个选择按钮,可以通过选择按钮,在程控刺激器和非程控刺激器之间进行选择。在任何时候,都可以选择"是"按钮来将刺激器设置为程控刺激器,也可以选择"否"按钮随时停止程控刺激器。

3. 波形编辑区

波形编辑用于设定刺激波形的形状,可以选择已有的波形,也可以自己编辑波形。

在 TM_WAVE 软件中,预置的波形包括:方波、正弦波、余弦波、三角波等,如图 3-12 所示。

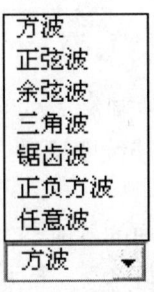

图 3-12　刺激波形预设值选择列表框

若选择任意波,则可通过在任意波示意图上双击鼠标左键弹出任意波波表编辑器对话框,如图 3-13 所示。

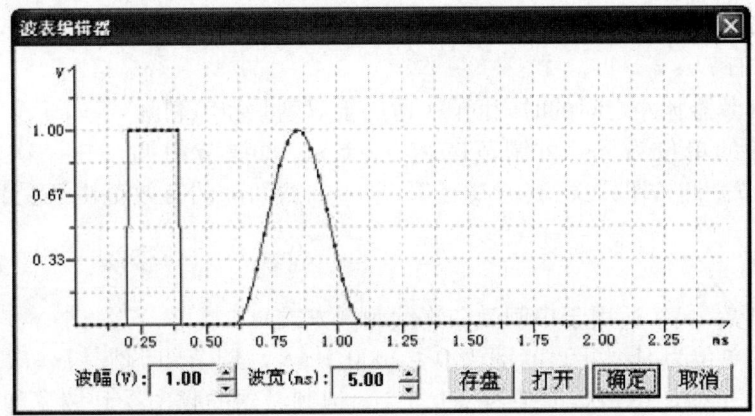

图 3-13　刺激器任意波波表编辑器

可以通过修改绿色控制块位置的方法来编辑任意形状的刺激波形。改变控制块位置的方法是:在控制块上按下鼠标左键,在按住鼠标左键不放的情况下就可以拖动控制块,拖到指定位置后松开鼠标左键完成一次调节。

编辑的刺激波形将作为一个刺激周期的波形,可以将这个波形存盘。

在波形编辑区中,还有一个启动刺激器按钮。当设定好刺激参数后,按下此按钮将启动一次刺激。当然,启动刺激器最简单的方法还是按下键盘上的"Enter"键。

当对话框元素的粗调按钮与微调按钮变为浮雕形式时,表明该参数无效,也不能被调节。某个参数当前的有效性主要由刺激器方式确定。

(二) 刺激设置

1. 模式

有4种刺激模式可供选择,分别是粗电压、细电压、粗电流及细电流。

粗电压模式的刺激范围为 0~100 V,步长为 5 mV;细电压模式的刺激范围为 0~10 V,步长为 5 mV;粗电流模式的刺激范围为 0~20 mA,步长为 10 μA;细电流模式的刺激范围为 0~20 mA,步长为 1 μA;

2. 方式

调节刺激器的刺激方式,有5种刺激方式可供选择,分别是单刺激(为默认选择)、双刺激、串刺激、连续单刺激与连续双刺激。

3. 延时

调节刺激器第一个刺激脉冲出现的延时。

延时的单位为 ms,可调范围为 0~6 s。每调节粗调按钮一次,其值改变 5 ms,调节微调按钮一次,其值改变 0.05 ms。

4. 波宽

调节刺激器脉冲的波宽。

波宽的单位为 ms,可调范围为 0~2 s。每调节粗调按钮一次,其值改变 0.5 ms,调节微调按钮一次,其值改变 0.05 ms。

5. 波间隔

调节刺激器脉冲之间的时间间隔(适用于双刺激和串刺激)。

波间隔的单位为 ms,可调范围为 0~6 s。每调节粗调按钮一次,其值改变 0.5 ms,调节微调按钮一次,其值改变 0.05 ms。波间隔的有效范围还受到刺激频率的影响。

6. 频率

调节刺激频率(适用于串刺激和连续刺激方式)。

频率的单位为 Hz,可调范围为 0~2000 Hz。每调节粗调按钮一次,其值改变 10 Hz,调节微调按钮一次,其值改变 0.1 Hz,但刺激器的频率受到波宽和波间隔(在串刺激和连续双刺激时波间隔才起作用)的影响,因此如果调节的波宽较长,刺激频率将不能调节到 2000 Hz,计算机会自动计算出当时可以调节的最高刺激频率。

7. 强度1

调节刺激器脉冲的电压幅度(当刺激类型为双刺激时,调节双脉冲中第一个脉冲的幅度)或电流强度。

电压幅度的单位为V,可调范围为0~100 V(BL-420F系统刺激器还包含-30~30 V的可调范围)。在粗电压模式下,每调节粗调按钮一次,其值改变500 mV,调节微调按钮一次,其值改变50 mV;在细电压模式下,每调节粗调按钮一次,其值改变50 mV,调节微调按钮一次,其值改变5 mV。

电流强度的单位为mA,可调范围为0~20 mA。在粗电流模式下,每调节粗调按钮一次,其值改变100 μA,调节微调按钮一次,其值改变10 μA;在细电流模式下,每调节粗调按钮一次,其值改变10 μA,调节微调按钮一次,其值改变1 μA。

8. 强度2

当刺激类型为双刺激时,它用来调节双脉冲中第二个脉冲的幅度。

强度2的电压幅度或电流强度的范围和调节方式与强度1完全相同。

9. 串长

该参数用来调节串刺激的脉冲个数,脉冲个数的单位为个,其有效可调范围为0~250个。每调节粗调按钮一次,其值改变10,调节微调按钮一次,其值改变1。

五、BL-420F 生物机能实验系统操作步骤

生物机能实验系统的目的就是观察各种生物机体内或离体器官中探测到的生物电信号以及张力、压力、温度等生物非电信号的波形。为了能够在生物机能实验系统中观察到这些波形,首先应该将这些波形从生物机体或其离体器官中引入到生物机能实验系统中。

(1) 引导电信号及张力、压力等生物非电信号。将电信号引导电极或张力换能器、压力换能器接入相对应的通道。

(2) 开始一个实验。双击 Windows 操作系统桌面上的"BL-420F 生物机能实验系统"图标,启动 BL-420F 程序。有4种方法可以启动 BL-420F 生物机能实验系统进行生物信号采样与显示。

方法1:从 TM_WAVE 软件的"输入信号"菜单中为需要采样与显示的通道设定相应的信号种类,然后从工具条中选择"启动波形显示"命令按钮。

方法2:固定实验,从"实验项目"菜单中选择自己需要的实验项目。

方法3:打开上一次实验,选择工具条上的"打开上一次实验设置"命令按钮。

方法4:通过 TM_WAVE 软件"文件"菜单中的"打开配置"命令启动波形采样。

无论使用哪种方法启动 BL-420F 生物机能实验系统,软件都将根据选择的信号种类或实验项目为每个实验通道设置相应的初始参数,包括实验通道的增益、时间常数、滤波、扫描速度等。

(3) 参数调节系统初始参数的设置值是在基本的生理理论基础以及大量的机能

实验基础上获得的,基本上能够满足实验者完成相应实验的要求,但是由于实验生物机体本身存在的个体差异,TM_WAVE 软件设置的初始实验参数可能并不能完全满足实验者的要求。比如,在做神经放电类实验时,软件自动将实验通道的初始增益设置为 5000 倍,如果用于实验的神经标本放电较强,那么增益在 2000 倍时即可看到很好的神经放电波形;而如果神经标本的放电很弱,那么可能需要将实验通道的增益调节到 20 000 倍或以上才能看到神经放电波形。

为了让实验者能够获得最佳的实验效果,在实验过程中仍然可以调节各个实验通道的实验参数,如增益(上面有一个字母 G)、时间常数(上面有一个字母 T)、滤波(上面有一个字母 F)、扫描速度等参数,这些控制按钮都在 TM_WAVE 软件主界面右边的控制参数调节区中。

(4) 如何使用系统的内置刺激器。在某些实验中,需要电刺激,须启用系统的内置刺激器。刺激器调节区位于 TM_WAVE 软件主界面左上角,在工具条的下方,其内部包含两个与刺激器调节相关的按钮,分别是"打开刺激器调节对话框"按钮和"启动刺激器"按钮。"打开刺激器调节对话框"按钮用于打开或关闭刺激器调节对话框,当刺激器调节对话框处于关闭状态时,单击该按钮,可以打开对话框;反之,则关闭已经打开的对话框。如果选择的刺激方式为连续刺激,那么单击该按钮,BL-420F 生物机能实验系统将不停地连续发出刺激,直到再一次按下这个按钮才会停止连续刺激。"启动刺激器"按钮用于启动或停止刺激,如果选择的刺激方式为单刺激、双刺激或串刺激,那么每单击该按钮一次,BL-420F 生物机能实验系统将发出一次(单或双或串)刺激;如果停止刺激,那么按钮为按下状态。

六、操作实例

(一) 兔动脉血压变化的观察

1. 操作步骤

(1) 在 BL-420F 生物机能实验系统的 1 通道上连接好血压传感器,并将该传感器与动脉插管相连。

(2) 从"实验项目"菜单中选择"循环实验"项,弹出"循环实验"子菜单。

(3) 在"循环实验"子菜单中选择"兔动脉血压的调节"实验模块就可以观察家兔的血压变化。

(4) 根据窗口中显示的波形,再适当调节实验设置或实验参数以获得最佳实验效果。

2. 以上的步骤(1)、(2)可由下面的两步来代替

(1) 选择"输入信号"菜单中的"1 通道"菜单项,在"1 通道"菜单项中选择"压力"子菜单项。

(2) 用鼠标单击工具条上的"开始"按钮。

(二) 减压神经放电的观察

（1）在 1 通道的输入接口上连接生物电引导电极，并且用引导电极的神经钩钩住兔颈部一侧的减压神经，注意保持引导电极接地良好。

（2）从"实验项目"菜单中选择"循环实验"项，弹出"循环实验"子菜单。

（3）在"循环实验"子菜单中选择"兔减压神经放电"实验模块便可以观察减压神经放电现象。

(三) 神经干动作电位的引导

（1）在 BL-420F 生物机能实验系统上连接生物电引导电极和刺激电极。

（2）在屏蔽盒内放入青蛙或蟾蜍的坐骨神经干，滴少量任氏液保持神经干的湿润。

（3）按要求将生物电引导电极和刺激电极与屏蔽盒连接好，注意"＋""－"对应关系。

（4）从"实验项目"菜单中选择"肌肉神经实验"项，弹出"肌肉神经实验"子菜单，选择"神经干动作电位的引导"即可观察。

(四) 实验结果的处理

实验结束后可对结果取名保存，再由数据反演进行图形剪辑或打印。以下操作步骤可将某通道的波形剪贴到 Windows 操作系统的字处理软件 Word 中。

（1）启动 Word 字处理软件。

（2）启动 TM_WAVE 软件，并选择存储的实验数据进行反演。

（3）在反演波形中找到需要的波形。

（4）将需要剪辑实验波形的通道设置为当前通道。

（5）在"基本命令"菜单中选择"复制"命令菜单项。

（6）用鼠标将需要的曲线拖黑以选择复制区域，点击"数据剪辑"选项。

（7）切换到 Word 字处理软件。

（8）将鼠标移动到需要粘贴的位置并单击左键，以选择粘贴的位置。

（9）从 Word 字处理软件的"编辑"菜单中选择"粘贴"命令即可将刚才复制的图形粘贴到 Word 中指定的位置。

七、注意事项

（1）BL-420F 生物机能实验系统是一个实时的数据采集与处理系统，在其工作时，最好不要使用其他的 Windows 应用软件。

（2）当 BL-420F 生物机能实验系统正在进行数据采样与处理时，不要用太长的时间去移动 TM_WAVE 主界面中的其他对话框窗口，如设置刺激器参数对话框等，因为在移动这些对话框的同时，将全部占用处理机的时间，造成采样数据丢失或出现其他问题。

（3）当 BL-420F 生物机能实验系统正在进行数据采样与处理时，最好不要启动其他实时监视程序，比如实时病毒监视程序。

（4）当 BL-420F 生物机能实验系统正在进行数据采样与处理时，不要使用屏幕保护、高级电源管理等程序，比如硬盘关闭程序等。

（5）在进行神经放电之类的快反应信号采样的实验时，如果想调节刺激器的参数，在激活设置刺激器参数对话框的同时，TM_WAVE 软件将自动暂停波形采样；调节完刺激器参数后，必须重新启动波形采集，即选择工具栏上的"启动波形显示"命令按钮。但如果进行的实验为慢信号实验，将不受此限制。

（6）BL-420F 生物机能实验系统与计算机机壳共地，因此，在开始使用 BL-420F 系统进行生物机能实验时，必须将计算机的机壳接地，否则，将会影响电生理实验效果，还可能造成其他的问题，如计算机漏电伤人等。

（林　波）

第四章　常用手术器械

手术器械是动物实验中施行手术的必需工具。手术器械的种类、样式很多,根据实验对象及实验项目选择合适的器械,并正确熟练地掌握这些器械的使用方法,是手术操作顺利进行的保证。图4-1所示为机能学实验中部分常用的手术器械。

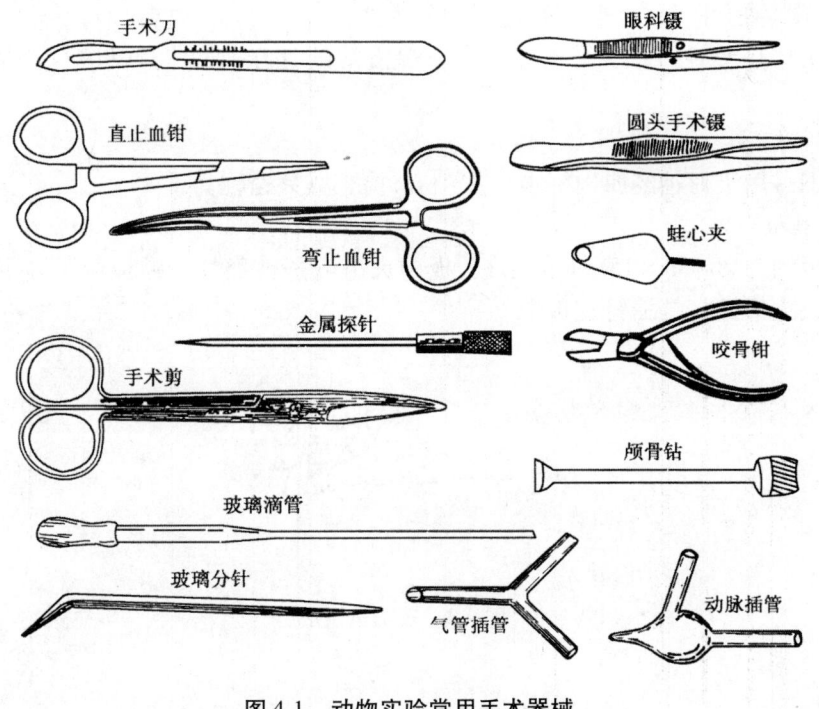

图4-1　动物实验常用手术器械

第一节　蛙类手术器械

1. 剪刀

剪刀包括粗剪刀和眼科剪,粗剪刀用于剪骨、肌肉和皮肤等粗硬组织,眼科剪用于剪神经和血管等细软组织。

2. 手术镊

手术镊主要用于夹持或提起组织，以便剥离、剪开或缝合。手术镊有圆头、尖头两种，又有直头和弯头，有齿和无齿之分，且长短、大小不一。圆头镊子用于夹捏组织和牵拉切口处的皮肤，无齿的眼科镊用于夹捏细软组织。正确的执镊姿势是以拇指对食指和中指，分别执住镊的两脚，如图4-2所示。

3. 金属探针

金属探针用于破坏脑和脊髓。

4. 玻璃分针

玻璃分针用于分离神经和血管等组织。因其光滑故不易对神经和血管造成损伤。

5. 蛙心夹

使用蛙心夹时一端夹住蛙心，另一端借缚线连于换能器，以进行心脏活动的描记。

6. 锌铜弓

锌铜弓用于对神经肌肉标本施加刺激，检查其兴奋性。

7. 蛙板

蛙板约为 20 cm × 15 cm 的木板，板中央可嵌一玻璃片。蛙板用于固定蛙类，可用图钉或大头针将蛙腿钉在板上。

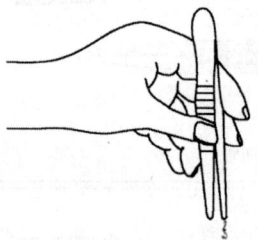

图 4-2　正确执镊法

第二节　哺乳类手术器械

哺乳类动物实验中常用的手术器械，除上述的粗剪刀、手术镊、玻璃分针外，还包括以下几种。

1. 手术刀

手术刀用于切开皮肤和脏器。手术刀分为刀片和刀柄两部分。手术刀片有圆、尖、弯刃及大、小、长、短之分，手术刀柄有大小及长短之分，可根据实验的需要选用。常用的执刀方法有4种，如图4-3所示。

(1) 握持式:用于切割范围较广、用力较大的切口。

(2) 执弓式:最常用的一种执刀方式,动作范围广而灵活,用于各种腹部皮肤切口。

(3) 执笔式:用于切割短小的切口,用力轻柔而操作精细,如解剖血管、神经等。

(4) 反挑式:用于向上挑开,以免损伤深部组织。

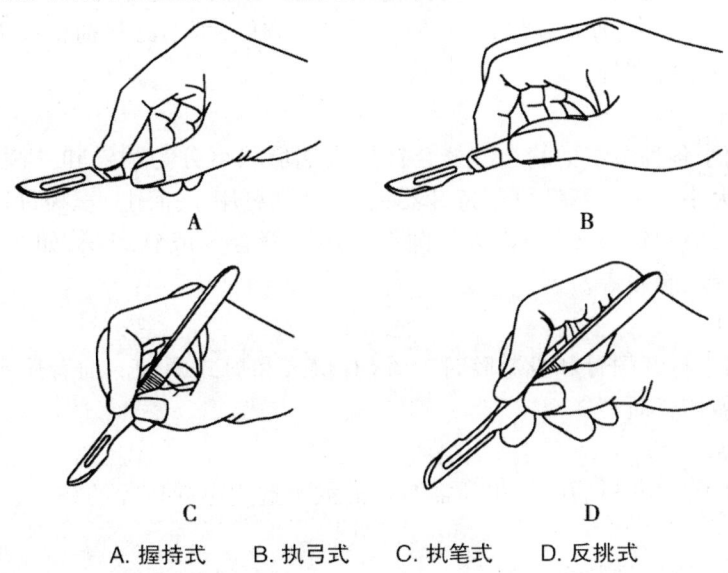

A. 握持式　　B. 执弓式　　C. 执笔式　　D. 反挑式

图4-3　执刀法

2. 手术剪

手术剪分直剪、弯剪两种类型,各型又分钝头剪、尖头剪。眼科剪是一种小型的手术剪。正确的执剪姿势是:拇指和无名指分别插入剪柄的两环中,中指放在无名指环的前方柄上,食指轻压在手术剪的轴节上(如图4-4所示)。手术剪在手术中有两种作用:一是剪断软组织;二是利用剪刀的尖端,插入组织间隙,撑开、分离疏松的粘连和无较大血管的组织。

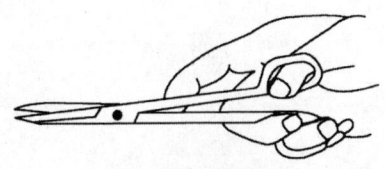

图4-4　正确持剪法

3. 止血钳

止血钳除用于夹持血管或出血点起止血作用外,有齿的还用于提起皮肤,无齿的还用于分离皮下组织。蚊式止血钳较小,适于分离小血管和神经周围的结缔组织,也可用于分离组织,牵引缝线,协助拔针等。止血钳分为直、弯,全齿、平齿等不同类型。止血钳的使用方法基本与手术剪相同,但止血钳柄环间有齿,可咬合锁住,放开时,插入钳柄环口的拇指和无名指相对挤压后,无名指、中指向内,拇指向外旋开两柄,左手松钳法与右手不同。

4. 持针器

持针器用于夹持缝针,缝合各种组织。持针器的上端较短,口内有槽,区别于直止血钳。使用方法是用持针器尖端夹持缝针。缝针被夹住的部位,应在近缝针后端1/3处。执持针器与执剪刀姿势相同,但为了缝合方便,可不必将拇指和无名指套在环中,可直接持于近端处。

5. 缝合针

缝合针用于各种组织的缝合。缝合针按头端形状可分为圆针和三棱针两种,又分别有弯直、大小之别。弯针可用持针器夹持,直针可用手持用。三棱针适用于缝合皮肤及韧带等,但留针眼大,损伤大。圆针适用于缝合一般软组织,如血管、神经鞘膜、胃肠道、筋膜、腹膜等。

6. 咬骨钳

咬骨钳用于打开颅骨和骨髓腔时咬骨,有蝶式和剪式两种。前者用于咬切片状骨,后者用于剪切骨质。

7. 颅骨钻

颅骨钻用于开颅时钻孔,根据所需骨窗的大小选用不同口径的钻头。

8. 动脉夹

动脉夹用于阻断动脉血流。

9. 气管插管

急性动物实验时插入气管,以保证呼吸通畅。

10. 血管插管

动脉插管在急性动物实验时插入动脉,另一端接换能器,以记录血压。静脉插管插入静脉后固定,以便放血、注射药物和溶液。

(孙晓娟)

第五章 常用试剂及其配制

第一节 麻醉药

在进行动物实验手术之前,必须对动物进行麻醉,以减少实验中动物的疼痛,保持动物安静,确保实验能够顺利进行。麻醉方式和麻醉剂的选用,应视具体的实验要求、实验动物种类而定(如表5-1所示)。

表5-1 常用非挥发性麻醉药品的用法及用量

麻醉药名	动物	给药途径	给药剂量(mg/kg)	常配浓度(%)	给药量(mL/kg)	维持时间
戊巴比妥钠 (pentobarbital sodium)	狗、猫、兔	静脉、腹腔	30~42	3	1.0	2~4 h,中途加1/5量可维持1小时以上,麻醉力强,易抑制呼吸
	豚鼠	腹腔	40~50	2	2.0~2.5	
	大、小白鼠	腹腔	45	2	2.3	
氨基甲酸乙酯 (乌拉坦)(urethane)	狗、猫、兔	静脉、腹腔	750~1000	20	5.0	2~4 h,应用安全,毒性小,更适用于小动物麻醉
	大、小白鼠	肌肉	1350	20	7.0	
	蛙类	皮下淋巴囊	200 400~600 mg/只	20	2~3 mL/只	
硫喷妥钠 (thiopental sodium)	狗、猫、兔	静脉、腹腔	25~50	2	1.3~2.5	0.5~1 h,麻醉力最强,注射宜慢。维持剂量按情况掌握,水溶液不稳定,必须临时配制,溶液的浓度不可超过5%
	大、小白鼠	腹腔	50~100	1	5.0~10.0	

续 表

麻醉药名	动物	给药途径	给药剂量 (mg/kg)	常配浓度(%)	给药量 (mL/kg)	维持时间
水合氯醛 (chloral hydrate)	狗、猫	静脉 腹腔	80~100 100~150	10 10	0.8~1.0 1.0~1.5	1.5~3 h
	兔	直肠、静脉	1000 50~75	5 5	20 1.0~1.5	
巴比妥钠 (barbital sodium)	猫	腹腔、口服	200 400	5 10	4.0 4.0	4~6 h,麻醉诱导期较长,深度不易控制
	兔	静脉	200	5	4.0	
	鼠类	腹腔	200	2	10	
氯醛糖 (chloralose)	狗、猫、兔	口服、皮下静脉	60~80	2	2.5	3~4 h,抑制呼吸及血管中枢作用小,诱导期作用不明显
	大白鼠	腹腔	80~100	2	2.5	
盐酸吗啡 (morphine hydrochloride) 与乙醚配合用	狗	皮下、腹腔	8~10 8	1 1	0.9~1.0 0.8	麻醉程度轻,适用于一般功能实验

注:以上各种溶液最好都用 0.9% 生理盐水临时配制。

使用全身麻醉剂的注意事项:

(1)麻醉剂的用量,除参照表 5-1 外,还应考虑个体对药物的耐受性不同,而且体重与所需剂量也并不是绝对成正比的。一般来说,衰弱和过胖的动物,其单位所需剂量较小。在使用麻醉剂过程中,随时检查动物的反应情况,尤其是采用静脉注射时,绝不能仅按根据体重计算出的用量而匆忙注入,应该缓慢注射,在注射过程中应密切观察动物的情况。

(2)在注射麻醉剂前应检查其有无混浊或沉淀。药物配制时间过久不宜使用,最好在用时临时配制。

(3)动物在麻醉期体温下降,要采取保温措施。应随时观察动物体温的变化,可在动物的肛门插入体温计。

(4)静脉注射必须缓慢,同时观察肌肉紧张性、角膜反射和对皮肤夹捏的痛反应。当这些反应明显减弱或消失时,应立即停止给药。

(5)在寒冷的冬季进行慢性实验时,注射前应将麻醉剂加热至动物体温水平。

(6)吸入性麻醉剂常使用乙醚,麻醉时应密切观察动物的状态,防止麻醉过深而使动物死亡。

第二节　常用生理溶液

在机能学实验中,常用的生理溶液有生理盐水、任氏液、乐氏液及台氏液。这些生理溶液是为了在进行离体器官或组织实验时,使标本尽可能处于近似在体内的环境中,以保证其正常的功能活动。而用于灌流组织的液体,其电解质成分、晶体渗透压、pH、缓冲能力、温度及营养物质应与组织液相近。不同的动物组织器官对氧和营养物质等内环境成分的需求有一定差异,各种实验的目的也不尽相同,所以,各种生理溶液的成分也有所不同,其成分及配制如表5-2、5-3所示。

配制生理溶液的方法是先将各成分分别配成一定浓度的基础液(见表5-3),然后按表所示分量混合。

表 5-2　常用生理溶液的成分

药品名称	浓度(g/1000 mL)				
	任氏液（两栖类）	乐氏液（哺乳类）	台氏液（哺乳类）	生理盐水（两栖类）	生理盐水（哺乳类）
氯化钠($NaCl$)	6.5	9.0	8.0	6.5	9.0
氯化钾(KCl)	0.14	0.42	0.2	—	—
氯化钙($CaCl_2$)	0.20	0.24	0.2	—	—
碳酸氢钠($NaHCO_3$)	0.20	0.1~0.3	1.0	—	—
磷酸二氢钠(NaH_2PO_4)	0.01	—	0.05	—	—
氯化镁($MgCl_2$)	—	—	0.1	—	—
葡萄糖(glucose)	2 g(可不加)	1.0~2.5 g	1.0~2.5 g	—	—
蒸馏水	加至 1000 mL				

注：任氏液又称林格液,乐氏液又称洛克液,台氏液又称蒂罗德液。

表 5-3　基础溶液的浓度及分量

成分	浓度(%)	任氏液(mL)	乐氏液(mL)	台氏液(mL)
氯化钠($NaCl$)	20	32.5	45.0	40.0
氯化钾(KCl)	10	1.4	4.2	2.0
氯化钙($CaCl_2$)	10	1.2	2.4	2.0
磷酸二氢钠(NaH_2PO_4)	1	1.0	—	5.0
氯化镁($MgCl_2$)	5	—	—	2.0
碳酸氢钠($NaHCO_3$)	5	4.0	2.0	20.0
葡萄糖(glucose)	5	2 g(不可加)	1.0~2.5 g	1.0 g
蒸馏水	加至 1000 mL			

注:在配制任氏液和台氏液时,应先将原液混合并加入蒸馏水,最后再逐滴加入氯化钙,同时要边加边搅拌,以免形成不溶解的钙盐沉淀;另外葡萄糖应在用前临时加入,以免滋长细菌。

第三节 常用血液抗凝剂

一、肝素

肝素的抗凝作用很强,常用来作为全身抗凝剂,特别是在进行微循环方面的动物实验时肝素的应用更有其重要意义。纯的肝素 10 mg 能抗凝 100 mL 血液(按 1 mg 等于 100 IU,10 IU 能抗凝 1 mL 血液计)。如果肝素纯度不高或已过期,那么所用的剂量应增大 2~3 倍。用于试管内抗凝血时,一般可配成 1% 肝素生理盐水溶液,取 0.1 mL 加入试管内,加热至 100 ℃ 烘干。每管能使 5~10 mL 血液不凝固。用于动物全身抗凝血时,不同动物的常用剂量为:大白鼠 2.5~3.0 mg/200~300 g(剂量/体重),家兔 10 mg/kg(剂量/体重),狗 5~10 mg/kg(剂量/体重)。

二、草酸盐合剂

配方:草酸铵 1.2 g,草酸钾 0.8 g,福尔马林 1.0 mL,蒸馏水加至 100 mL。配成 2% 溶液,每毫升血加草酸盐合剂 0.1 mL(相当于草酸铵 1.2 mg,草酸钾 0.8 mg)。用前根据取血量将计算好的溶液加入玻璃容器内烘干备用。如取 0.5 mL 于试管中,烘干后每管可使 5 mL 血不凝固。此抗凝剂最适合做红细胞比积测定,能使血凝过程中所必需的钙离子沉淀,达到抗凝的目的。

三、枸橼酸钠

常配成 3%~5% 水溶液,也可直接用粉剂,每毫升血加 3~5 mg,即可达到抗凝的目的。

枸橼酸钠可使钙失去活性,故能防止凝血。但其抗凝效果较差,碱性较强,不宜作化学检查之用,可用于红细胞沉降速度测定。急性血压实验中所用的枸橼酸钠为 5%~6% 溶液。

(张 静)

第六章 常用实验动物

实验动物是经人工繁育,对其携带的微生物进行控制,遗传学背景明确或来源清楚,专用于科学研究、教学、生物制品或药品鉴定以及其他科学实验的动物。实验动物具有生物学特性明确、遗传背景清楚、对刺激敏感和反应性一致等特点。利用实验动物进行医学生物学研究,能保证动物实验的准确性、敏感性和可重复性,且仅用少量动物就能获得精确、可靠的动物实验结果。

实验动物可以代替人类作为研究机体正常生命现象的对象。机能学是研究生命活动规律的科学,在机能学实验中需要以活的机体、器官或组织细胞作为实验观察对象,但实验又常会对机体造成不同程度的损害,甚至会危及生命,在人体不便施为。按照生物进化论的观点,人同各种动物有许多基本相似的构造和功能,在动物身上获得的生理知识可以推用到人体,进而来探讨人体的某些生理功能。

第一节 常用实验动物的种类

实验动物的种类很多,在机能学的研究中,特别是基础理论研究中,合理、正确地选择合适的实验动物,常常是保证实验成功的关键,但并非越是高等动物越好。

一、选择实验动物的基本原则

常用的实验动物有兔、大鼠、小鼠等。无论选用哪种动物,均须保证其健康。一般地说,健康的哺乳动物毛色有光泽,两眼明亮,眼和鼻无分泌物,鼻端潮而凉,反应灵活,食欲良好。

(1)选择与人类具有某些相似性的实验动物。

(2)选用解剖、生理特点符合实验目的要求的实验动物。

(3)选用标准化实验动物,即指在微生物学、遗传学、环境和营养等方面均符合控制标准的实验动物,教学示范一般选用一级(普通)动物。

(4)选用与实验要求相适应的实验动物规格(指年龄、体重和性别的选择)。

另外,选择实验动物还要符合经济节约、容易获得的原则。

病理生理学实验中常用的动物有家兔、小鼠、大鼠、豚鼠、猫、狗等。

二、几种常用实验动物的特点及用途

1. 家兔

家兔属于哺乳纲,啮齿目,兔科,性情温顺、安静,是机能学实验教学中采用较多的实验动物。家兔颈部有减压神经独立分支,纵隔由两层纵隔膜组成,将胸腔分为左、右两部分,互不相通,适用于急性心血管实验及呼吸实验;家兔的肠管长、壁薄,对儿茶酚胺类反应灵敏,可进行小肠平滑肌的机能学特性的观察;家兔也可用于卵巢、胰岛等内分泌实验。

2. 小鼠

小鼠属于哺乳纲,啮齿目,鼠科。小鼠便于人工繁殖,价格低廉,适用于动物需要量较大的实验。

3. 大鼠

大鼠属于哺乳纲,啮齿目,鼠科。其垂体、肾上腺系统发达,应激反应灵敏,适用于内分泌研究;也可用大白鼠进行胆管插管收集胆汁,或从胸导管采集淋巴液等;还可用大白鼠进行高级神经活动实验。

4. 豚鼠(荷兰猪)

豚鼠属于哺乳纲,啮齿目,豚鼠科。其性情温顺,胆小易惊,很少咬伤实验操作人员。豚鼠耳壳大,药物易进入中耳和内耳,常用于内耳迷路等实验研究,或用于离体心脏、子宫及肠管的实验。

5. 猫

猫属于哺乳纲,食肉目,猫科。其循环系统发达,血压稳定,血管壁坚韧,适用于循环功能的急性实验;猫的大脑和小脑发达,头盖骨和脑的形态固定,常用来做去大脑僵直、姿势反射等神经机能学实验。

6. 狗

狗属于哺乳纲,食肉目,犬科。狗的嗅觉、听觉特别灵敏,嗅觉能力是人的1200倍,听觉比人灵敏16倍,同时狗具有发达的血液循环和神经系统,是目前教学和基础医学研究中最常用的动物之一。尤其是在血液循环、消化和神经活动的实验研究中,狗的应用更具有重要意义。

三、常用实验动物的生理指标

在机能学实验中,经常要观察动物的各种生物学指标的变化情况,这就需要对实验动物的正常生物学数据有所了解。常用实验动物的部分生理指标具体数据如表6-1所示。

表 6-1　常用实验动物的部分生理指标

生理指标	兔	小鼠	大鼠	豚鼠	狗
体温(℃)	39 (38.5~39.5)	38.0 (37.2~38.8)	38.2 (37.8~38.7)	38.5 (38.2~38.9)	38.5 (37.5~39.0)
心率(次/min)	205 (123~304)	485 (422~549)	334 (324~341)	280 (297~350)	70~120
血压　Ps (mmHg) Pd	95~150 67~90	95~138 67~90	88~130 60~100	28~140 16~90	95~136 43~66
血容量 (占体重的%)	7~10	8.3	7.4	6.4	5.6~8.3
呼吸频率 (次/min)	38~60	84~230	86~114	66~120	10~30
潮气量 (mL/次)	19.3~24.5	0.1~0.23	0.6~1.25	1.0~3.9	250~430

注：Ps 为收缩压，Pd 为舒张压。

第二节　实验动物的编号及性别鉴别

一、实验动物的编号

实验中常用的动物编号方法有以下 4 种。

1. 染色法

染色法是用化学药品在动物明显部位被毛上进行涂染，并用不同颜色来区别各组动物，是实验室最常用且容易掌握的方法。给大白鼠、小白鼠、豚鼠背部做标记，可用黄色苦味酸染料；给家兔、猫等动物做标记，最常用硝酸银溶液。

2. 挂牌法

给狗、猫等大动物挂牌编号，将铝制号码牌固定在动物的耳、腿、颈部等处。

3. 被毛剪号

用剪刀在动物背部剪毛、标记。

4. 笼子编号

把笼号作为个体号，代替动物编号。

二、实验动物的性别鉴别

1. 家兔

用拇指和食指按压生殖器部位,若是雄兔,则可见一圆孔中露出稍向下弯曲的阴茎(幼年雄兔只见有凸起物,即是阴茎);雌兔则是一条朝向尾部的长缝,呈椭圆形的间隙,即阴道开口,此间隙越向下越窄。雌兔有乳头。

2. 大鼠和小鼠

根据动物肛门与生殖器之间的距离来区分,距离远的为雄性,近的为雌性。雌鼠可见性器官部位有开孔(阴道口),腹部有明显的乳头;雄性可见阴囊内睾丸下垂,天热时尤为明显。

3. 豚鼠

用一手抓住动物颈部,另一手扒开靠近生殖器的皮肤,雄性动物在圆孔处露出性器官的突起,而雌性动物则为三角形间隙。另外,成年雌性有两个乳头。

第三节 实验动物的捉持和固定方法

在急性在体实验的手术过程中,必须将麻醉动物稳定地加以固定,以限制动物的活动,保证实验或手术的顺利进行。一般使用各种动物的头夹和固定绑带将动物固定于手术台上,但随手术部位和实验内容的差别,动物的固定方法也不相同。机能学实验中最常使用的动物固定方法有两种:背位(仰卧位)固定法和腹位(俯卧位)固定法,其中关键性的固定部位是头部和四肢。

1. 家兔

右手抓住家兔颈部皮肤,将其轻轻提起,用左手托住其臀部,使家兔的身体重量承托于手中,然后按实验要求加以固定。因家兔的耳朵非常敏感,故不要抓兔耳提起家兔,也不要抓取家兔的四肢,家兔脚爪锐利,其挣扎时可能会抓伤实验者。

图 6-1 家兔抓取方法

图6-1中,①、②、③均为不正确的抓取方法(①可损伤两肾,②可造成皮下出血,③可伤两耳),④、⑤为正确的抓取方法。家兔颈后部的皮厚,可以抓,并用手托兔体。

(1) 头部的固定。做各种手术时,可将家兔麻醉后用粗棉绳拴紧其上门齿,然后将其绑在实验台铁柱上。该法适于仰卧位固定头部。实验取俯卧位固定家兔时,可选用兔头夹固定。

(2) 四肢的固定。取仰卧位固定家兔时,先将粗棉绳或布带按图打活结(如图6-2所示),将活结端缚扎于家兔踝关节上部,前肢平直置于躯干两侧,将绑扎两前肢的带子从家兔背后交叉穿过,压住对侧前肢,分别缚于手术台两侧木钩上,两后肢左右分开,绑扎带另一端分别缚于手术台两侧木钩上,如图6-3所示。取俯卧位固定(适用于脑、脊髓的实验)时,前肢缚绳无须左右交叉,分别将四肢缚绳直接固定于实验台两侧固定钩上即可。

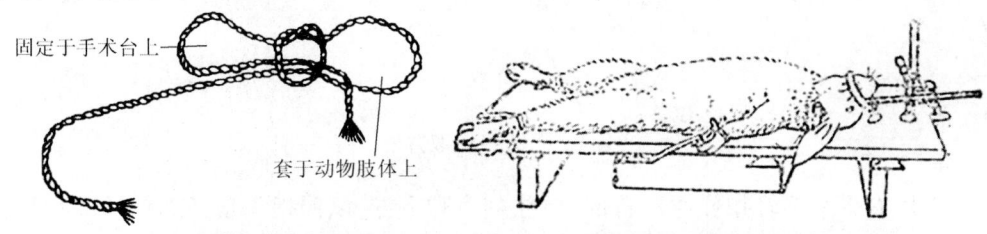

图6-2 固定动物四肢的活扣结　　图6-3 家兔台式固定法

2. 小鼠

先用右手抓住鼠尾部将鼠提起,放在粗糙的台面或鼠笼盖上,向后轻拉鼠尾,在其向前爬行时,用左手拇指和食指沿其背部向前迅速捏住小鼠的两耳和颈后部皮肤(如图6-4(A)所示),使其不能转头,然后将鼠体置于左掌心中,翻转左手,右手拉住小鼠尾部,将后肢拉直,并以左手无名指和小指压紧尾部和后肢,使小鼠呈一条直线(如图6-4(B)所示)。熟练者也可采用左手一手抓取法。

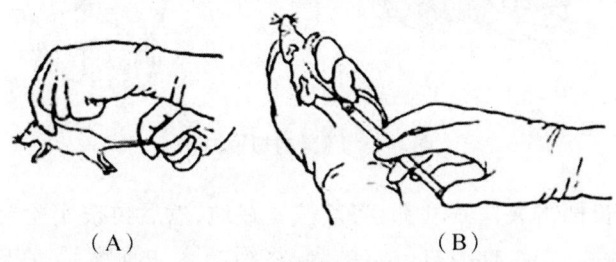

(A)　　(B)

图6-4 小鼠的抓取方法

抓取时须注意,用力过轻则小鼠头部能够反转从而咬伤实验者的手,过分用力则会使小鼠窒息或颈椎脱臼。

进行手术时,可使用固定板固定小鼠。将麻醉后的小鼠仰卧或俯卧于固定板上,用棉线绳缚住小鼠四肢,线绳另一端系于固定板左右两侧的钉子上;在小鼠上颚切齿上拴一线绳系在前方边缘的钉子上,以达到完全固定。

3. 大鼠

大鼠的固定方法基本与小鼠相同,但最好带防护手套进行。大鼠个头较大时,应靠近其尾巴基部抓持,用左手从背部中央到胸部捏住(如图6-5所示)。另一种方法是,以右手抓住鼠尾,左手带防护手套或用厚布盖住鼠身作防护,握住其整个身体,并固定其头部防止被咬伤,但不要用力过大,勿握其颈部,以免其窒息死亡。手术时的固定与小鼠相同,或用特制的固定架固定。

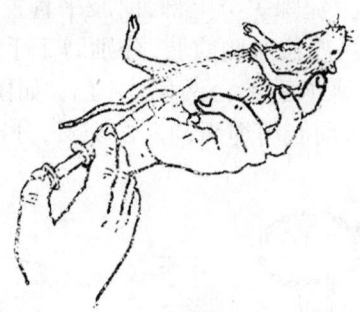

图6-5 大鼠抓取方法

4. 豚鼠

先用右手掌轻轻扣住豚鼠背部,抓住其肩胛下方,以拇指和食指抓住颈部将其轻轻提起。对于体重较大或怀孕的豚鼠,可用左手托其臀部。如图6-6所示。

固定方法基本与大、小鼠相同,用木制固定板和线绳固定。豚鼠生性胆小,受惊时会在笼子内急转,易造成自伤,故抓取时要稳、准、快,不能太粗野,不能抓其腰、腹部,防止造成其肝破裂而死亡。

图6-6 豚鼠的抓取方法

5. 狗

先用特制的长柄钳夹住其颈部,将其按压在地,然后再按实验要求固定之。

(1)绑扎狗嘴。先将棉绳打一空结圈,将绳圈套住狗嘴后,在嘴上方拉紧绳结,然后绕到嘴下方打第二个结,最后绕至颈后打第三个结固定(如图6-7所示)。捆绑狗嘴的目的只是防止其咬人,故打结时切勿过紧,以免激怒或损伤它。当狗进入麻醉状态后应立即松绑,因为此时它只能依靠鼻子呼吸,鼻腔积存的黏液可能导致其窒息甚至死亡。使用易引起呕吐的麻醉药物时尤应注意。

(2)头部固定。头部的固定姿势视实验要求而定,一般做颈、胸、腹、股部实验,多采用仰卧位,做脑、脊髓部实验,多采取俯卧位。常用狗头夹固定狗头。狗头夹为一圆铁圈,上面横有一根略弯的铁条,与螺旋铁棒相连,下面有一平直并可抽出的铁条。固定时先拉出狗舌,将铁圈套住狗嘴,再将平铁条插入其上、下颌间,旋紧螺旋铁棒,使弯形铁条恰好压在狗鼻梁(俯卧位)或下颌上(仰卧位),最后将铁圈的铁柄固定于实验台上。

(3) 四肢固定。在头部固定前、后进行均可,方法基本同家兔。

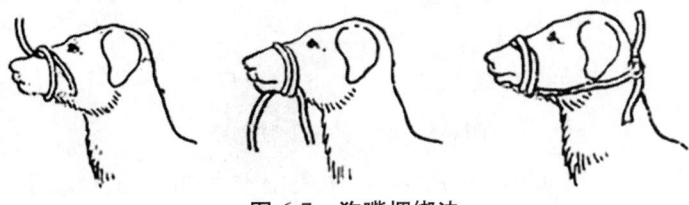

图 6-7　狗嘴捆绑法

第四节　实验动物的给药途径和方法

一、静脉注射法

1. 静脉注射法分类

因实验所用动物的不同,静脉注射血管部位也不同,一般静脉注射可包括以下几种。

(1) 耳缘静脉注射法(如图 6-8 所示)。耳缘静脉注射主要用于家兔、豚鼠等。注射方法:固定兔耳,找到耳的外侧缘皮下静脉,拔去注射部位的毛(或用水或用酒精棉球涂擦耳缘静脉部位皮肤),并用手指轻轻弹动该处(或先用一动脉夹在静脉近心端夹闭静脉),使静脉充盈;用左手食指和中指夹住耳缘静脉近心端,使其充血(亦可用动脉夹夹住),并用左手拇指和无名指固定兔耳;用右手持注射器将针头顺血管方向刺入静脉(针头与血管呈近 20°夹角),刺入后再将左手食指和中指移至针头处,协同拇指将针头固定于静脉内,便可缓慢推入药液(耳缘静脉变白,皮肤不肿胀不出现发白皮丘,推药无阻力)。首次注射应从静脉的远心端开始,以便进行反复注射。

(2) 前肢皮下头静脉或后肢小隐静脉注射法(如图 6-8 所示)。主要用于狗、豚鼠等。前肢皮下头静脉位于前肢内侧的皮下,后肢小隐静脉位于后肢的外踝部。注射方法:先剪去注射部位的毛,用碘酒和酒精消毒皮肤,在静脉的近心端处用橡皮带扎紧,使血管充盈;将针头刺入血管旁的皮肤,再与血管平行刺入血管;回血后,松开橡皮带,缓慢注入药液。

A．耳缘静脉注射法　　　　B．前肢皮下头静脉注射法

图6-8　动物的静脉注射法

（3）尾静脉注射法（如图6-9所示）。主要用于大、小白鼠等。注射方法：把动物固定在特制的固定器中，露出尾部，剪去左右两侧尾静脉部位的毛；将鼠尾浸于45 ℃左右的温水中加温或用75%酒精棉球反复涂擦尾部，以使静脉血管充分扩张、表皮角质软化；左手拉直鼠尾，在鼠尾左或右侧选择扩张明显的静脉血管并使其向上；右手持注射器，在血管靠近尾端1/4处使针头与血管成30°夹角，轻轻刺入；再将针头稍抬起，在尾静脉血管内平行进针，回一下血后，用左手拇指、食指和中指固定针头与鼠尾，右手以适当速度推注药液。一般采用4号针头进行注射。

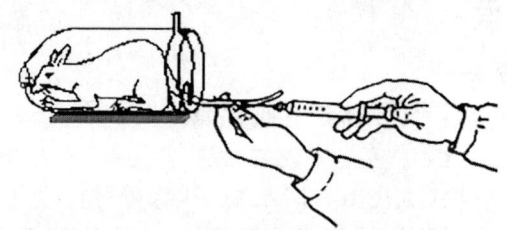

图6-9　尾静脉注射法

2. 静脉注射注意事项

（1）静脉注射开始前，应先仔细核对药物名称，准确吸取药量，排尽注射器内的空气，避免其进入静脉形成气栓。

（2）静脉注射要尽量从相应部位的远端血管处开始，假如注射失败，应拔出针头从靠近原注射点的近端部位再次进针，直至注射成功。如进针后回抽针栓不见回血，或推注时阻力较大且局部肿胀发白出现皮丘，则说明针头未刺入静脉血管。

（3）注射过程中应减少动物注射部位的活动，防止针头滑脱。若动物挣扎应暂缓推注，固定好针头，待动物安静后再继续给药。

（4）静脉注射给药的速度要缓慢均匀，以免扰乱循环和呼吸系统的生理功能。

（5）注射完毕，用一棉球按住针眼，拔出针头，继续压迫片刻，以防针眼处出血。

二、腹腔注射法

腹腔注射多用于小鼠、大鼠和豚鼠等。注射方法：用大、小白鼠做实验时，左手固定动物，使其腹部向上，右手持注射器将针头从下腹部腹白线偏左侧插入皮下，使针头向头部方向推进几个毫米，再以45°角穿过腹肌刺入腹腔内，固定针头，回抽针栓，如无肠内容物、尿液或血液，便可缓慢推注药液。可用5号半注射针头。

注射时应将动物取头低位，使内脏尽量移向上腹部，以避免伤及内脏。对于较大动物如家兔或狗等，腹腔注射的进针部位为下腹部的腹白线旁开1～2 cm处。

三、皮下注射法

皮下注射最常用于小白鼠，注射部位多在颈背部。注射方法：以左手拇指和食指提起颈背部皮肤，右手持注射器，注射针头与头部皮肤平行，从头部方向进针，插入皮下，然后缓缓注入药液。一般选用5号半注射针头。

狗、猫皮下注射部位多在大腿外侧，豚鼠在后肢大腿的内侧或小腹部，大白鼠在左下腹部，兔在背部或耳根部。

四、肌内注射法

肌内注射应选择肌肉发达、毛细血管丰富、无大血管通过的部位，一般多选臀部或股部。注射方法：先剪去注射部位皮肤的被毛，右手持注射器，将针头垂直迅速刺入肌肉，回抽针栓，如无回血即可推注药液。注射完毕，用手轻轻按摩注射部位，以促进药液吸收。

五、淋巴囊注射法

淋巴囊注射主要用于蛙类。蛙类皮下有数个淋巴囊，注入药物极易吸收。注射部位一般多选用腹部和胸部淋巴囊。方法如下：

（1）腹部淋巴囊注射。左手固定蛙，使其腹部朝上，从大腿上端刺入，穿过大腿肌肉和腹壁肌层，浅出腹壁皮下，进入腹部淋巴囊，然后注入药液。

（2）胸部淋巴囊给药。先将针头刺入口腔，使之穿过下颌肌层进入皮下，再进入胸淋巴囊内，注入药液。一次最大注射量为1 mL/只。经肌肉或黏膜刺入淋巴囊的目的是防止药液的外溢。

六、不同动物、不同途径给药的常用剂量

不同的动物、不同的给药途径有不同的注射量，实验时须区别对待，具体用量详见表6-2。

表 6-2　几种动物不同给药途径的常用注射量

给药途径	小鼠(mL/10 g)	大鼠(mL/100 g)	豚鼠(mL/kg)	兔(mL/kg)	狗(mL/kg)
腹腔	0.1~0.2	0.5~1.0	2~5	3~5	5~10
肌内	0.05~0.1	0.2~0.5	0.2~0.5	0.5~1.0	2~5
静脉	0.1~0.2	0.5~1.0	1~5	3~5	5~10
皮下	0.1~0.3	0.5~1.0	0.5~2	1~3	3~10

第五节　实验动物的麻醉

在实验中,为防止动物挣扎,保证实验顺利进行,在施行手术前,需用麻醉剂将动物麻醉。麻醉方式和麻醉剂的选用,应视具体的实验要求、动物种类而定。

一、麻醉方法

1. 局部麻醉法

局部麻醉包括表面麻醉、浸润麻醉和阻断麻醉等,其中浸润麻醉最为常用。浸润麻醉方法:根据实验操作要求的深度,将1%~2%的盐酸普鲁卡因按皮下、筋膜、肌肉、腹膜或骨膜的顺序依次分别注入,阻断手术部位的神经冲动传导,使疼痛消失。适用于中型以上的动物。

2. 全身麻醉法

(1) 吸入麻醉法。先将蘸有乙醚的棉球放入玻璃罩内,然后投入待麻醉动物,经过1~2分钟,动物逐渐失去运动能力。使用该法麻醉时间不可太长,麻醉时要密切观察,防止动物缺氧窒息或因麻醉过深而死亡。该法适用于大、小白鼠的短时间麻醉,对较大的动物也可用,但需要使用麻醉口罩等。

(2) 注射麻醉法。经腹腔或静脉注射麻醉,操作简便,较常采用。腹腔给药麻醉法多用于小鼠、大鼠和豚鼠等动物,静脉给药麻醉法则多用于兔、狗等较大的动物。各种动物的静脉注射部位及方法见本章第四节内容。

二、麻醉效果的观察

(1) 肌张力。动物肌张力亢进,一般说明麻醉过浅;全身肌肉松弛,说明麻醉程度合适。

(2) 呼吸。动物呼吸加快或不规则,说明麻醉过浅,可再追加一些麻醉药;若呼吸由不规则转变为规则且平稳,说明已达到麻醉深度;若动物呼吸变慢,且以腹式呼吸为主,说明麻醉过深,动物有生命危险。

(3) 反射活动。主要观察角膜反射或睫毛反射：若动物的角膜反射灵敏，说明麻醉过浅；若角膜反射迟钝，说明麻醉程度合适；若角膜反射消失，伴瞳孔散大，说明麻醉过深。

(4) 皮肤夹痛反应。麻醉过程中可随时用止血钳或有齿镊夹捏动物皮肤，若反应灵敏，说明麻醉过浅，若反应消失，说明麻醉程度合适。

三、麻醉的注意事项

(1) 准确计算麻醉剂量。所有麻醉药使用过量均可引起中毒，故应特别注意麻醉药的使用剂量及用药途径。在严格按照体重计算麻醉剂量的同时，还要考虑动物对药物耐受性的个体差异。

(2) 缓慢注射，并随时观察动物情况。注射过程中，注意观察肌肉紧张性、呼吸频率、角膜反射和夹痛反应等指标。当这些反应明显减弱或消失时，应立即停止注射。

(3) 注意保温。动物在麻醉期体温下降，要采取保温措施。为随时观察体温的变化，可在动物的肛门插入体温计。在寒冷的冬季做慢性实验时，在注射前应将麻醉剂加热至动物体温水平。

(4) 如果麻醉过深，应积极抢救。可根据不同情况，施行人工呼吸、注射呼吸兴奋剂或强心剂等抢救措施。

（孙晓娟）

第七章 动物实验的基本操作及标本采集

第一节 急性动物实验的基本操作技术

一、备皮

在进行哺乳类动物手术前应先进行手术部位的皮肤准备,包括去除手术部位及其周围被毛,清除皮肤污垢,消毒皮肤。

1. 去除被毛

(1) 剪毛法。急性动物实验中最常用。方法:固定动物后,绷紧动物皮肤,用粗剪刀贴紧皮肤,依次剪去所需部位的被毛。

剪毛时需注意:

① 将剪刀贴紧皮肤,切勿用手提起被毛,以免剪破皮肤;

② 剪下的毛集中放在一个容器内,防止被毛到处乱飞;

③ 剪完后用一湿布擦净遗落在手术野和手术台周围的被毛,以保证手术野的清洁。

(2) 拔毛法。拔毛法在兔耳缘静脉或大、小白鼠尾静脉注射或取血时较为常用。方法:将动物固定后,用拇指、食指将所需部位的被毛拔除。为使血管显示得更清楚,还可在拔毛处用水涂擦。

(3) 脱毛法。脱毛法指用化学药品脱去实验动物的被毛,适用于大动物无菌手术及观察动物局部皮肤血液循环。方法:先将欲脱毛部位的被毛剪短,再用棉球蘸脱毛剂,在局部涂一薄层,2~3分钟后,用温水洗去脱下的被毛,然后用纱布将局部擦干,涂一层油脂即可。

2. 消毒皮肤

去除被毛后,先用2%来苏尔洗刷手术部位及其周围皮肤,用消毒纱布擦干,以75%酒精脱脂,涂擦5%的碘酊,再用75%酒精脱碘。对手术区域皮肤的消毒常用于慢性实验。

二、切口与止血

备皮后,作切口前,应注意切口的大小和解剖结构,一般以少切断神经和血管为原则,同时应尽可能使切口与各层组织的纤维方向一致。切口的大小,以既要便于手术操作,又不可过大、过多地暴露组织器官为宜。切口时(手术切口所用手术刀的刀片安装及取下方法如图 7-1 所示),手术者以左手拇指和食指绷紧上端皮肤,右手持手术刀(见图 4-3),以适当的力度一次切开皮肤及皮下组织,直至肌层(对解剖结构较熟悉时也可在动物麻醉固定后,在切口沿线的中点两侧,分别用血管钳向两侧夹起皮肤,用手术剪在两血管钳之间的皮肤上剪一小口,将剪刀伸进切口,贴紧并挑起皮肤撑开剪刀以钝性分离皮下组织,然后小心剪开皮肤)。剪开肌膜,用止血钳或手指钝性分离肌纤维至所需长度。若切口与肌纤维走向不同,则应先结扎肌肉两端,再从中间横向剪断。切口应由外向内逐次减小,以便于观察和止血。手术过程中要注意避免损伤血管,并随时注意止血,以免造成手术野血肉模糊,难以分辨血管和神经,有碍手术操作和实验观察。

止血的方法有:
① 组织渗血,可用温热盐水纱布压迫、明胶海绵覆盖或电凝等方法;
② 较大血管出血,应用止血钳夹住出血点及其周围少许组织,用线结扎止血;
③ 更大血管出血或血管虽不很大但出血点较集中,最好用针线缝合局部组织,进行贯穿结扎,以免结线松脱;
④ 骨组织出血,应先擦干创面,再及时用骨蜡填充堵塞止血;
⑤ 肌肉血管丰富,肌组织出血时要与肌组织一同结扎。

为避免肌肉组织出血,在分离肌肉时,若肌纤维走向与切口一致,应钝性分离;若肌纤维走向与切口不一致,应采取两端结扎中间切断的方法。干纱布只用于吸血和压迫止血,不可用来揩擦组织,以免损伤组织和造成已形成的血凝块脱落。

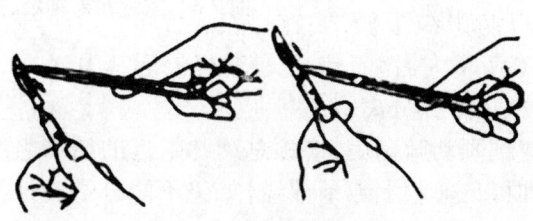

1. 安刀片法　　2. 取刀片法

图 7-1　安装、取下手术刀片方法

实验中正确掌握手术结的打法,是完成好止血和缝合操作的关键,结扎错误可导致结扎线滑落,造成出血或实验失败,所以要结扎正确、牢固。常见的手术结有三种(如图 7-2 所示),即方结、外科结和三重结。方结在手术中常用,适于缝合和结扎。

外科结在机能实验中使用较少。三重结是在方结基础上再加一个第一道单结而成，因其牢固而适用于结扎较大的血管和大块组织。

手术完成后，实验观察期间，应将创口暂时闭合，或用温热生理盐水纱布盖好，以免组织干燥。

图 7-2　常用手术结

三、肌肉、神经与血管的分离

分离肌肉时，应用止血钳在整块肌肉与其他组织之间，顺着肌纤维方向操作，将肌肉一块块地分离。绝不能在一块肌肉的肌纤维间操作，这样不仅容易损伤肌纤维而引起出血，而且也很难将肌肉分离。若必须将肌肉切断，应先用两把止血钳夹住肌肉（小块或薄片肌肉也可用两道丝线结扎），然后在两止血钳间切断肌肉。

神经和血管都是比较娇嫩的组织，因此在剥离过程中要耐心、细致，动作轻柔。切不可用带齿的镊子进行剥离，也不能用止血钳或镊子夹持，以免其结构或机能受损。在剥离粗大的神经、血管时，应先用蚊式止血钳将神经或血管周围的结缔组织稍加分离，然后用大小适宜的止血钳将其从周围的结缔组织中游离出来。游离段的长短，视需要而定。在剥离细小的神经或血管时，要先分辨清楚结构，特别注意保持局部解剖位置，不要把结构关系弄乱，同时需要用眼科镊子或玻璃分针轻轻地进行分离。剥离完毕后，在神经和血管的下方穿以浸透生理盐水的缚线（根据需要穿一根或两根不同颜色的线），以备刺激时提起或结扎之用；然后盖上一块浸以生理盐水的棉絮或纱布，以防组织干燥，或在创口内滴加适量温热（37℃左右）石蜡油，使神经浸泡其中。

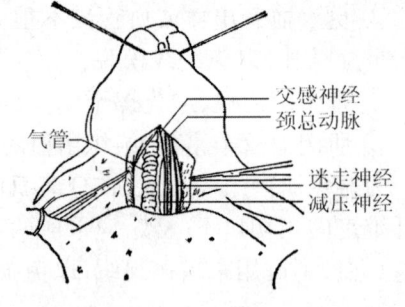

图 7-3　家兔颈部神经、血管解剖位置示意图

颈部迷走、交感、减压神经分离术：

于家兔颈部，在找到颈动脉鞘后，将颈总动脉附近的结缔组织薄膜镊住，并轻拉向外侧使薄膜张开，即可见薄膜上数条神经（如仍不能分辨神经类别，可在分离长约 0.5 cm 颈总动脉的基础上，轻轻提起动脉，透过灯光，则可清楚地看到随动脉被拉开的结缔组织鞘膜中的各类神经），根据各条神经的形态、位置和走向等特点来辨认。迷走神经最粗，外观最白，位于颈总动脉外侧，易于识别；交感神经比迷走神经细，位于颈总动脉的内侧，呈浅灰色；减压神经细如头发，位于迷走神经和交感神经之间（由于减压神经最细，极易拉断，需要分离时应先予分离），在家兔为一独立的神经，沿交感神经外侧后行走（如图 7-3 所示）。但在人、狗减压神经并不单独行走，而是行

走于迷走、交感干或迷走神经中。将神经细心分离 2~3 cm 长即可,然后各穿细线备用。

四、插管技术

1. 气管插管术

在哺乳动物急性实验中,为了保持动物呼吸道的畅通,一般先切开气管,插入气管插管,防止分泌物堵塞气道。

（1）固定动物。把麻醉后的动物仰卧固定在手术台上,备皮,在颈部正中喉下部作一长 4~6 cm 的皮肤切口(狗要再长一些)。

（2）分离组织。用止血钳依次分开皮下结缔组织及颈前正中肌肉(注意,切勿在肌肉中分,以防出血)暴露气管,然后分离气管两侧以及气管与食管之间的结缔组织,游离出气管。分离气管时,注意止血钳勿插入过深,以免损伤食管及周围小血管。从甲状软骨向下分离气管 2~3 cm 穿一粗线于气管下备用。

（3）切开气管。用手术剪在喉头下 3、4 软骨环之间横向切开管前壁(切开不得超过气管直径的 50%),从切口处伸入剪刀,再向头端剪一小口,使整个切口成倒"T"形。

（4）气管插管。用镊子夹住 T 形切口的一角,将适当口径的"Y"形气管插管,由切口处向胸腔方向插入气管腔内,将备用线扎紧后,再于插管分叉处打结固定,以防气管插管脱出。

2. 颈部动脉插管术

一般在气管插管术后进行。用止血钳夹住气管左侧肌肉向外牵拉,可在气管左侧深部看到一条深红色较粗大的血管,用手触之有搏动感,此即为颈总动脉。用玻璃分针(眼科镊子或蚊式止血钳)细心分开鞘膜,防止损伤神经,游离出 3~4 cm 长的颈总动脉血管。在此血管下面穿入两条线备用,待游离出足够长的颈总动脉后,扎紧其远心端,在近心端夹一动脉夹,另一线在动脉夹与远心端结扎线之间打一活结(动脉夹与远心端结扎线之间的距离应不小于 3 cm)。提起结扎线,用眼科剪的尖部呈 30°角在结扎线的近心侧 0.3 cm 处的动脉壁上剪一斜形切口,剪开动脉壁之周径 1/3 左右(若重复数剪易造成切缘不齐,当插管时易造成动脉内膜内卷或插入层间而失败)。由切口处向心脏方向插入充满 0.5% 肝素的动脉插管,用已成活结的备用线将其扎紧,并将余线在动脉插管的突起处结扎固定,最后将动脉套管作适当固定。取下动脉夹即可记录血压信号。

3. 股静脉插管术

将动物麻醉后仰卧固定于手术台上,在腹股沟三角区备皮。沿血管走向作 4~5 cm 的皮肤切口,用弯形止血钳分离肌肉和深部筋膜,暴露出神经和股血管,由外向内分别为股神经、股动脉及股静脉。用玻璃分针或蚊式止血钳仔细分离出一段股静脉,在其下面穿过两根丝线备用。先用静脉夹夹住股静脉的近心端血管,待血管内血液充盈后再结扎股静脉远心端；然后提起结扎线，用眼科剪的尖部与血管前壁呈30°角在紧靠结扎线近心端处剪一斜口；由切口处向心脏方向插入充满生理盐水的静脉插管，用另一备用线将其扎紧，并将余线结扎在静脉插管的突起处以防止滑脱（或将近心端结扎线余线与静脉插管平行拉直后用远心端的结扎线一并结扎固定）。

4. 输尿管插管术

将动物麻醉后仰卧固定于手术台上，在耻骨联合以上腹部备皮。自耻骨联合上缘约0.5 cm处沿正中线向上作3~4 cm的皮肤切口，用止血钳提起腹白线两侧的腹壁肌肉，再用手术剪沿腹白线剪开腹壁及腹膜（注意勿伤及腹腔脏器）。将膀胱翻出切口外（勿使小肠外露，以免血压下降），在其底部两侧找到两条透明、光滑的小管，此即输尿管。在输尿管靠近膀胱处穿过一条丝线，并打一活结备用。用镊柄或食指挑起输尿管后，再用眼科剪剪一斜口。由切口处向肾脏方向插入充满生理盐水的输尿管插管，用备用丝线扎紧并固定之，以防滑脱。放置好输尿管及其插管后可见管内有尿液慢慢流出。

用同样的方法插入另一侧输尿管插管。

术中及术后注意用温热盐水纱布覆盖手术切口以保持腹腔内的温度与湿度。术后也可用皮钳夹住腹腔切口以关闭腹腔。

5. 膀胱插管术

（1）找出输尿管：操作过程与输尿管插管术相同。

（2）结扎尿道：在输尿管下方穿一条丝线，翻转膀胱（注意避开输尿管）结扎尿道。

（3）插入膀胱漏斗：在膀胱顶部血管较少处进行荷包缝合，然后用眼科剪在荷包缝合圈内剪一小口，将充满水的膀胱漏斗由切口处插入膀胱，使漏斗对准输尿管开口处并贴紧膀胱壁，拉紧缝合线并结扎固定。术后用温热盐水纱布覆盖腹部切口。

除上述几种插管外，在采集消化液时还需要进行胰导管、胆总管等插管，其操作方法大致与静脉插管相似，在此不赘述。

五、动物的急救

在动物实验过程中，动物可能会因麻醉过量、大失血、过强的创伤、分泌物或血块堵塞气管等，而出现血压急剧下降、呼吸不规则甚至停止、角膜反射消失等临床死亡症状。对此应立即进行抢救，首先要查明原因，然后根据动物情况制定急救措施。

1. 麻醉过量的急救

（1）实验动物呼吸变慢、不规则或停止但仍有心跳时，可进行人工呼吸或给予呼吸中枢兴奋剂。

① 人工呼吸：用双手或单手按一定节律压迫动物胸廓进行人工呼吸，也可立即切开动物气管，插入气管插管，然后连接电动人工呼吸器进行人工呼吸。动物自主呼吸一旦恢复，即可停止人工呼吸。

② 注射呼吸中枢兴奋剂：可从静脉一次注射1%的山梗菜碱0.5 mL或25%的尼可刹米1 mL等。山梗菜碱可刺激颈动脉体化学感受器，反射性引起呼吸中枢兴奋，对呼吸中枢也有轻微的直接兴奋作用，同时亦可升高血压。尼可刹米则直接引起呼吸中枢兴奋，使呼吸加深加快，但其对血管运动中枢的兴奋作用较弱。

（2）呼吸、心跳均停止时，在施用上述方法的同时，可注射强心剂。用1:10 000的肾上腺素进行静脉注射，必要时可直接进行心脏内注射。肾上腺素具有增强心肌收缩力，提高房室传导速度，扩张冠状动脉，增强心肌供血、供氧，改善心肌代谢，刺激心脏起搏点等作用。当注射肾上腺素后，动物心脏仍跳动无力时，可向静脉或心腔内注射1%氯化钙5 mL。钙离子可使心肌收缩力增强，升高血压。

2. 窒息的处理

动物麻醉后，呼吸道分泌物增多且不易排出，或气管插管术中出血形成血凝块，均可堵塞气管而造成窒息。此时，应立即拔出气管插管，清除气管内的分泌物及血块，冲洗气管插管使其畅通。然后，再将气管插管重新插入。

3. 大失血、血压下降的处理

（1）暂停实验，查明出血部位立即止血（血压极低或记录不到血压时，还需排除因血凝块堵塞动脉插管等情况）。

（2）快速输液，增加血容量：可经静脉快速输入温生理盐水使血量增加以恢复血压，也可静脉注入高渗葡萄糖液，通过其对动物血管内感受器的刺激，反射性引起血压和呼吸的改善。

（3）静脉注射1:10 000的肾上腺素。

（4）采取保温措施，防止动物体温下降。待血压恢复后再进行实验。

六、实验动物的处死

在急性动物实验结束后，通常需要将动物处死。实验动物的处死方法有很多，可根据实验动物的种类选择处死方法。

1. 注射麻醉法

注射麻醉法主要用于豚鼠和家兔。一般可用巴比妥类经静脉、心脏和腹腔快速过量注射，麻醉处死动物（动物不同，用量差别较大，一般为正常麻醉用量的3倍以上）。

2. 空气栓塞法

空气栓塞法主要用于大动物的处死。用注射器将空气快速注入待处死动物相应的静脉内，使动物快速死亡。注入静脉的空气可随着血液循环到全身，造成肺动脉、冠状动脉等阻塞，发生严重的血液循环障碍，动物很快死亡。一般处死家兔和猫需注入空气10~20 mL，处死狗需注入空气70~150 mL。

3. 急性失血法

该法可用于各种实验动物的处死。方法：

① 利用实验中的颈部或股部手术切口,切断动物的颈动脉、颈静脉或股动脉、股静脉血管,快速大量放血致使动物死亡。

② 也可用粗针头刺入心脏抽取大量血液,使动物失血而死。

③ 对于大鼠或小鼠,则可通过摘除其眼球使眼眶动、静脉大量出血而死。

4. CO_2 吸入法

CO_2 吸入法适用于各种动物。将动物放入相对封闭的容器内,通入纯 CO_2 气体,或放入 CO_2 凝固块,直到动物停止呼吸而死。

5. 吸入麻醉法

使动物吸入过量的乙醚而死。

6. 颈椎脱臼法

颈椎脱臼法最常用于大、小白鼠的处死。方法:用左手的拇指和食指用力向下按住鼠头,右手抓住鼠尾,用力向后拉动,使动物颈椎脱臼、脊髓与脑断离而迅速死亡。用此法处死大鼠时需抓住鼠尾根部,加大力量向后上方拉。

7. 击打法

击打法主要用于大、小白鼠或家兔的处死。右手抓住鼠尾提起后,用力摔击其头部,鼠痉挛后立即死亡。用小木槌猛击家兔后脑部,损坏延脑,使其猝死。

【附】

慢性动物实验的基本操作技术简介

慢性动物实验的手术操作技术与急性动物实验基本相同。但由于慢性实验动物在手术后还需存活较长时间,所以除要求手术操作技术熟练准确外,还需特别注意做好动物手术前的准备和手术后的护理工作。

(1) 术前准备。手术前应给予动物足够的营养改善其全身情况,增强动物对手术的耐受能力。猫、狗等动物术前 8~12 小时应禁食,麻醉前可给予一定量饮水。

(2) 无菌操作。为防止感染、促进创口愈合、保证动物存活,手术操作必须在消毒灭菌的情况下进行。

① 手术环境的消毒;

② 手术器械和物品的消毒;

③ 手术部位的消毒;

④ 手术人员手臂的消毒。

(3) 切口缝合。慢性动物实验的手术切口必须缝合(持针方法如图7-4所示)。

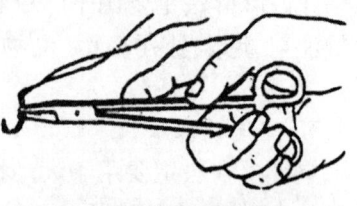

图7-4 持针器的使用方法

① 皮肤一般用丝线和三棱针做单纯间断缝合;

② 筋膜、肌肉等用弯圆针做连续缝合;

③ 易碎组织用弯圆针做褥线缝合。

缝合前,应彻底止血,清洁切口。切口缝合要分层进行,消除"死腔"。缝合皮肤之前,需要用75%酒精或0.1%新洁尔灭溶液,再涂擦消毒皮肤一次。根据切口愈合情况,适时拆除外部创口的缝线,拆线前,亦应进行缝合处的常规消毒。

(4) 术后处理。

① 手术操作完成后,待动物呼吸平稳、血压正常后拔出气管插管。

② 待动物完全苏醒后方可送其回动物室。

③ 术后应将动物单独安置于清洁的动物笼内饲养,并注意保温。

④ 手术后要防止创口感染,及时解决切口疼痛、呼吸减弱、呕吐、排尿困难等术后常见问题。另外,还要保证术后动物的进食和饮水,以保证动物的正常存活。

第二节 实验标本的采集方法

一、血液采集

实验动物采血方法的选择,主要取决于实验要求所需血量以及动物的种类。对于用血量较少的实验如血细胞计数、血红蛋白测定、血液涂片等,可刺破组织取毛细血管的血;当用血量较多时可做静脉采血;做动脉血气分析、pH 以及离子浓度分析实验时,则还需采取动脉血液。

1. 尾静脉采血

尾静脉采血主要用于需血量很少的大、小白鼠实验。常用的方法有以下3种。

(1) 剪尾采血。固定动物并露出鼠尾,将尾部浸于45 ℃左右的温水中数分钟,使尾部血管扩张。擦干鼠尾,剪去尾尖3~5 mm,让自剪口流出的血液滴入容器或用吸管吸取。采血结束后,消毒伤口并压迫止血。

(2) 切割尾静脉采血。在尾静脉处作一横切口,割破尾静脉,用上述方法收集血液。每只鼠一般可采血10次以上。小鼠每次可取血0.1 mL,大鼠每次可取0.3~0.5 mL。

(3) 针刺尾静脉采血。先用酒精棉球擦拭鼠尾,尾静脉充血后用干消毒纱布将鼠尾擦干。用7号或8号注射针头,刺入鼠尾静脉后立即拔出针头,采血后做局部压迫止血。

2. 眼眶后静脉丛采血

在需要中等量血液的实验中,为避免实验动物死亡常用此法。将麻醉鼠取眼向上侧位固定,用左手拇指和食指从背部较紧地握住动物颈部(应防止动物窒息)。取血时,左手拇指和食指轻轻压迫动物的颈部两侧,使眼眶后静脉丛充血。右手持1 mL注射器(选择7号针头)或毛细采血管(内径0.5~1.0 mm),针头斜面先朝向眼球,以45°夹角由眼内角刺入,再旋转180°使斜面对着眼眶后界。进针深度:小鼠2~3 mm,大鼠4~5 mm。当感到有阻力时,将针后退0.1~0.5 mm,边退边抽。取血后,解除左手对颈部的压迫,拔出采血器,以防止穿刺孔再出血。一般用本法可在短期内重复采血。小白鼠每次可采血0.2~0.3 mL,大白鼠每次可采血0.4~0.6 mL。

3. 耳缘静脉采血

耳缘静脉采血为最常用的取血法之一,多用于家兔中等量取血,并可重复采取。右手持注射器,用耳缘静脉注射的方法将针头逆血流方向刺入耳缘静脉抽取血液,或用刀片割破耳缘静脉末端血管取血。一次可采血5~10 mL。取血后,用棉球压迫止血。

4. 心脏采血

心脏采血主要用于家兔、狗等较大动物。兔心脏采血法:将麻醉好的家兔仰卧固定于手术台上,剪去心前区的被毛。右手持注射器,在胸骨左缘第三肋间处将针头垂直刺入心脏,随心脏的搏动血液自动进入注射器。取血后,迅速拔出针头,用消毒纱布覆盖穿刺部位。一次可取血20~25 mL。

5. 大静脉采血

经动物颈静脉、股静脉等血管采血,方法与前肢皮下头静脉等处的静脉注射法基本相同,只是在抽血时仍保持对静脉近心端的压迫,使血管持续充盈,采血后再松开橡皮带。此法也用于前肢皮下头静脉和后肢小隐静脉等部位采血。

6. 大动脉采血

经动物颈动脉、股动脉等血管采血,方法与颈部动脉插管术相同,只是插管内不充肝素,插管的另一端放入接血的容器中。取血时,放开夹在动脉近心端的动脉夹即可。

7. 断头取血

断头取血主要用于大、小白鼠的大量采血。方法:左手固定动物,并使其头略向下倾,右手用剪刀迅速剪掉动物头部,让血液流入接血的容器中。小鼠可采血0.8~1.2 mL,大鼠可采血5~10 mL。

二、尿液采集

1. 代谢笼法

代谢笼是为收集动物的排泄物而特制的装置。代谢笼法主要用于大、小白鼠的尿液采集。方法:将给药或饮水后的动物立即放入代谢笼中,收集动物一定时间内的尿液。

2. 导尿法

导尿法常用于雄性家兔和狗。方法:将麻醉的动物取仰卧位固定,左手使动物尿道口张开,右手将顶端涂有液状石蜡的导尿管缓慢地插入尿道,尿液便从导尿管流出。此法可采集到无污染的尿液。

3. 输尿管插管法

剪去动物下腹部膀胱区被毛,在耻骨联合上方沿正中线向上作4 cm长的皮肤切口,沿腹白线切开腹壁,打开腹腔,将膀胱翻出腹腔外,暴露膀胱三角,仔细辨认输尿管,并将输尿管与周围组织轻轻分离,避免出血。用线将输尿管近膀胱端结扎,在结扎之上部剪一斜切口,把充满生理盐水的细塑料插管向肾脏方向插入输尿管内,用线结扎固定,可看到尿液从细塑料管中慢慢地逐滴流出,将细塑料管连至计滴器或直接从插管外口计尿液的滴数。

4. 膀胱漏斗法

剪去动物下腹部膀胱区被毛,从耻骨联合处向上沿正中线作一长约 4 cm 的切口,沿正中腹白线切开腹壁,用手轻轻将膀胱翻至体外(勿使肠管外露,以免血压下降);再于膀胱底部找出两侧输尿管,确认无误后,小心地从两侧输尿管下方穿一丝线,将膀胱上翻,结扎尿道(不可扎闭或压迫输尿管);然后在膀胱顶部选择血管较少处剪一小口,插入充满水的膀胱漏斗,用荷包缝合,结扎固定。漏斗口应对着输尿管开口处并紧贴膀胱壁。膀胱漏斗收集的尿液经引流管流出,由计滴器记录。

5. 压迫膀胱法

压迫膀胱法主要用于家兔和狗等大动物。方法:将动物麻醉固定,按压其骶骨两侧背部,或轻压其下腹部,促使尿液从尿道口排出,以采集尿液。

(林 波)

第八章 病理生理学基础实验

实验一 急性高钾血症及其抢救

【实验目的】

1. 掌握家兔高钾血症模型的复制方法。
2. 观察高钾血症家兔心电图(electrocardiogram,ECG)变化的特征,分析高钾对心肌细胞的毒性作用。
3. 自行设计出高钾血症抢救治疗方案,并实施。
4. 了解治疗高钾血症的基本原则。

【实验原理】

钾离子是人体内重要的电解质之一,是维持细胞内外酸碱平衡、渗透压平衡和神经肌肉电生理特性(如细胞膜静息电位)的重要离子。98%的钾离子存在于细胞内,2%存在于细胞外液中。正常血清钾离子浓度保持在 3.5~5.5 mmol/L 的范围内,当钾离子浓度大于 5.5 mmol/L 时称为高钾血症(hyperkalemia)。钾离子摄入过多、肾衰竭是高钾血症发生的常见原因。高钾血症的主要临床表现为细胞外钾离子对心肌、骨骼肌的毒性作用所引起的症状。急性重度高钾血症对心肌的毒性作用极强,可发生致死性心室纤颤和心搏骤停。高钾血症早期心电图表现为 T 波狭窄高耸,这是动作电位复极化 3 期加速而致。严重高钾血症对心脏的基本病理生理改变是降低心肌的兴奋性、传导性、自律性和收缩性。测定血清钾离子浓度和 ECG 检查有助于高钾血症的诊断。

由于高钾血症有造成心跳暂停及猝死的危险,因此一旦发现必须紧急处置,常用的治疗方式有:

(1) 注射葡萄糖酸钙。应用钙剂可拮抗高钾血症的心肌毒性作用,一方面 Ca^{2+} 能促阈电位(Et)上移,使 Em、Et 间距离增加甚至恢复正常,恢复心肌的兴奋性;另一方面使复极 2 期 Ca^{2+} 竞争性地内流增加,提高心肌的收缩性。

（2）注射碳酸氢钠、葡萄糖和胰岛素。这些方式可使钾离子由细胞外暂时回到细胞内，以缓解细胞外高钾的症状。

（3）口服阳离子交换树脂，降低钾离子的吸收。若是上面这些方法都不能有效降低钾离子，则必须进行紧急血液透析治疗，方能减轻高钾血症。

【实验对象】

家兔（体重2.0 kg左右，雌雄不限）。

【实验药品与器材】

20%乌拉坦溶液，肝素生理盐水溶液，2%氯化钾溶液，10%氯化钙溶液，4%碳酸氢钠，葡萄糖胰岛素溶液（按10%葡萄糖液300 mL加普通胰岛素7 U配置，即按葡萄糖和胰岛素4(g):1(U)的比例配置），呋塞米针剂，血清钾试剂盒。兔手术台，手术器械1套，1.5 mL离心管10个，2 mL干燥注射器4只，10 mL注射器1只，头皮针1个，50 μL微量移液器及吸头，输液装置2套，动脉导管、静脉导管、气管插管各1套，心电针形电极，生物信息采集与处理系统，分光光度计，离心机(1200 r/min，10 min)，1号、7号丝线，试管架5个/每个实验室，5 mL试管50个/每个实验室，记号笔，小拉钩。

【实验方法与步骤】

（1）动物称重、麻醉和固定。家兔称重后，从其耳缘静脉缓慢注入20%乌拉坦溶液(5 mL/kg)进行全身麻醉。注射时注意观察家兔肌张力、呼吸频率和角膜反射变化。待动物自然倒下，牵拉后肢感到松弛及阻力消失，提示麻醉成功。将家兔取仰卧位固定在兔台上，并固定其四肢和头端。

（2）手术与插管。将家兔颈部被毛剪去，沿甲状软骨下正中切开皮肤约6 cm，分离气管、右侧颈外静脉和左侧颈总动脉并插管。颈动脉导管用于取血，颈外静脉导管用三通管连接静脉输液装置，注意保持管道通畅。

（3）测正常血钾浓度。取颈总动脉血1 mL，用分光光度计测量动物实验前的血清钾浓度。

（4）心电描记。用头胸导联描记心电图波形。方法：调整心电图机上的导联旋钮到Ⅱ导联位置，将针型电极分别插入相应部位皮下，导联线连接顺序依次为右前肢红色电极，左前肢为黄色电极，右后肢为黑色电极，左后肢为绿色电极；按心电图机使用方法描记正常心电图波形约10 cm纸长。

（5）高钾血症的复制。通过颈外静脉和输液装置，缓慢滴注2%的氯化钾生理盐水溶液，同时密切观察各项指标并及时记录。出现P波低平、增宽，QRS波群低压变宽和高尖T波后，立即取血1 mL做血清钾测定，并开始实施抢救。

（6）设计抢救治疗方案并实施抢救。滴注氯化钾生理盐水溶液之前，要求每一组自行选择和准备好抢救药物，包括10%葡萄糖酸钙溶液（静脉推注）或4%碳酸氢钠溶液(静脉滴注)或葡萄糖胰岛素溶液(静脉滴注)。

在心电图出现典型高钾血症改变后立即实施抢救,迅速输入已准备好的抢救药物(10%氯化钙溶液2 mL/kg,或4%碳酸氢钠溶液5 mL/kg,或葡萄糖-胰岛素溶液7 mL/kg)。若10 s内无法输入抢救药物,则救治效果不佳。

实施各项抢救项目后,待心电图基本恢复正常时,再次由颈总动脉采血1 mL,测定救治后的血浆钾浓度(注意:每实施一项抢救方法后均需采血测定血钾浓度)。

(7) 先快速打开胸腔,再注入致死量的10%氯化钾溶液(8 mL/kg),观察心肌纤颤及心脏停搏时的状态。

【实验要求与注意事项】

(1) 动物麻醉要适度,过深会抑制动物呼吸,过浅时动物疼痛易引起肌颤,干扰心电图波形。

(2) 保持动、静脉导管的通畅,确保各种液体能及时、准确地输入,尤其当小儿头皮针硅胶管有回血时应及时推入肝素以防凝血。

(3) 取血过程中动作应轻柔,器皿应清洁、干燥以防血标本溶血,否则红细胞内钾离子逸出影响测定值。血液凝固后应立即分离血清,否则动脉血标本溶血会使血钾值升高。

(4) 输注氯化钾时要控制输液速度,防止家兔猝死,实验不完整。动物对注入氯化钾的耐受性有个体差异,根据动物的情况可选用不同浓度的氯化钾溶液。

(5) 心电干扰波的处理:实验前要接好心电图机的地线;针形电极在穿刺前要用酒精或盐水擦干净,穿刺部位要对称,位于皮下,避免导线纵横交错;实验台上的液体要及时清除,注意保持干燥;描记心电图时禁止使用手机等通信工具,以避免周围电磁干扰。

(6) 由于动物的个体差异性,有时T波会融合在ST段中而不呈现正向波。此时要通过更换导联方式,如改用头胸导联、肢体标Ⅱ导联或aVF导联,务求在正常时描记出正向T波,否则很难观察到典型的高尖T波。在同一动物上,有时不能观察到所有心电变化。

(7) 每次取血前必须先用另一注射器放掉导管中的肝素生理盐水,再用干燥注射器取血1 mL。

【分析与思考】

1. 输注氯化钾溶液后心电图变化有何特征?发生机制是什么?
2. 输入致死性氯化钾溶液后,心脏停搏是在舒张期还是收缩期?为什么?
3. 几种抢救高钾血症措施的病理生理学基础是什么?实际疗效如何?

(郑 红)

实验二 实验性肺水肿

【实验目的】
1. 学习复制实验性肺水肿动物模型。
2. 了解肺水肿的表现及其发生机制。

【实验原理】
本实验通过快速、大量输液引起血容量增加、血液稀释而使血管内胶体渗透压下降、流体静压上升;同时伴有快速、大量输入肾上腺素可增加心肌收缩力,使体循环外周血管强烈收缩,导致血液由体循环急剧转移到肺循环,从而使肺的血容量迅速增加,而未能为左心所适应,结果使左心房压力和肺毛细血管流体静压突然升高;另外,因肺循环血量急骤增加,血管被动扩张也使血管内皮细胞的间隙增大,导致血管壁通透性增加,这些因素使过多液体滤入间质空隙甚至肺泡内而发生肺水肿。

【实验对象】
家兔(体重 1.5~2.5 kg)。

【实验药品与器材】
生理盐水,1%普鲁卡因,肾上腺素生理盐水(1%肾上腺素 1 mL + 生理盐水 9 mL)。婴儿秤,天平,气管插管,静脉导管及静脉输液装置,颈部手术器械,听诊器,烧杯,手术线,滤纸,兔固定台,计算机,BL-420F 生物机能实验系统。

【实验方法与步骤】
本次实验分为实验组和对照组,实验过程中对比观察两组动物的表现和结果。

1. 实验组

(1) 取兔一只,称重后仰卧固定于兔台上,颈部备皮,在颈部正中用1%普鲁卡因局部浸润麻醉。

(2) 进行气管插管。用手术剪沿正中线自甲状软骨处向下作一长 4~6 cm 的切口,以气管为标志沿正中线用止血钳钝性分离颈部正中的肌群和筋膜,即可暴露出气管。按常规分离气管,在下面穿一粗线备用。在甲状软骨下约 2 cm 的两软骨环之间,剪开气管口径一半,然后再向头端作一小切口呈倒"T"形,向心方向插入气管插管,固定后准备描记呼吸。

（3）进行颈外静脉插管。于颈部正中切口处，用手指从皮肤外侧顶起并外翻，在胸锁乳突肌外缘可见颈外静脉，小心钝性分离，尽量减少对血管的刺激（否则会使静脉收缩变得很细）。分离出一长为 2~4 cm 的静脉，下穿两根线备用。先将静脉远心端结扎，再在近心端靠近结扎处剪一小口，向心方向插入已充满生理盐水的静脉导管（若插管过程中遇到阻力，可稍退些改变方向重插），结扎固定，打开静脉输液装置的螺旋夹，如果输液畅通，即拧紧螺旋夹。

（4）呼吸记录装置的连接。在 BL-420F 生物机能实验系统的前面板的 CH1 生物信号输入插口安装呼吸传感器，并与气管插管相连，进入生物信号显示与处理软件界面即可观察呼吸波形变化。记录前根据情况适当调整各参数。

（5）描记一段正常呼吸，并用听诊器听肺的呼吸音，然后输入 37 ℃ 的生理盐水（输入总量按 100 mL/kg. bw，输液速度为 180~200 滴/min），待滴注将近完毕立即向输液瓶中加入稀释的肾上腺素生理盐水（按肾上腺素 0.45 mg/kg. bw）。

（6）密切观察呼吸改变和气管插管是否有粉红色泡沫液体流出，并用听诊器听诊肺部有无湿性罗音出现。当证明肺水肿出现时，夹住气管，处死动物，打开胸腔，用线在气管分叉上方 1~5 cm 处结扎（防止水肿液流出），在结扎处上方切断气管，小心把心脏及其血管分离（勿损伤肺），把肺取出，用滤纸吸去肺表面的水分后称取肺重，计算肺系数，然后肉眼观察肺大体的改变，并切开肺，观察切面的改变，注意有无泡沫液体流出。

（7）镜下观察肺水肿和正常肺组织切片。

2. 对照组

实验步骤与实验组不同之处是不加肾上腺素，其余步骤和实验组相同。

肺系数计算公式：

$$肺系数 = \frac{肺重量(g)}{体重量(kg)}$$

正常兔肺系数为 4~5。

根据实验组和对照组的不同结果，联系理论分析肺水肿发生的机制。

【实验要求与注意事项】

（1）实验兔与对照兔的输液速度应基本一致，输液不要太快，以控制在 180~200 滴/min 为宜。

（2）解剖取出肺时，注意勿损伤肺表面和挤压肺组织，以防止水肿液流出，影响肺系数值。

【分析与思考】

1. 为什么要快速、大量输液？

2. 肾上腺素引起肺水肿的机制是什么？

（张　静）

实验三　氯气中毒性肺水肿

【实验目的】
1. 学习复制氯气中毒性肺水肿动物模型。
2. 了解氯气引起肺水肿的表现及发生机制。

【实验原理】
当动物吸入氯气后，只要有足够量到达下呼吸道，就可通过多种途径（如与水直接生成 HCl）损伤肺泡上皮细胞和毛细血管，使肺泡毛细血管通透性增加；而吸收入血则刺激颈主动脉体和主动脉弓的化学感受器，通过神经体液反射引起肺血管痉挛，从而引起肺水肿。

【实验对象】
小白鼠。

【实验药品与器材】
重铬酸钾，浓盐酸。气体发生器 1 套，天平，小剪刀和小镊子各 1 把，吸水纸，手术线，广口瓶 1 个。

【实验步骤与观察指标】
（1）取一只小白鼠，观察其呼吸频率、深度及一般情况。
（2）将小白鼠置于广口瓶中，然后向烧瓶内加浓盐酸 3~5 mL、重铬酸钾（$K_2Cr_2O_7$）约 1 g，并微微加热，待烧瓶中生成一层薄雾状气体，小白鼠出现呼吸困难时，终止通气（如图 8-1 所示）。化学反应如下：

$$14HCl + K_2Cr_2O_7 \rightarrow 2KCl + 2CrCl_3 + 7H_2O + 3Cl_2 \uparrow$$

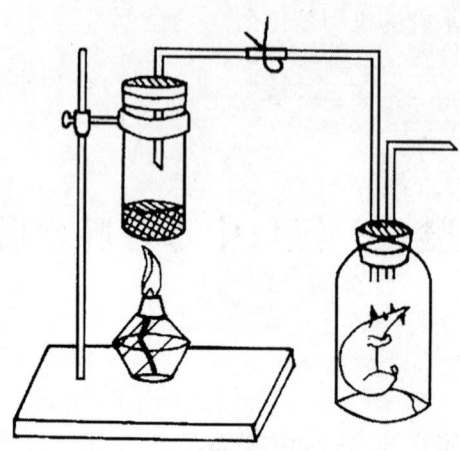

图 8-1 氯气中毒性肺水肿示意图

(3) 观察小白鼠在整个实验过程中的表现,尤其是呼吸的变化。

(4) 小白鼠死后对其进行解剖,小心剪开胸腔,结扎气管下端以防水肿液流出,在结扎线上剪断气管,将全肺取出,放在吸水纸上。

(5) 取一只正常小白鼠,用颈椎脱臼法将其处死,依上法取出肺脏,比较两个肺的体积、颜色有何不同。

(6) 剪开结扎气管的丝线,轻轻压迫肺脏,观察气管内有无泡沫状液体流出。

(7) 小白鼠的肺系数计算公式:

$$肺系数 = \frac{肺重量(g)}{体重量(kg)}$$

【实验要求与注意事项】

(1) 保证实验室通风。

(2) 尽可能做到动物大小、结扎部位、气管切断处一致。

【分析与思考】

1. 氯气中毒为什么会引起肺水肿?
2. 氯气中毒性肺水肿的主要症状是什么?

(孙晓娟)

实验四　血管壁通透性改变在水肿发生中的作用

【实验目的】

1. 学习复制血管壁通透性增加引起水肿的动物模型。
2. 了解血管壁通透性增加引起水肿的发生机制。

【实验原理】

血管壁通透性增加是水肿发生的重要机制,许多因素可使微血管壁通透性增加。本实验利用组胺、温水的作用,使局部血管通透性增加,组织液生成增多,局部水肿形成。

【实验对象】

家兔。

【实验药品与器材】

生理盐水,0.1%组胺溶液,1%锥兰溶液。兔固定台,1 mL、5 mL 注射器,针头,烧杯,温度计,表,剪刀。

【实验方法与步骤】

(1) 取家兔一只,称重后仰卧固定在兔台上,并剪去腹部被毛。在腹部左侧皮内注射0.1%组胺,右侧皮内注射生理盐水。
(2) 将兔左耳外 1/2 浸入 60 ℃的温水中 3 分钟。
(3) 在右耳缘静脉注入1%锥兰溶液(2 mL/kg)。
(4) 观察并计算注入锥兰溶液后腹部注射部位和烫伤兔耳部位出现着色所需时间以及着色所出现的深度。
(5) 观察烫伤耳是否比对侧耳肿胀、血管扩张。

【实验要求与注意事项】

(1) 烫伤兔耳的水温要合适。
(2) 皮内注射要准确,小心不要注入皮下。
(3) 注射锥兰溶液后要密切观察。

【分析与思考】

1. 组胺引起水肿的机理是什么？
2. 烫伤为什么可引起水肿？

（林　波）

实验五　家兔酸碱平衡紊乱

【实验目的】

1. 学习复制急性呼吸性酸中毒、急性代谢性酸中毒及代谢性碱中毒的动物模型。
2. 观测以上酸碱紊乱时血气指标及呼吸、血压变化。
3. 探讨以上酸碱紊乱的常见原因及机制。

【实验原理】

通过夹闭气管插管，造成动物不完全窒息复制急性呼吸性酸中毒的动物模型；采用直接输入酸和碱的方法复制急性代谢性酸中毒和代谢性碱中毒的动物模型。

【实验对象】

家兔(体重 1.5~2.5 kg)。

【实验药品与器材】

20% 氨基甲酸乙酯(乌拉坦)溶液，1% 普鲁卡因溶液，0.3% 肝素溶液，5% 乳酸溶液，5% 碳酸氢钠溶液。婴儿秤，兔固定台，兔急性实验手术器械 1 套，BL-420F 生物机能实验系统，血气分析仪，气管插管，动脉插管，三通针头附细塑料插管 2 个，动脉夹，10 mm 口径橡皮塞 5 个，1 mL 注射器 4 个，5 mL、10 mL 注射器各 1 个，7 号针头。

【实验方法与步骤】

(1) 取家兔一只，称重，以 20% 氨基甲酸乙酯 5 mL/kg. bw 自耳缘静脉注射麻醉(也可用 3% 戊巴比妥钠 1 mL/kg. bw，腹腔注射全麻)后，仰卧固定于兔台上，颈部及一侧腹股沟部剪毛。

(2) 颈部正中作 4~6 cm 的切口,依次切开皮肤、皮下组织,分离气管,在气管的第 3 或第 4 软骨处作倒"T"形切开,迅速插入气管插管(后套接长为 6~8 cm 的橡皮管)并用线结扎固定(防止血液流入气管内)。分离出左侧颈总动脉及右侧颈外静脉并穿线备用。切开一侧腹股沟部皮肤,分离股动脉,穿线备用。

(3) 自耳缘静脉注入 0.3% 肝素溶液(3 mL/kg),进行全身肝素化抗凝血。

(4) 将压力换能器、呼吸换能器与 BL-420F 生物机能实验系统连接并调试好(定标、设定参数、调基线)。结扎左颈总动脉远心端,用动脉夹夹住近心端,在靠近结扎线处,用眼科剪呈 45°角剪开动脉(为血管口径的 1/3~1/2),插入充满肝素溶液与压力换能器相连的塑料管,用线结扎固定,松开动脉夹,描记血压曲线。结扎右侧颈外静脉远心端,在靠近结扎线处,用眼科剪呈 45°角剪开静脉(约为血管口径的 1/3),插入充满肝素溶液的带有三通针头的细塑料管,用线结扎固定备用。在股动脉内插入充满肝素溶液的带有三通针头的细塑料管(方法同颈总动脉插管),用线结扎固定备放血用。

(5) 将气管插管连接呼吸换能器。

(6) 描记正常血压、呼吸曲线。

(7) 用 1 mL 注射器接 7 号针头吸取 0.5 mL 肝素溶液,使注射器内壁湿润,然后排出注射器内的空气及多余肝素(针头内及注射器死腔仍充满肝素),将针头刺入小橡皮塞以隔绝空气。打开股动脉插管的三通活塞,松开动脉夹,放出动脉插管内的肝素,迅速去掉注射器上的针头,将其立即插入三通活塞,取血 0.5 mL。关闭三通活塞,拔出注射器后立即套上原针头,迅速刺入橡皮塞内(防止空气进入所抽血液内),转动注射器 3~5 次,使血液与肝素充分混合,立即送测血气各指标。取血后向三通活塞内注入少量肝素,将血液推回血管内以防插管内凝血,将动脉夹仍夹于原处。

(8) 用血气分析仪测定血液的 pH、PCO_2、PO_2、BB、BE、SB 等指标,作为实验前正常对照。

(9) 复制酸碱平衡紊乱动物模型。

① 复制急性呼吸性酸中毒模型:用止血钳夹闭气管插管的 2/3,造成气道阻塞,持续 10 分钟。按上述方法自股动脉取血测血气指标,并观察记录血压、呼吸情况,然后放开止血钳,待动物呼吸恢复正常。

② 复制急性代谢性酸中毒模型:动物呼吸恢复正常后(约 10~15 min),自颈外静脉缓慢(1 mL/min)注入 5% 乳酸溶液 10 mL/kg. bw,同时密切观察动物血压、呼吸变化。如血压明显下降,则停止推注,观察 5 分钟;如血压又恢复,则继续缓慢注射。注射完毕后,按上述方法自股动脉取血测血气指标并观察记录血压、呼吸的变化。

③ 复制代谢性碱中毒模型:自颈外静脉注入 5% 碳酸氢钠 20 mL/kg. bw 后,同上法自股动脉取血测定血气指标,并观察记录血压、呼吸变化。

【实验要求与注意事项】

（1）实验动物不要过分饥饿与剧烈运动，以免体内酸性物质增多，影响实验结果。

（2）分离颈总动脉、颈外静脉、股动脉时，应避免损伤血管。

（3）动脉插管时一定要远心端结扎，近心端用动脉夹，然后切口、插管。同时插管后要注意结扎固定、牢固，以防插管脱落、动脉出血，使实验失败。

（4）每次抽血要注意先放掉股动脉插管内的肝素，抽血后及时向插管内注入肝素。

（5）取血后立即将针头插入橡皮塞，以隔绝空气，并用手转动针管以使血标本与肝素充分混匀，不发生凝血。

（6）要严格控制检测条件，每次抽血时注射器内的肝素量、针头的型号、采血量均应一致。

（7）所取血标本应立即送检，不能立即送检时，要放入冰瓶内，标本搁置时间不宜超过1小时，并要避免冰水进入针管。

【分析与思考】

1. 复制的几种酸碱平衡紊乱模型的血气指标有何改变？为什么？
2. 复制的几种酸碱平衡紊乱对血压、呼吸有何影响？解释其机制。
3. 血气分析时，血液标本为何必须隔绝空气？

（林 波）

实验六 实验性缺氧及救治

【实验目的】

1. 复制低张性缺氧、血液性缺氧、组织中毒性缺氧的动物模型。
2. 观察不同类型缺氧对机体呼吸、皮肤黏膜、内脏、血液颜色等的影响。
3. 了解缺氧的原因及发病机制。

【实验原理】

缺氧是指组织供氧不足或用氧障碍，从而引起细胞代谢、功能以至形态结构发生异常变化的病理过程。根据缺氧的原因和血氧变化特点，将缺氧分为四种类型：低张性缺氧、血液性缺氧、循环性缺氧和组织中毒性缺氧。本实验采用不同方法,模拟机体不同类型缺氧的病理过程。

【实验对象】

小白鼠。

【实验药品与器材】

甲酸,浓硫酸,5%亚硝酸钠溶液,0.125%氰化钾溶液,10%硫代硫酸钠溶液,生理盐水,10%氢氧化钠溶液。CO发生装置1套,500 mL广口瓶(带有2孔橡皮塞),酒精灯、白磁盘、剪刀、滴管,1%美蓝溶液,1 mL注射器、针头。

【实验方法与步骤】

1. 低张性缺氧

取钠石灰5 g及小白鼠1只,放入缺氧瓶内,观察记录以下指标:呼吸频率(次/10 s)、深度,口唇及皮肤颜色。随后塞紧瓶塞,记录时间。每间隔5分钟记录上述指标一次,直至动物死亡。

2. 一氧化碳中毒性缺氧

(1) 将编号为A、B、C的3只小白鼠分别放入广口瓶中,观察其正常表现。

(2) 将放有A鼠的广口瓶与CO发生装置连接。取甲酸3 mL放入三角烧瓶内,缓慢加入浓硫酸2 mL,塞紧瓶塞,密切观察小白鼠的呼吸频率(次/10 s)、深度,口唇及皮肤的颜色,记录指标变化及死亡时间。小白鼠死亡后立即将其解剖,观察肝脏颜色。

(3) 对B鼠重复上述步骤,但当小白鼠站立不稳时,立即打开瓶塞取出小白鼠,对准小白鼠的口鼻处吹氧至小白鼠清醒为止。5分钟后观察记录小白鼠呼吸频率(次/10 s)、深度,口唇及皮肤的颜色。

(4) C鼠为正常对照,不做处理。观察记录其呼吸频率(次/10 s)、深度,口唇及皮肤的颜色。

3. 亚硝酸钠中毒性缺氧

(1) 取体重相近的小白鼠2只,称重。观察其行为、皮肤黏膜颜色。

(2) 给两只小白鼠均腹腔注射5%亚硝酸钠溶液10 mL/kg,随后给甲鼠立即腹腔注射1%美蓝10 mL/kg,给乙鼠立即腹腔注射等体积生理盐水。

(3) 观察两只小白鼠的行为、皮肤黏膜颜色变化,记录小白鼠的存活时间。小白鼠死亡后将其解剖,观察肝脏及血液颜色。若甲鼠一直存活,则将其断颈处死后解剖,观察肝脏及血液颜色。

4. 氰化钾中毒性缺氧

(1) 取小白鼠2只,称重,观察其活动情况和皮肤黏膜的颜色。

（2）给两只小白鼠均腹腔注射0.125%氰化钾0.2 mL，注射后立即计时，并观察其呼吸频率、深度和皮肤黏膜的颜色改变。

（3）待小白鼠活动明显减弱、出现四肢瘫软时，立即给甲鼠腹腔注射10%硫代硫酸钠溶液0.4 mL，给乙鼠腹腔注射等量生理盐水。

（4）观察小白鼠呼吸频率、深度变化及皮肤黏膜的颜色，记录小白鼠死亡时间。

各组小白鼠死亡后立即打开其胸腔，观察内脏颜色。将低张性缺氧、一氧化碳中毒性缺氧、亚硝酸钠中毒性缺氧和氰化钾中毒性缺氧的小白鼠的心脏剪破，取血1滴，分别置于装有3 mL蒸馏水的小试管中混匀，然后滴加数滴10%氢氧化钠溶液，观察溶液的颜色变化。一氧化碳中毒的血液可保持桃红色，其他血液变成棕绿色。

【实验要求与注意事项】

（1）实验室要通风透气。

（2）复制低张性缺氧时，缺氧瓶一定要密封。

（3）浓硫酸有腐蚀性，氰化钾有剧毒，勿沾染皮肤、黏膜。

（4）加硫酸要慢，酒精灯加热以出现大量微泡为度（不可长时间沸腾），勿使CO产生过多过快，否则动物很快死亡致CO中毒的表现不典型。

（5）腹腔注射时小白鼠头低尾高，针刺部位应在左下腹，以免伤及肝脏，也应避免将药物注入皮下、肠管、膀胱或血管内。

（6）CO为有毒气体，实验中要注意防护，实验结束后应妥善处理实验用品和药物。

（7）为了较准确地辨别颜色，可将各小白鼠的肝脏及血液等放在一起进行比较；观察血液颜色，以刚取出的颜色差异最为明显。

（8）实验结束后，没死亡的小白鼠均处死。

【分析与思考】

1. CO中毒引起何种类型的缺氧？所致缺氧的原因和机制是什么？

2. 亚硝酸钠引起缺氧的机制是什么？两只小白鼠的血液颜色异同是如何产生的？

3. 氰化钾中毒后小白鼠的血液颜色如何？为什么？

（张　静）

实验七 家兔失血性休克及其实验性治疗

【实验目的】

1. 学习复制失血性休克的动物模型。
2. 观察家兔失血性休克时的主要体征及血流动力学变化。
3. 比较不同血管活性药物在治疗失血性休克中的作用及其优缺点。
4. 了解失血性休克的病理生理过程及失血性休克的抢救原则和方法。

【实验原理】

休克是多种原因引起的,以机体急性微循环障碍为主要特征,并可导致器官功能衰竭等严重后果的全身性病理过程。失血是临床上休克发生的常见病因,休克的发生与否取决于失血量和失血速度,当血量锐减(如外伤出血、胃十二指肠溃疡出血、食管静脉曲张出血)超过总血量的20%时,有效循环血量急剧减少,超出机体的代偿能力,引起心输出量减少,动脉血压下降,同时反射性地引起交感神经兴奋,外周血管收缩,组织器官微循环灌流量急剧减少,组织器官长时间缺血与缺氧,发生休克。根据休克过程中微循环的改变,将休克分为三期:休克早期(微循环缺血期或缺血性缺氧期)、休克期(微循环瘀血期或瘀血性缺氧期)、休克晚期(微循环衰竭期或DIC期)。但由于失血程度及快慢的不同,以上各期持续时间、病理生理改变和临床表现均有所不同。

对失血性休克的治疗,首先要补充血容量、止血,以提高有效循环血量、心排血量,改善组织灌流;其次根据休克的不同发展阶段合理应用血管活性药物,改善微循环状态。

【实验对象】

家兔(体重2~2.5 kg)。

【实验药品与器材】

20%乌拉坦,0.3%肝素生理盐水,去甲肾上腺素,654-2,生理盐水。兔台,手术器械1套,BL-420F生物机能实验系统,压力换能器,微循环观察装置,气管插管,动脉夹,动脉和静脉插管(可用直径相当的聚乙烯管),婴儿秤,烧杯,丝线,输液装置,5 mL、20 mL、50 mL注射器。

【实验方法与步骤】

1. 全身麻醉

取健康家兔一只，称重，自耳缘静脉缓慢注射 20% 乌拉坦（5 mL/kg），同时密切观察家兔的肌张力和反射等变化，估计合适的麻醉剂用量。一般情况下，当出现耳朵下垂、角膜反射明显迟钝或消失、四肢瘫软时，即可停用麻醉剂。

2. 动物固定

将动物全身麻醉后，仰卧固定于兔台上，颈部、腹部及一侧腹股沟区剪毛备皮。

3. 颈部手术

在甲状软骨下颈部正中切开皮肤 4～5 cm，用止血钳钝性分离皮下组织及肌肉，依次分离气管、两侧颈外静脉（颈外静脉在颈部皮下胸锁乳突肌外缘）、左侧颈总动脉，穿线备用。

4. 股部手术

在一侧腹股沟区沿动脉走向作 3～5 cm 长的皮肤切口，分开皮下组织，小心钝性分离出股动脉，并在其下穿两根线备用。

5. 气管插管

在甲状软骨下约 1 cm 处气管前壁作一倒"T"形切口，插入气管插管并固定，连接呼吸流量传感器，并与 BL-420F 生物机能实验系统相连，记录呼吸。

6. 全身肝素化

自耳缘静脉注射 0.3% 肝素生理盐水 3 mL/kg。

7. 左颈外静脉插管

结扎左颈外静脉远心端，在颈外静脉侧壁上剪一斜切口，沿向心方向插入与输液装置相连的静脉插管，结扎固定，以每分钟 10 滴的速度输入生理盐水，保持静脉通畅，以备输液之用。

8. 颈总动脉插管

结扎左侧颈总动脉的远心端，用动脉夹夹闭近心端，用眼科剪在靠远心端结扎处的动脉壁上剪一斜切口，开口大小约为动脉壁的三分之一（注意遮掩，小心喷血）。向近心端插入前端已剪成斜口的动脉插管，结扎固定导管。该动脉导管已充满 0.3% 肝素溶液，经三通开关与测血压的压力换能器相连，并与 BL-420F 生物机能实验系统相连，记录血压和心率。

9. 右颈外静脉插管及中心静脉压测定

结扎右侧颈外静脉远心端，在结扎线下方静脉壁上剪一斜口，插入与压力换能器（量程为 10 kPa）相连的充满肝素生理盐水的静脉插管，插入 5～7 cm 时，在显示器上可观察到中心静脉压曲线，并且检压计液面随呼吸明显波动，此时结扎固定静脉插管，曲线所示压力值即为中心静脉压值。（也可用中心静脉压计测量中心静脉压：给中心静脉压计充入生理盐水，排净管路中气体后夹闭中心静脉压计的静脉插入管，再给测定管中充填生理盐水,使液面达到 10 cmH$_2$O 高度,并调节中心静脉压计位置,使其"0"刻度和家兔腋中线处于同一平面。结扎右侧颈外静脉远心端,在结扎线下方静脉壁上剪一斜口,插入静脉插管,松开静脉插管上的夹子,继续插入静脉插管,可观察到中心静脉压计的液面随插管深度增加而逐渐下降。插入 5~7 cm 时液面停止下降,并随呼吸明显波动。此时结扎固定静脉插管,液面高度即为中心静脉压值。)

10. 股动脉插管

结扎股动脉远心端,在近心端夹一动脉夹,用眼科剪在靠近结扎处的股动脉壁上剪一小口,沿向心方向插入一连有三通的细塑料管(注意管内预先充满肝素生理盐水),结扎固定,以备放血之用。

11. 肠系膜微循环观察

作右侧腹直肌旁纵行的切口,切口长约 6 cm,钝性分离肌组织,打开腹腔,将一段游离度较大的回肠肠袢(回盲部上方约 15 cm 处)轻轻拉出,平铺并固定于微循环恒温灌流盒内,以 38 ℃ 台氏液恒温灌流,在显微镜下观察肠系膜微循环变化。

12. 输尿管插管

在耻骨联合上作腹部正中切口,切口长约 5 cm,找出膀胱,排空尿液后,将膀胱从腹腔拉出,在背面膀胱三角区找出输尿管入口,分离双侧输尿管,插入细导尿管,记录每分钟尿液的滴数。

13. 观察记录指标

打开计算机,启动 BL-420F 生物机能实验系统,记录一段正常呼吸、血压、中心静脉压曲线,观察记录动物皮肤黏膜的颜色、每分钟尿液的滴数、肠系膜微循环(注意观察微血管的流速、口径及每个低倍镜视野下开放的毛细血管数目)变化,取动脉血测定血气指标。

14. 复制失血性休克模型

打开三通,自股动脉放血,血液流入小烧杯内,当血压(收缩压)降至 40 mmHg 时,停止放血。当代偿性血压升高时,再次放血,如此 2~3 次后血压稳定于 40 mmHg;当血压降低时,可将放出的血由左颈外静脉回输,使血压持续稳定在 40 mmHg 30 分钟后,记录上述各项指标变化,取动脉血测定血气指标。

15. 分组治疗

① 回输原血(50 滴/min);

② 回输原血和生理盐水(1∶2~3,50 滴/min);

③ 回输原血和生理盐水后,给予 654-2(2 mg/kg);

④ 回输余血和生理盐水后,给予去甲肾上腺素(1 mg/kg)。

输血输液后复查动物的各生理指标和微循环是否恢复正常,取动脉血测定血气指标。各组亦可根据休克的病理生理改变,自行设计方案,再观察抢救效果。

【实验要求与注意事项】

(1) 注射麻醉药速度不可过快,以免引起动物窒息。麻醉深浅要适度。

（2）手术过程中尽量减少出血，减轻创伤。分离组织时，要钝性分离，并注意结扎小血管，以免静脉注射肝素后手术部位渗血。结扎颈总动脉时应避开伴行的迷走神经。

（3）暂时性阻断血流应使用动脉夹，忌用血管钳夹持血管。

（4）动脉插管前要切记远心端结扎，近心端用动脉夹。

（5）压力换能器应处于家兔心脏同一水平。

（6）各管道系统内应避免气泡存在。

（7）牵拉肠袢要轻，以免引起出血和创伤性休克。

（8）应用 BL-420F 生物机能实验系统记录血压前，要对传感器、放大器的灵敏度进行校正。系统上的各种旋钮、开关，切忌随意扳动；微机上显示的各种参数，亦忌随意切换更改。

（9）实验过程中的记录为连续的，若遇到图像变动使测速失误，或调速失误时，及时做好标志符和文字记录后中断记录，待调整完毕后，重新标志，继续连续记录。

（10）勿将水滴、血滴溅污仪器，若有溅污，须及时有效地清除。

【分析与思考】

1. 单纯地输血补液后如仍见微循环灌注不良，应再怎样抢救？
2. 为什么在抢救失血性休克时其输液总量要明显多于失血量？
3. 应用 654-2 治疗失血性休克的病理生理学基础是什么？
4. 输血输液后血压仍低，中心静脉压高，说明什么？应怎样治疗？

（李淑莲）

实验八　实验性感染性休克

【实验目的】

1. 学习复制感染性休克的动物模型。
2. 观察感染性休克时血流动力学和肠系膜微循环的变化。

【实验原理】

常见的感染性休克是由革兰氏阴性菌感染引起的，内毒素在感染性休克的发病中具有重要的作用。内毒素通过激活体内效应细胞产生一系列的内源性介质而介导休克和组织损伤。此外内毒素还可通过拟交感作用、损伤内皮细胞、激活凝血和纤溶系统等引起微循环障碍,发生休克。

【实验对象】

狗。

【实验药品与器材】

3%戊巴比妥钠溶液,0.3%肝素生理盐水,654-2,台氏液,生理盐水。BL-420F生物机能实验系统,压力换能器,呼吸换能器,水检压计,微循环观察装置,动脉和静脉导管,输尿管插管,计滴器,10 mL、30 mL注射器,手术器械1套。

【实验方法与步骤】

(1) 取成年狗一只,称重,用3%戊巴比妥钠溶液1 mL/kg.bw静脉注射麻醉。

(2) 将狗仰卧固定于实验台上,剪去颈部、腹部和左侧腹股沟部的被毛。

(3) 在甲状软骨下颈部正中切开皮肤8 cm,分开皮下组织、肌肉,游离气管、左颈总动脉和右颈外静脉。插入气管插管,接呼吸换能器,并与BL-420F生物机能实验系统相连,记录呼吸。左颈总动脉插入连有压力换能器的动脉导管(管内充满3%肝素生理盐水),与BL-420F生物机能实验系统相连,记录血压和心率。

(4) 右颈外静脉插入连有压力换能器的静脉导管,导管插入约14 cm,与BL-420F生物机能实验系统相连,在显示器上可观察到中心静脉压曲线,并随呼吸明显波动,此时结扎固定静脉插管,曲线所示压力值即为中心静脉压值。

(5) 在左侧腹股沟区沿股动脉走行方向作4 cm长的皮肤切口,分离出股静脉。股静脉插管同输液装置相连,以每分钟10滴的速度输入生理盐水,保持静脉通畅,以备抢救时输液之用。

(6) 在腹部正中切开皮肤6 cm,沿腹白线打开腹腔,找到膀胱,排空尿液,然后将膀胱从腹腔拉出,分离两侧输尿管,插入导管,结扎固定,用计滴器记录每分钟尿滴数。

(7) 作右侧腹直肌旁的纵行切口(长约6 cm),钝性分离肌肉,打开腹腔,将一段游离度较大的回肠肠袢(回盲部上方约15 cm处)轻轻拉出,放入微循环恒温灌流盒内,以38 ℃台氏液恒温灌流,在显微镜下观察肠系膜微循环变化。

(8) 静脉注射0.3%肝素生理盐水2 mL/kg。

(9) 观察记录下列指标:心率、血压、呼吸、皮肤黏膜的颜色、中心静脉压、尿量和肠系膜微循环微血管的流速、口径及每个低倍镜视野下开放的毛细血管数目。

(10) 静脉注射精制内毒素(1 mL/kg)或粗制内毒素(800亿细菌/kg)。观察并记录注射内毒素后5、10、15、20、30、60分钟上述各项指标的变化。

(11) 实验性治疗:注射内毒素后1小时,快速从股静脉输入生理盐水20 mL/kg,并将654-2 5 mg/kg加入生理盐水(15 mL/kg)中输入。观察并记录上述指标。

【实验要求与注意事项】

（1）注射麻醉药时速度不可太快，以免引起动物窒息死亡。麻醉深浅要适度。

（2）手术过程中尽量减少出血。分离组织时，要钝性分离，并注意结扎小血管，以免肝素化后手术部位渗血。

（3）应用 BL-420F 生物机能实验系统记录血压前，要对传感器、放大器的灵敏度进行校正。

（4）牵拉肠袢时要轻，以免引起出血和创伤性休克。

（5）制取粗制内毒素时，将培养的大肠杆菌经 30 磅高压灭菌 30 分钟，并反复灭菌冰融。

【分析与思考】

1. 感染性休克的发病机制是什么？
2. 抢救感染性休克时，应用 654-2 治疗的病理生理学基础是什么？

（郑　红）

实验九　家兔实验性弥散性血管内凝血（DIC）

【实验目的】

1. 学习通过脑粉浸液复制急性实验性 DIC 动物模型的方法。
2. 通过实验和血液学指标的测定及结果分析，讨论 DIC 的发病机制。
3. 熟悉诊断急性 DIC 的常用实验室检查指标及其意义。

【实验原理】

DIC 是指在某些致病因子作用下凝血因子和血小板被激活，大量促凝物质入血，从而引起的以凝血功能失常为主要特征的病理过程。此时微循环中有纤维蛋白性微血栓或血小板团块形成，同时一系列凝血因子被消耗，血小板减少，并有继发性纤维蛋白溶解过程的增强，导致出血、休克、器官功能障碍和贫血等临床表现的出现。DIC 的病因很多，发病机制比较复杂，既可由血管内皮细胞受损，激活内源性凝血系统而引发；也可由组织严重损伤，释放大量组织因子，激活外源性凝血系统而引发。

本实验采用耳缘静脉注射 2% 兔脑粉浸液复制家兔 DIC 模型，其原理是兔脑粉浸液富含组织因子，经静脉注入后启动外源性凝血途径，从而导致 DIC 的发生。

【实验对象】

家兔（2.0～2.5 kg，雌雄不限）。

【实验药品与器材】

2%兔脑粉浸液,1%硫酸鱼精蛋白液,3.8%枸橼酸钠溶液,血小板稀释液,3%戊巴比妥钠,生理盐水。全自动血凝仪,血小板计数仪,血细胞计数板及配用盖玻片,光学显微镜,电热恒温水浴箱,离心机,微量定量移液器,血红蛋白吸管,毛细滴管,10 mL刻度离心管,12 mm×100 mm试管,手术器械,兔手术台,动脉夹,动脉插管,注射器(10 mL),6号针头,婴儿秤。

【实验方法与步骤】

(1) 将家兔称重后,自耳缘静脉注射3%戊巴比妥钠麻醉(1 mL/kg),仰卧固定于兔手术台上。

(2) 分离一侧颈总动脉并插管,作取血样本用。

(3) 第一次采集血标本。

① 从动脉插管放血4.5 mL至盛有3.8%枸橼酸钠溶液(抗凝剂)0.5 mL的10 mL刻度离心管内,充分混匀后待离心。

② 用微量定量移液器(或血红蛋白吸管)直接从动脉导管吸取10 μL血液,立即加入到2 mL血小板稀释液中,充分混匀后待计数。

③ 放血后,推入生理盐水,夹闭动脉夹,确保导管内无血液。

(4) 复制DIC模型。按60 mg/kg.bw计算,用10 mL注射器抽取2%兔脑粉浸液,经耳缘静脉缓慢推注,注入速度为2 mL/min左右。同时密切观察家兔反应,如出现呼吸急促、烦躁不安,当即停止注射,迅速进行第二次采血。

(5) 第二次采集血标本。注射完兔脑粉浸液后立即或间隔30秒左右采血,内容及方法同第一次。

(6) 几项血液学指标测定及方法:

① 将前后两次所得之抗凝血,经3000 r/min离心10分钟,吸取上层血浆(切忌吸入细胞成分),用全自动血凝仪测定活化部分凝血活酶时间(APTT)、凝血酶原时间(PT)、凝血酶时间(TT)及纤维蛋白原含量(Fbg)。

② 血浆鱼精蛋白副凝试验(3P试验):取0.5 mL血浆于洁净试管中,加入1%鱼精蛋白溶液50 μL(注意一定要先加血浆),轻轻摇匀,置37 ℃恒温水浴箱中水浴,15分钟后取出,对黑色背景观察结果,清澈者为阴性,出现絮状沉淀或胶冻状物为阳性。

③ 血小板计数(BPC):充分混匀血液-血小板稀释液,用毛细滴管将上述悬混液一小滴滴入血细胞计数板的计数池内,加盖静置15分钟,在高倍镜下计中央大方格内血小板数,所得数×2000即为血小板数(/mL)。也可用血小板计数仪测定血小

【实验要求与注意事项】

(1) 本实验中,注射兔脑粉浸液是实验成败的关键,要掌握好推注速度,密切注意家兔反应。

(2) 注射兔脑粉浸液前,要做好第二次采血的一切准备工作,准备好抗凝管、玻片、秒表。这是因为注射兔脑粉浸液过程中,动物极易猝死,若到临时再做准备,则往往因准备不及,动物已死亡,而采不到血。

(3) 进行3P试验时,试管一定要清洁(尤其是管底),要先加血浆再加鱼精蛋白,以免鱼精蛋白接触管底不洁物造成假阳性结果。

(4) 采集抗凝血需掌握好血液与抗凝剂的比例。

(5) 实验过程中吸管、试管等不得交叉使用。

(6) 恒温水浴箱中水温应维持在 37 ± 0.5 ℃。

(7) 血浆在测试前应在37 ℃恒温水浴箱中温浴1分钟左右。

【分析与思考】

1. 静脉注入兔脑粉浸液后为何能复制出家兔DIC模型?试述其发生机制。

2. 根据实验中的血液学实验结果,讨论急性DIC产生的原因、机制及各项结果间的关系。

3. 怎样防治DIC?自行设计抢救方案。

(张 静)

实验十 内毒素性发热

【实验目的】

1. 学习复制内毒素性发热的动物模型。
2. 观察家兔内毒素性发热时体温变化的规律。
3. 观察内毒素的耐热性。

【实验原理】

内毒素是革兰氏阴性菌细胞壁的成分,其活性部分为脂多糖,由 O-特异侧链、核心多糖和脂质 A 组成,致热活性可能取决于脂质 A。一般认为,内毒素是作为发热激活物,进入血液后激活单核细胞等产内生致热原细胞,产生和释放内生致热原,内生致热原作用于体温调节中枢,导致中枢发热调节介质释放,从而导致体温调节中枢调定点上移,体温升高,引起发热。内毒素耐热性较强,需160 ℃ 2小时方可灭活。内毒素性发热的热程较长,大约为6小时。

【实验对象】

家兔(体重2.0~2.5 kg,雌雄不限)。

【实验药品与器材】

无热原生理盐水,液状石蜡或凡士林,0.2 mg/L精制大肠杆菌内毒素。发热实验架,婴儿秤,体温计,坐标纸,灭菌除污染的注射器(10 mL、20 mL)及7号针头,38 ℃恒温水浴装置,90 ℃恒温水浴装置。

【实验方法与步骤】

(1) 实验分组:每实验室分3小组,各取体重相近的健康家兔1只,判定性别后随机分为内毒素Ⅰ组、内毒素Ⅱ组、生理盐水组,并做标记。

(2) 测量基础体温:将家兔置于发热实验架上,颈部用颈套松弛固定,保证其能自由活动,但又不至于逃脱。在直肠内插入体温计,待动物体温基本稳定(体温波动不大于0.2 ℃)后记录温度,每10分钟1次,连续测量3次,以其均值为正常体温值。

(3) 复制内毒素性发热模型。

按下表8-1给药,复制内毒素性发热模型。

表8-1 复制内毒素性发热模型的给药方法

	内毒素Ⅰ组	内毒素Ⅱ组	生理盐水组
给药方式	耳缘静脉注射	耳缘静脉注射	耳缘静脉注射
给药剂量	5 mg/kg.bw	5 mg/kg.bw	5 mg/kg.bw
药物种类	经38 ℃水浴30 min 内毒素溶液	先经90 ℃水浴30 min,再经38 ℃水浴30 min 内毒素溶液	经38 ℃水浴30 min 无热原生理盐水

(4) 测量体温:注射药物后,每隔10分钟测量体温1次,各连续测量9~12次,绘制平均体温反应曲线。

(5) 分别计算各兔的体温反应指数(TRI)和发热高峰(ΔT),比较3只家兔的热效应强度。

【实验要求与注意事项】

(1) 要求使用健康成年兔,同一家兔的正常基础体温波动幅度不能超过0.4 ℃,

否则不能使用。

（2）体温计插入直肠前，头部要涂上少量液状石蜡或凡士林，以免损伤肛门和直肠。

（3）尽量保证体温计插入的深度一致，以 10 cm 为宜。

（4）测温时，不能捆绑家兔，否则体温不上升。

【分析与思考】

1. 试分析内毒素致发热的机制。
2. 试比较 3 只实验家兔体温变化的异同，分析其原因。
3. 设计几种解热的方法。

【附录】

1. 平均体温反应曲线：以发热高度为纵坐标，测量时间为横坐标，根据各测量点的均数绘制体温变化曲线。
2. 发热高峰（ΔT）：体温上升的最大高度。ΔT = 体温上升的最高值 − 基线体温值。
3. 体温反应指数（TRI）：体温反应曲线与基线之间的面积。发热时，即称为发热指数，是反映发热效应强度的较好指标。

（孙晓娟）

实验十一　心肌缺血 – 再灌注损伤及其治疗

【实验目的】

1. 学习用冠脉结扎的方法复制心肌缺血 – 再灌注损伤的动物模型。
2. 观察心肌缺血 – 再灌注损伤时，机体机能、代谢及结构的变化规律，探讨其病因和发病机制。
3. 观察心肌缺血 – 再灌注损伤时心电图及血流动力学指标的变化。
4. 观察不同药物对心肌缺血 – 再灌注损伤的治疗作用。

【实验原理】

急性心肌梗死（acute myocardial infarction）是冠状动脉血流急剧中断或减少，出现相应心肌缺血、坏死，甚至导致心律失常、心源性休克和心力衰竭等严重后果的病理过程。本实验采用开胸术、夹闭心尖部的左冠状动脉,造成心室下壁急性心肌梗死模型。心肌梗死发生后,在心电图 II 导联上有特征性 ST 段上升改变,并出现左心收缩和舒张功能障碍的血流动力学变化。当松开夹闭的冠状动脉恢复心肌血供时,心脏血流动力学指标变化可能并未得到恢复,甚至较缺血期更加严重,或出现心室纤颤等致死性心律失常,此即发生缺血-再灌注损伤。普萘洛尔(propranolol)为 β 受体阻断剂,通过降低心肌自律性,影响传导速度、心室不应期,对抗交感神经或儿茶酚胺增多导致的快速性心律失常,同时,对缺血性心脏病患者的室性心律失常有效。维拉帕米(verapamil)为钙通道阻滞剂,通过抑制钙内流,用于再灌注损伤所致的心律失常。

【实验对象】

家兔(体重 2.5~3.0 kg)。

【实验药品与器材】

20% 乌拉坦溶液,生理盐水,0.01% 普萘洛尔,维拉帕米。BL-420F 生物机能实验系统 1 套(血压、呼吸描记装置 1 套),呼吸换能器,动物呼吸机,兔实验台,离心机,低温高速离心机,722 型分光光度计,婴儿秤,天平,恒温水浴槽,动物手术器械 1 套,10 mL、5 mL、1 mL 注射器。

【实验方法与步骤】

(1) 将家兔称重后,自耳缘静脉缓慢推注 20% 乌拉坦溶液(5 mL/kg. bw),行全身麻醉,仰卧固定在兔台上,剪去颈胸部被毛。

(2) 颈部正中切口,分离气管、左侧颈外静脉、右侧颈总动脉。

(3) 将 BL-420F 生物机能实验系统通过各导联电极连接在家兔肢体上,即右上肢(红色标记电极)、左上肢(黄色)、左下肢(蓝色)、右下肢(黑色)及胸前(白色),描记正常家兔心电图。

(4) 气管插管,并连接呼吸机。调节潮气量为 10 mL/kg,频率为 30 次/min,呼吸时程比为 1.25:1。

(5) 左侧颈外静脉插管,通过三通连接输液瓶和中心静脉压测压装置,打开输液开关,调输液流量为 15 滴/min。

(6) 左心室插管,从右侧颈总动脉稍向左插入 3~4 cm 后,一边观察 BL-420F 生物机能实验系统血压显示和微机荧光屏的图形,一边继续插入,直到血压呈负值和左心室压波形出现,固定插管。

(7) 记录正常情况下心电图及血流动力学指标:心率(HR)、左室收缩压(LVSP)、左室舒张压(LVDP)、左室内压最大上升速率(+dv/dt$_{max}$)、左室内压最大下降速率(-dv/dt$_{max}$)、中心静脉压(CVP)、心电图正常数据。

(8）急性心肌梗死模型的复制及治疗。沿胸部中线作从第2肋到第5肋的皮肤切口，沿胸部中线左侧切开胸部肌肌层，紧贴胸骨左缘剪断左侧第2、3、4、5肋软骨，用小拉钩牵开胸壁，仔细提起并剪开心包。将手术无影灯射入胸腔，可见心尖部小血管，用小止血钳夹闭小血管，观察上述各项指标变化，若出现心电图ST段抬高，则表明出现心肌缺血，记录心肌缺血后上述各项指标数据。继续观察15分钟，如出现心律失常则给予普萘洛尔0.8 mL/kg，观察上述各项指标改变情况。

(9）心肌缺血-再灌注损伤及药物治疗。松开止血钳，观察各项指标改变，如果出现心室纤颤，即表明有再灌注损伤发生。给予维拉帕米0.5 mg/kg缓慢静脉推注，观察心电图及血流动力学指标的变化。

【实验要求与注意事项】

(1) 对家兔行耳缘静脉麻醉时，注射速度要慢，以防麻醉过量造成家兔死亡。
(2) 左心室插管前应在插管上涂抹液状石蜡，以减少摩擦。
(3) 插管时手法要轻，尽量减少血管受刺激后收缩而导致插管困难，切勿用力过大过猛刺破血管，如遇阻力可旋转、退后，再前插。

【分析与思考】

1. 急性心肌梗死可能出现哪些血流动力学变化？试分析其发生的机理。
2. 心肌缺血-再灌注损伤易发生哪些形式的心律失常？试分析其发生机理。

（李淑莲）

实验十二　肠缺血-再灌注损伤

【实验目的】

1. 学习复制肠缺血-再灌注损伤动物模型的方法。
2. 观察肠缺血-再灌注损伤时血液循环及局部小肠形态学变化。
3. 探讨肠缺血-再灌注损伤的发病机制。

【实验原理】

肠道是缺血-再灌注损伤(IRI)最敏感的组织之一。缺血-再灌注过程中氧自由基的爆发性生成增加是肠道损伤加重的基本机制之一，其中羟自由基是最活跃最强力的氧自由基，而甘露醇有清除羟自由基的作用。本实验利用经典的夹闭肠系膜上动脉方法,复制肠缺血-再灌注损伤模型,并观察甘露醇的防治作用。

【实验对象】

家兔(体重2.0~2.5 kg,雌雄不限)。

【实验药品与器材】

0.3%肝素生理盐水,1%普鲁卡因,生理盐水。兔手术台,婴儿秤,兔手术器械,BL-420F生物机能实验系统1套,压力换能器(量程10 kPa、40 kPa),张力换能器,动脉导管,微循环灌流装置,生物显微镜,动脉夹,100 mL烧杯,5 mL、10 mL塑料注射器。

【实验步骤与观察指标】

(1)实验分组:持续缺血组、缺血-再灌注组、甘露醇治疗组。

(2)称重、固定和剪毛。将家兔称重后仰卧交叉固定于兔手术台上,剪去颈部、腹部手术野被毛。

(3)麻醉。用1%普鲁卡因局部浸润麻醉。

(4)颈部手术。行颈前正中切口,分离一侧颈总动脉,穿双线备用;分离气管,做气管插管并连接呼吸描记装置,记录呼吸。

(5)腹部手术。在剑突下方1.5 cm处向下沿正中线作长约5 cm的切口,打开腹腔,用生理盐水纱布将内脏轻轻扒向左前方,暴露出脊柱及腹膜后组织,将从腹主动脉齐右肾门处发出的肠系膜上动脉分离出来,穿线备用(如图8-2所示)。

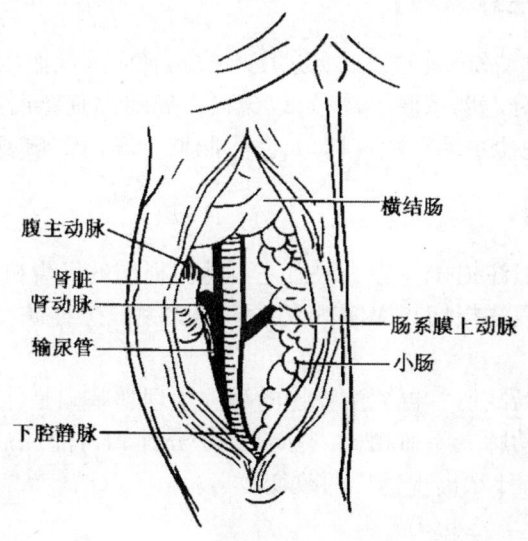

图8-2 肠系膜上动脉示意图

(6) 记录血压。自耳缘静脉注入0.3%肝素生理盐水溶液(3 mL/kg),行颈总动脉插管,并通过压力换能器与BL-420F生物机能实验系统相连,以记录血压的动态变化。

(7) 向微循环灌流盒内注入38 ℃生理盐水。于腹腔右下方,找到回盲交界处,将该部上端回肠系膜拉出腹腔约10 cm,将其平铺于微循环灌流盒的圆台上,用有机玻璃圆框轻轻固定。将灌流盒放在显微镜载物台上,观察正常肠系膜微循环情况,固定视野,观察毛细血管数目、口径和血流速度。

(8) 结扎肠系膜上动脉。沿动脉走向在肠系膜上动脉放置一长约3 cm的硅胶管,用棉线将其与肠系膜上动脉一同牢固结扎,完全阻断动脉血流(肠壁苍白,血管无波动)。在动脉夹闭期间,间断地向腹腔内注射15~20 mL/kg的生理盐水,以预防松开动脉夹后出现一过性低血容量反应。依次记录结扎后0、5、15、30、60分钟时的各项指标。

(9) 血液再灌注。在缺血-再灌注组家兔缺血1小时后松开结扎线,使动脉充分恢复血液灌注(用手在动脉远心端触摸能感觉到明显搏动或小肠颜色有显著改变均提示复灌成功)。依次记录再灌后0、5、15、30、60分钟时的各项指标。

持续缺血组仍维持对动脉血流的阻断作用,并观察相应时间点的各项指标改变。甘露醇治疗组造模方法同上,但于夹闭肠系膜上动脉前10分钟和再灌注后5分钟内将20%甘露醇溶液(1 mL/kg)自耳缘静脉注入。

(10) 观察指标:动脉血压,腹腔渗出情况,小肠形态学变化(瘀血、点状出血、水肿)。

【实验要求与注意事项】

(1) 移动内脏时动作要轻柔,以免过度牵拉肠管而致低血压。
(2) 小心、钝性分离肠系膜上动脉,以免损伤周围大血管致家兔大出血。
(3) 注意用生理盐水纱布覆盖切口,防止肠壁干燥而影响观察指标变化。

【分析与思考】

1. 肠缺血-再灌注损伤与心肌缺血-再灌注损伤的发生机制有何异同?
2. 肠缺血-再灌注损伤与MODS发生有何关系?怎样防止肠缺血-再灌注损伤的发生?
3. 甘露醇治疗肠缺血-再灌注损伤的病理生理学基础是什么?
4. 与肠系膜上动脉夹闭前相比,夹闭后20分钟和再灌注后20分钟时,肠系膜微循环有何改变?为什么出现这样的改变?

(郑　红)

实验十三　急性右心衰竭

【实验目的】

1. 学习复制家兔急性右心衰竭模型。
2. 观察急性右心衰竭时呼吸、心率、血压及中心静脉压的变化。
3. 通过对实验的观察和分析,加深对急性右心衰竭发生机制及病理变化的理解。

【实验原理】

通过静脉注射栓塞剂(液状石蜡或碳素墨水),造成家兔急性肺小血管栓塞,导致右心后负荷增加;通过大量输液,增加家兔右心前负荷。右心前、后负荷过度增加,导致家兔右心室收缩和舒张功能急剧降低,发生急性右心衰竭。

【实验对象】

家兔(体重 1.5~2.5 kg)。

【实验药品与器材】

20%乌拉坦溶液,1%普鲁卡因溶液,0.3%肝素溶液,液状石蜡(碳素墨水),生理盐水。婴儿秤,兔固定台,兔急性实验手术器械1套,BL-420F生物机能实验系统1套(血压、呼吸描记装置1套),呼吸换能器,压力换能器(量程10 kPa、40 kPa),输液装置1套,气管插管,动脉插管,静脉插管,三通,动脉夹,听诊器,1 mL、2 mL、5 mL、10 mL注射器。

【实验步骤与观察指标】

(1)将家兔称重,自耳缘静脉注入20%乌拉坦溶液(5 mL/kg.bw)麻醉后,仰卧固定于兔台上,颈部剪毛。

(2)于颈部正中切开皮肤(若麻醉不令人满意,可皮下注射1%普鲁卡因作局麻后切开皮肤)逐层分离颈部组织,游离出气管、左侧颈总动脉和两侧颈外静脉,均穿线备用。

(3)自耳缘静脉注入0.3%肝素溶液(3 mL/kg.bw)。

(4)结扎颈总动脉远心端,用动脉夹夹闭近心端后,在靠近结扎线下方用眼科剪剪一斜口,插入与压力换能器(量程为40 kPa)相连的充满肝素的动脉插管,结扎固定后,打开动脉夹,描记正常动脉血压曲线。

(5) 结扎左侧颈外静脉远心端,在结扎线下方静脉壁上剪一斜口,插入输液导管,结扎固定后以10滴/min的速度缓慢输液。

(6) 结扎右侧颈外静脉远心端,在结扎线下方静脉壁上剪一斜口,插入与压力换能器(量程为10 kPa)相连的充满肝素生理盐水的静脉插管,插入5~7 cm时,在显示器上可观察到中心静脉压曲线,此时结扎固定静脉插管,曲线所示压力值即为中心静脉压值。(也可用中心静脉压计测量中心静脉压:给中心静脉压计充入生理盐水,排净管路中气体后夹闭中心静脉压计的静脉插入管,再给测定管中充填生理盐水,使液面达到10 cmH$_2$O高度,并调节中心静脉压计位置,使其"0"刻度和家兔腋中线处于同一平面。结扎内腭静脉远心端,在结扎线下方静脉壁上剪一斜口,插入静脉插管,松开静脉插管上的夹子,继续插入静脉插管,可观察到中心静脉压计的液面随插管深度增加而逐渐下降,插入5~7 cm时液面停止下降,并随呼吸明显波动,此时结扎固定静脉插管,液面高度即为中心静脉压值。)

(7) 气管插管:在气管的第3或第4软骨处剪开气管,再向头端作一纵切口(作"⊥"形切口),迅速插入气管插管(后套接6~8 cm橡皮管)并用线结扎固定(防止血液流入气管内)。连接呼吸换能器,描记呼吸。

(8) 用组织钳对合皮肤并敷以温盐水纱布,让动物安静稳定5分钟,记录以下指标:心率(次/min)、呼吸频率(次/min)及幅度、动脉血压(mmHg)、中心静脉压(cmH$_2$O)、心音强度、胸背部水泡音、肝-中心静脉压返流试验(轻推压右肋弓下3秒,中心静脉压上升的cmH$_2$O数表示)。

(9) 用注射器抽取经水浴加温至38 ℃的液状石蜡(1 mL/kg.bw)或碳素墨水(1 mL/kg.bw),自耳缘静脉缓慢推注,同时密切观察,当血压下降或中心静脉压明显上升时及时做标记。

(10) 推注液状石蜡后,观察5分钟,待动物血压、呼吸稳定后,以每分钟5~10 mL/kg.bw的速度快速静脉输入生理盐水。若输液量超过300 mL各指标无明显变化,则停止滴注,再次注射同上剂量的液状石蜡,稳定5分钟后,继续快速大量输液。输液过程中观察各项指标变化:心率、呼吸频率及幅度、动脉血压、中心静脉压、心音强度、胸背部水泡音、肝-中心静脉压返流试验。输液量每增加25 mL/kg.bw,即测记各项指标一次,直至动物死亡。

(11) 编辑呼吸、血压、中心静脉压变化曲线图。

(12) 动物解剖。动物死亡后,挤压动物胸壁,观察气管内有无分泌物溢出。剖开胸、腹腔,观察有无胸水、腹水及其量,观察心脏各腔体积,肺脏外观和切面观,肠系膜血管充盈情况,肠壁有无水肿,肝脏体积和外观情况。最后剪破腔静脉,让血液流出,注意观察肝脏和心腔体积的变化。

【实验要求与注意事项】

（1）颈外静脉壁很薄，游离时应注意，用血管钳在血管壁两侧仔细分离，谨防静脉壁破裂。

（2）测量中心静脉压的静脉导管的插入深度，一般为 5～7 cm，在插管时如遇阻力，可将导管稍微退出，调整方向后再插，切忌硬插刺破静脉血管壁。

（3）中心静脉压插管前，可先用静脉导管量取切口处到右心房的距离并标记，以便掌握插管的深度。

（4）用于测定中心静脉压的换能器应与右心房处于同一水平。

（5）本实验成败的关键为注射栓塞剂，若注射速度过快、量过多，则会造成大范围的肺小动脉栓塞，引起急性肺源性心脏病、心源性休克，动物很快死亡；若注射量过少，则肺小动脉栓塞范围有限，不能有效地增加右心后负荷。故液状石蜡一定要缓慢注入，并仔细观察血压、中心静脉压的变化。

（6）若输液量超过 200 mL/kg.bw，而各项指标变化仍不显著，可再补充注入栓塞剂。

（7）剖开胸、腹时不要损伤胸、腹腔血管，防止肺脏破裂，影响胸、腹水的观察。

【分析与思考】

1. 右心衰竭的常见病因有哪些？
2. 实验中各观察指标的变化说明什么？哪些指标是右心衰竭所致？
3. 本实验中存在哪些类型的缺氧？其发生机制是什么？
4. 实验动物是否发生酸碱平衡紊乱和肺水肿？机制是什么？
5. 肝-中心静脉压返流试验说明什么问题？
6. 急性右心衰竭时家兔为什么出现胸、腹水？其机制是什么？
7. 在本实验中，引起肺水肿的原因有哪些？是不是左心衰竭所致？

（李淑莲）

实验十四　急性左心衰竭

【实验目的】

1. 学习复制家兔急性左心衰竭模型。
2. 观察急性心肌缺血及其可能诱发的心律失常对心泵功能的影响，以及急性左心衰竭时血流动力学的主要变化。

【实验原理】

通过结扎家兔冠状动脉左室支,使左室大面积急性缺血,造成心肌能量代谢障碍,影响细胞离子转运和心肌的兴奋-收缩耦联障碍,左室收缩和舒张功能急剧降低,导致家兔急性左心衰竭。

【实验对象】

家兔(1.5~2.5 kg)。

【实验药品与器材】

20%氨基甲酸乙酯(乌拉坦)溶液,1%普鲁卡因,0.3%肝素溶液,碳素墨水。婴儿秤,兔固定台,兔急性实验手术器械1套,BL-420F生物机能实验系统1套(血压、呼吸描记装置1套),压力换能器,呼吸换能器,小拉钩1对,气管插管,动脉插管,静脉插管,三通,动脉夹,2 mL、5 mL、10 mL注射器,

【实验方法与步骤】

(1)将家兔称重,自耳缘静脉注入20%乌拉坦溶液(5 mL/kg.bw)全身麻醉后,仰卧固定于兔台上,颈部、胸部左侧及一侧腹股沟部剪毛备用。

(2)于颈部正中切口,分离出左侧颈总动脉,穿两根线备用。在腹股沟部沿股动脉走向剪开皮肤,分开筋膜后分离出股动脉(注意不要损伤其分支,以免造成出血),穿两根线备用。

(3)沿胸部中线作从第2肋到第5肋的皮肤切口,沿胸部中线左侧切开胸部肌肌层,紧贴胸骨左缘剪断左侧第2、3、4、5肋软骨,用小拉钩牵开胸壁,仔细提起并剪开心包。

(4)用包裹湿纱布的左手食指,将心脏向右拨,使其外旋,显露左室外侧面,可见一穿行于浅层心肌下、纵行到心尖的血管,即为冠状动脉左室支,用细圆针穿"0"号丝线在距左心耳下缘1 mm处,绕左室支缝穿1针,暂不结扎。

(5)自耳缘静脉注入0.3%肝素溶液(3 mL/kg.bw),然后结扎股动脉远心端,近心端用动脉夹夹闭,在靠近结扎线处剪开动脉壁,插入动脉插管,连接压力换能器,松开动脉夹,记录血压。

(6)结扎左颈总动脉远心端,近心端用动脉夹夹闭后,靠近远心端结扎线下方约0.5 cm处,用眼科剪在动脉壁上斜形剪一切口,插入已充满肝素生理盐水的左心室导管,用线打单结初步固定后,用左手指捏住动脉壁,打开动脉夹,将导管继续插入,并观察显示器上血压波形变化,约插入6~8 cm,动脉压波形变小,明显感到阻力时,不能强行插入,应旋转、提插导管,或退出一段后再插入。当从显示器上观察到压力

波形突然由动脉压波形转变为心室压波形时,表示导管已插入左室,即可以结扎固定。增加信号采集系统显示通道,调出室内压微分曲线。

(7) 去除胸部小拉钩,用组织钳将皮肤对合并敷以温盐水纱布,动物稳定5分钟后,记录以下观察指标:动脉收缩压(ASP)、舒张压(ADP),左室内压峰值(LVSP,由心室压基线到曲线顶峰高度),左室舒张末压(LVEDP,心室舒张末和收缩初室内压转折点到基线高度),左室内压正负变化速率最大值($+dp/dt_{max}$ 和 $-dp/dt_{max}$,从 dp/dt 曲线基线到正负峰顶高度),每搏输出量,心率(HR)。每项指标连续测5个波求均值。

(8) 重新牵开胸腔,结扎左室支的结扎线,关闭胸腔,继续观察各项指标的变化,每隔5分钟记录1次(结扎20分钟后,如各项指标变化不明显,可在更高位置再次结扎左室支)。

(9) 动物死亡后,观察心脏各部分体积变化、肺脏变化。然后剪下心脏,在离升主动脉根部1.5 cm处剪断升主动脉,插入塑料管,结扎固定,并从左房根部结扎左房。由塑料管向升主动脉内注入碳素墨水2.5 mL,观察心室壁墨染范围,估测未墨染(缺血部分)面积约占左室游离壁面积的百分比。

【实验要求与注意事项】

(1) 进行胸部手术时,不要损伤胸膜以免形成气胸。
(2) 压力换能器的整个管路均应充满液体,不能有气泡,否则影响波形。

【分析与思考】

1. 结扎家兔冠状动脉左室支后,家兔的血流动力学指标发生了哪些变化?为什么会出现这些变化?
2. 实验动物肺脏出现什么病理变化?机制是什么?

(郑　红)

实验十五　急性呼吸衰竭

【实验目的】

1. 学习复制急性呼吸衰竭的动物模型。
2. 观察不同类型呼吸衰竭时血气及呼吸的变化并分析其机制。
3. 学习动脉取血和了解血气测定方法。

【实验原理】

呼吸功能不全的失代偿阶段称为呼吸衰竭,是由于外呼吸功能严重受损,使肺通气、换气功能降低,表现为以缺氧为主要特征的临床综合征。按血气分析结果,呼吸衰竭可分为两型:Ⅰ型(低氧血症型)表现为 $PaO_2 < 60$ mmHg,$PaCO_2$ 正常或稍低;Ⅱ型(高碳酸血症型)表现为 $PaO_2 < 60$ mmHg,$PaCO_2 > 50$ mmHg。

通气障碍、气体弥散障碍和肺泡通气/血流比例失调是呼吸衰竭的主要发生机制。本实验通过夹闭家兔气管造成气管狭窄或家兔窒息,复制通气障碍所致的急性呼吸衰竭;通过造成家兔开放性气胸及静脉注射油酸,复制肺泡通气/血流比例失调和气体弥散障碍所致的急性呼吸衰竭。观察不同原因所致呼吸衰竭的血气及呼吸功能变化并分析其机制。

【实验对象】

家兔(体重 2.0~2.5 kg)。

【实验药品与器材】

20% 乌拉坦溶液,1% 普鲁卡因溶液、1% 肝素生理盐水溶液,0.9% 氯化钠溶液,油酸,生理盐水。手术器械,连接三通的动脉插管,气管插管,1 mL、2 mL、5 mL、20 mL、50 mL 注射器,6 号、9 号、16 号针头,小橡皮塞,天平与砝码,弹簧夹,水检压计,血气分析仪,BL-420F 生物机能实验系统,呼吸流量传感器,兔固定台,听诊器。

【实验方法与步骤】

(1)将家兔称重后,以 20% 乌拉坦溶液(5 mL/kg.bw)自耳缘静脉注射麻醉,仰卧固定于兔台上。

(2)沿颈部正中切开皮肤,钝性分离皮下组织,暴露并分离气管,在气管的第 3 或第 4 软骨处剪开气管,再向头端作一纵切口(作"⊥"形切口),迅速插入气管插管(后套接 6~8 cm 橡皮管)并用线结扎固定(防止血液流入气管内)。气管插管经呼吸传感器与生物信号采集系统连接,记录正常呼吸变化。

(3)分离左侧颈总动脉,结扎远心端,近心端用动脉夹夹闭,在靠近结扎线处剪一斜口,插入连接三通、充满肝素的动脉插管,用于血气分析时采取动脉血。

(4)描记正常呼吸运动曲线,记录一段正常呼吸运动曲线作为对照,观察吸气相、呼气相、呼吸幅度及频率。观察动物口唇黏膜及动脉插管内血液的颜色,用肝素浸润过的 1 mL 注射器经三通管取动脉血 0.5 mL,取下注射器,迅速套上带橡皮塞的针头,立即送做血气分析。

(5)复制呼吸衰竭动物模型。

① 阻塞性通气障碍:用弹簧夹或止血钳将套在气管插管上的橡皮管完全夹住,

使动物处在完全窒息状态 30 秒;或在完全夹住的橡皮管上插入两个 9 号针头,造成动物不完全窒息,8~10 分钟时,取动脉血做血气分析,观察动物口唇颜色,呼吸频率、幅度变化并记录呼吸曲线。

立即放开弹簧夹,等待 10 分钟,同时观察兔唇颜色,呼吸频率、幅度变化,待家兔呼吸恢复正常后进行下一步实验。

② 限制性通气障碍:于动物右胸第 4~5 肋间隙插入 1 个 16 号针头,当穿刺针头垂直刺入 1~1.5 cm,有落空感和动物呼吸幅度开始变小时,可以确定针头已插入胸膜腔。为了能准确地进针及掌握好深度,也可将该部位皮肤切开后再进针。该针头亦可用三通连上水检压计测定胸内压变化,以判断针头是否插入胸腔,当 16 号穿刺针头刺入胸膜腔后,胸膜腔与外界大气通过针头相通造成右侧开放性气胸。开放性气胸持续 10~15 分钟时取动脉血做血气分析,同时观察呼吸频率、深度变化,并记录呼吸曲线。

待呼吸出现明显改变和口唇黏膜发绀后,用 50 mL 注射器通过针头将胸膜腔内的空气抽尽。10~20 分钟后,观察兔唇颜色及呼吸恢复情况,待家兔呼吸恢复正常后进行下一步实验。

③ 复制肺水肿。

a. 油酸引起的肺水肿:自耳缘静脉缓慢注入油酸(0.06 mL/kg. bw~0.08 mL/kg. bw),分别于注射后 30、60 分钟取动脉血做血气分析,观察兔唇颜色并记录呼吸频率、深度变化。

出现明显的血气及呼吸变化后,处死动物,打开胸腔,用线在气管分叉上方 0.5 cm 处结扎气管,取出肺脏,用滤纸吸去肺表面水分,称重,计算肺(体)系数。

肺系数 = 肺重量(g)/ 体重量(kg),正常家兔肺(体)系数为 4.2~5.0。

切开肺脏,观察有无暗红色泡沫状液体流出。

b. 高渗葡萄糖液引起的肺水肿:抬高兔台头端(约 30°角),保持气管位于正中部位。用 1 mL 注射器取 50% 葡萄糖溶液 1 mL,将针头插入气管分叉处,缓慢匀速地将高渗葡萄糖液滴入气管内(5~10 分钟 滴完 1 mL)以造成渗透性肺水肿。边滴液边听肺底呼吸音,注意与正常时的差异及动态的变化。同时观察兔唇颜色并记录呼吸频率、深度变化。于 5~10 分钟后,放平兔台,取动脉血做血气分析。

出现明显血气及呼吸变化后,处死动物,打开胸腔,用线在气管分叉处结扎气管,取出肺脏,用滤纸吸去肺表面水分,称重,计算肺系数。切开肺脏,观察有无泡沫状液体流出。

【实验要求与注意事项】

(1) 取动脉血时切忌与空气接触,如针管内有小气泡要及时排出。

(2) 复制气胸时,应注意防止针尖对肺组织造成损伤。复制气胸后胸腔内的空气一定要抽尽。

(3) 高渗葡萄糖液复制肺水肿时,葡萄糖液一定要沿气管分叉处缓慢滴入。
(4) 不同实验条件下的呼吸变化:窒息时呼吸加深变慢,一侧气胸引起呼吸加快及对侧通气量增加;肺水肿时,呼吸加快变浅。
(5) 取肺时不要损伤肺组织,以免肺水肿液流出,影响肺系数的准确性。

【分析与思考】

1. 分析实验中窒息、肺水肿和气胸所引起的呼吸衰竭属于哪种类型?其发生机制是什么?
2. 本实验的窒息与肺水肿、气胸的血气指标的差异说明什么?
3. 窒息和油酸引起的呼吸衰竭有什么不同?为什么?

(李淑莲)

实验十六　氨在肝性脑病发病机理中的作用

【实验目的】

1. 掌握复制氨中毒肝性脑病动物模型的方法。
2. 观察肝性脑病发生发展过程中机体的一般状态及中枢神经系统变化的表现。
3. 了解氨中毒的抢救方法和原理。

【实验原理】

血氨增高是引起肝性脑病发生的重要原因,本实验通过肝大部分结扎的方法,造成肝脏功能严重受损,在此基础上经消化道输注氯化铵,使血氨迅速增高,出现震颤、抽搐、昏迷等类似肝性脑病的症状,通过与对照组家兔比较,证明氨在肝性脑病发生机制中的作用及肝脏在解氨毒中的重要作用。

【实验对象】

家兔(体重 2.0~2.5 kg)。

【实验药品与器材】

1% 普鲁卡因,复方氯化铵(含2.5% 氯化铵,1.5% 碳酸氢钠,5% 葡萄糖),复方谷氨酸钠(含2.5% 谷氨酸钠,5% 葡萄糖),0.1% 肝素生理盐水。常规手术器械,兔固定台,5 mL、50 mL 注射器,婴儿秤,细导尿管,粗棉线,缝合线,婴儿头皮针。

【实验方法和步骤】

1. 实验兔(肝大部切除+肠腔注入复方氯化铵溶液)

(1) 取健康成年家兔一只,称重后仰卧固定于兔实验台上,剪去腹部正中的兔毛,在上腹正中用1%普鲁卡因做放射状局部浸润麻醉。

(2) 找到胸骨剑突,在腹部正中剑突向下作8 cm左右的纵切口,分层局麻后,切开肌肉,打开腹腔,即可见到位于右肋弓下的红褐色肝脏(如图8-3所示),向下压迫肝脏,找到肝与膈肌相连的镰状韧带及与胃相连的肝胃韧带,用手术剪剪开两条韧带。

(3) 将粗棉线用生理盐水浸湿后,从肝与肋弓的间隙把线压到肝脏根部,沿左外叶、左中叶、右中叶和方形叶的根部围绕一周并结扎。由于右外叶和尾状叶之间门脉血管为独立分支,不会同时被结扎,因而得以保留。结扎后,用手术剪在已结扎的肝叶上剪一小口,如无明显渗血,说明肝大部结扎成功,否则就要重新结扎。

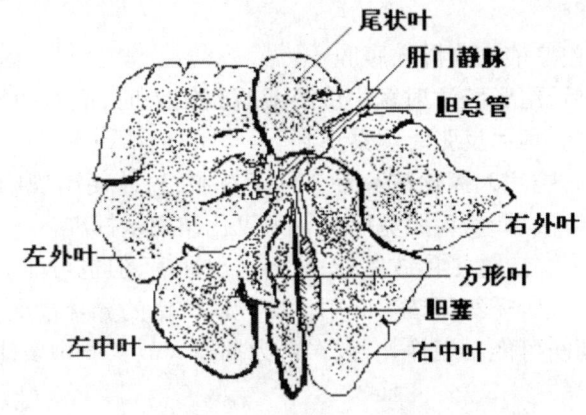

图8-3 兔的肝脏(背侧面)

(4) 沿胃幽门部向下找出十二指肠,用小圆缝合针在十二指肠前壁做一荷包缝合,然后用眼科小剪在荷包中央剪一小口,将细导尿管一端插入肠腔约4 cm(插入方向应向远胃端),另一端留在腹腔外,收缩荷包并结扎固定,将肠管回纳腹腔,检查腹内无出血后,关闭腹腔。

(5) 观察家兔一般状态及呼吸、心率的变化,检查角膜反射及对疼痛刺激的反应。

(6) 用5 mL注射器每隔5分钟经十二指肠插管向肠腔中注入复方氯化铵溶液5 mL,仔细观察动物情况(反应性增强、肌痉挛、抽搐等),直至其出现全身性抽搐、角弓反张为止,记录所用复方氯化铵溶液的总量,并计算出每千克体重用量。

(7) 在耳缘静脉插入含肝素生理盐水的头皮针,一旦动物发生抽搐,立即输入复方谷氨酸钠溶液,用量为30 mL/kg.bw,观察并记录治疗后症状有无缓解。

2. 对照兔

(1) 甲兔：取家兔一只，称重后固定于兔台上，局麻下作腹部正中切口，打开腹腔，剪断镰状韧带及肝胃韧带，但不作肝大部结扎，作为假手术对照。找出十二指肠并插管，观察动物一般状态，每隔 5 分钟向十二指肠内注入 5 mL 复方氯化铵溶液，直到家兔出现抽搐、肌张力增高等症状，记录所用总量及每千克体重用量。

(2) 乙兔：取家兔一只，称重后固定于兔台上，腹部正中切口，打开腹腔，行肝大部结扎及十二指肠插管，术后每隔 5 分钟向十二指肠内注入 5 mL 生理盐水，观察家兔有无异常，并与前两只进行比较分析。

【实验要求与注意事项】

(1) 由于镰状韧带连接于肝脏和膈肌，其根部是大血管，故剪时要特别小心，防止造成气胸和出血。

(2) 游离肝脏时动作要轻，以免造成肝叶破裂出血，且结扎线应尽量置于肝脏根部，避免拦腰结扎肝脏。

(3) 复方氯化铵溶液切勿漏入腹腔。

(4) 手术完毕后，给肠腔注射氯化铵溶液观察结果时，应将兔撤下兔实验台，以免其出现全身性抽搐、角弓反张时观察不到。

(5) 给实验兔肠腔注入氯化铵溶液应早于对照组，以便出现脑病症状时计算出每千克体重氯化铵溶液用量，对照兔以此量为氯化铵用量标准。

(6) 动物经输入一定量氯化铵后，一般会出现抽搐，但也可能会发生肝结扎组与非结扎组都有抽搐，且所需氯化铵溶液用量接近或倒错的异常情况，其原因是动物未做全身麻醉，实验期间可能出现挣扎，被误判为抽搐。故实验中要注意与氨中毒抽搐的鉴别。

(7) 一旦动物出现抽搐，应立即停止使用氯化铵，并马上进行抢救，如间隔时间过长，则抢救效果不佳。

【分析与思考】

1. 结合氨中毒学说分析为什么肠道内注入氯化铵后会出现肝性脑病的症状。
2. 在十二指肠内注入氯化铵时，如果氯化铵漏入腹腔会对实验结果有何影响？
3. 在肝结扎组与非结扎组偶尔会出现氯化铵用量接近或倒置的情况，其可能原因有哪些？
4. 谷氨酸钠抢救肝性脑病的原理是什么？

【附录】

1. 溶液配制

（1）复方氯化铵溶液：氯化铵 25 g，碳酸氢钠 15 g，溶于 5% 葡萄糖溶液 1000 mL 中。

（2）复方谷氨酸钠溶液：谷氨酸钠 25 g，溶于 5% 葡萄糖溶液 1000 mL 中。

2. 血氨测定方法（纳氏试剂法）

血液中微量的游离氨经硼酸钠缓冲液作用而逸出，与硫酸结合成硫酸铵，加纳氏试剂碘化钾汞复盐后，可形成棕黄色的碘化双汞铵，通过比色进行测定。

（1）药品与器材：1 N 硫酸，硼酸钠缓冲液，1/10 纳氏试剂应用液，硫酸铵标准液（1 μmol/mL）。无氨蒸馏水，分光光度计，微量扩散瓶，带塞干燥小试管（若动物未肝素化，则应换用抗凝管），5 mL 试管，1 mL、5 mL 刻度吸管，吸耳球，铝皮试管架，吸管架等。

（2）微量扩散瓶的制作：用 20 mL 青霉素瓶改制，瓶塞穿一孔，孔内紧插直径 5 mm 的玻棒一支，插入瓶内的一端烧制略呈圆球形，以增大表面面积，并可保持硫酸不易下滴。

（3）测定步骤。

① 取微量扩散瓶三个，按以下操作加液：标准管加入硼酸钠缓冲液、硫酸铵标准液各 1 mL，测定管内加入硼酸钠缓冲液、全血各 1 mL，空白管内加入硼酸钠缓冲液、无氨蒸馏水各 1 mL。各管均分别混匀。

② 用上述扩散瓶的玻棒分别沾取 1 N 硫酸，贴瓶壁停留片刻，待玻棒上硫酸不会滴落后，再塞入各扩散瓶，轻轻地将扩散瓶横卧于桌面，用手缓缓搓动扩散瓶 20 分钟。

③ 扩散完毕，轻轻竖起扩散瓶，小心取出玻棒，分别用刻度吸管取 1/10 纳氏试剂应用液 5 mL，将玻棒上的硫酸铵（血中逸出的氨与玻棒上沾取的硫酸结合生成）洗入各试管中。

④ 以空白管洗出液校零，用 420 nm 或蓝色滤光板进行比色，读取标准管和测定管光密度读数。

⑤ 计算：测定管光密度／标准管光密度 × 100（μmol/L）。

（4）注意事项：

① 取血后应尽快测定，否则影响结果。

② 扩散瓶玻棒上沾的 1 N 硫酸不能过多，切勿滴入血中；玻棒塞入或取出扩散瓶，以及平倒搓动扩散瓶时，动作应轻，严禁沾有硫酸的玻棒与扩散瓶内壁及瓶内溶液接触。

③ 各瓶扩散的时间应准确一致。

（林　波）

实验十七　正常肾功能调节及急性缺血性肾功能不全

【实验目的】

1. 观察尿液生成的影响因素。
2. 学习复制急性缺血性肾功能不全动物模型的方法。
3. 观察急性缺血性肾功能不全时肾脏泌尿功能及形态学变化。
4. 分析急性缺血性肾功能不全的可能发生机制。

【实验原理】

急性肾功能不全发病机制的中心环节是肾小球滤过率的急剧降低。肾血流量减少（肾缺血）、肾小管阻塞、肾小管原尿回漏或者肾细胞损伤等均可导致肾小球滤过率降低。本实验采用动脉夹夹闭双侧肾动脉，阻断肾脏血液供应造成家兔急性肾功能不全。

【实验对象】

家兔。

【实验药品与器材】

20%乌拉坦溶液，二乙酰单肟试剂，酸混合液，尿素氮标准储存液（1 mg 氮/mL），尿素氮标准应用液Ⅰ、Ⅱ，苦味酸溶液，酚酞指示剂，肌酐标准储存液，肌酐标准应用液，5%醋酸溶液，50%葡萄糖溶液，去甲肾上腺素，呋塞米，垂体后叶素，3%、10%氢氧化钠溶液，0.1 mol/L HCl 溶液，生理盐水，蒸馏水。兔台，血气分析仪，BL-420F生物机能实验系统离心机，分光光度计，水浴锅，显微镜，手术器械1套，微量加样器，试管，吸管，滴管，试管夹，试管架，酒精灯，输尿管，塑料插管，玻片，温度计（范围 0～100 ℃），1 mL、5 mL、20 mL 注射器。

【实验方法与步骤】

（1）取家兔两只，一只为正常对照，一只为实验兔。称重，自耳缘静脉缓慢注射 20%乌拉坦溶液 5 mL/kg，麻醉后，仰卧固定于兔台上。

（2）颈部正中切口，分离左侧颈总动脉、一侧颈外静脉和右侧迷走神经，分别穿两根线备用。

（3）颈外静脉插管建立静脉输液通道，以 20～30 滴/min 匀速滴注生理盐水。

结扎颈总动脉远心端,近心端用动脉夹夹闭,在靠近结扎处剪开一斜切口,向心方向插入充满肝素的动脉插管,固定,连接 BL-420F 生物机能实验系统,记录动脉血压。

(4) 于耻骨联合上缘、腹部正中作皮肤切口,长 3~5 cm,沿腹白线切开腹壁,暴露膀胱,在膀胱顶部避开血管剪一小口,插入膀胱插管,用线结扎固定。用量筒接取尿液并计量。

(5) 轻轻推开肠管,在腹腔后壁找到肾脏,分离左、右肾动脉穿线备用。

(6) 经颈外静脉注射生理盐水 20 mL,1 分钟内注完,观察注射生理盐水前后血压及尿量变化。

(7) 用中等强度电刺激(周期 50 ms,电压 3~4 V)刺激右侧迷走神经 20~30 s,使血压降至 50 mmHg 并维持 10~20 s,观察尿量和血压的变化。待尿量恢复时收集尿液 2 mL 进行尿糖定性试验及尿钠测定。

(8) 酚红排泄率测定。经耳缘静脉注射 0.6% 酚红 0.5 mL,用盛有 10% 氢氧化钠溶液的器皿盛接尿液,如尿液内有酚红排出,则遇碱性的氢氧化钠呈现红色,计算自耳缘静脉注射酚红到排出酚红所需的时间。

(9) 高渗葡萄糖对尿量的影响。经耳缘静脉注射 50% 葡萄糖 5 mL,从注射开始记录尿量变化,并绘制时间-尿量曲线,比较注射葡萄糖前后尿量及血压变化。尿量明显增多时取尿液 2 mL 进行尿糖定性试验及尿钠测定。

(10) 去甲肾上腺素对尿量的影响。经耳缘静脉注射 1:10 000 的去甲肾上腺素 0.5 mL,观察注射前后尿量及血压变化。

(11) 呋塞米对尿量的影响。经耳缘静脉注射呋塞米 5 mg/kg,从注射开始记录尿量变化,并绘制时间-尿量曲线,比较注射前后尿量及血压变化。尿量明显增多时取尿液 2 mL 进行尿钠测定。

(12) 垂体后叶素对尿量的影响。经耳缘静脉注射垂体后叶素 0.1 U,比较注射前后尿量及血压变化。

(13) 肾脏急性缺血对肾功能的影响。实验组:用动脉夹夹闭家兔双侧肾动脉,阻断肾脏血液供应 45 分钟。对照组:只游离双侧肾动脉,不夹闭动脉。夹闭肾动脉前后分别取血液及尿液,检测血气及电解质变化、血清尿素氮、血浆和尿液肌酐及尿常规。

(14) 夹闭肾动脉 45 分钟后,松开动脉夹,恢复肾脏血供 60 分钟后,再次取血液及尿液进行上述指标分析。

(15) 将实验组及对照组动物一并处死,取出左肾,称重,计算肾重与体重之比,观察比较两组动物肾脏的大体形态、颜色、光泽、条纹等。将肾组织切片,在显微镜下观察肾小管上皮变化,蛋白管型、细胞管型等变化。

【实验要求与注意事项】

(1) 手术时操作应轻柔,膀胱插管时注意避开血管。

(2) 待实验效应基本消失、尿量基本稳定后,再开始下一项实验。

【分析与思考】

1. 高渗葡萄糖和呋塞米的利尿作用有何不同?
2. 判断肾缺血造成器质性肾功能衰竭的实验依据是什么?

(郑　红)

实验十八　急性中毒性肾功能不全

【实验目的】

1. 学习复制家兔 $HgCl_2$ 中毒性急性肾功能衰竭的动物模型。
2. 学习复制家兔甘油挤压性急性肾功能衰竭的动物模型。
3. 观察 $HgCl_2$ 中毒及甘油挤压家兔的一般状态,尿质和量的变化,血气,血尿素氮,血、尿肌酐水平,以及肾脏大体形态及病理组织学改变。
4. 根据实验指标变化,判断、分析及讨论急性肾功能衰竭的发病机理及病理生理变化。

【实验原理】

重金属类肾毒物 $HgCl_2$ 造成家兔急性肾小管坏死,通过观察动物尿质、尿量的变化,检测血尿素氮、血肌酐等生化指标及血气酸碱参数和肾脏形态学变化,了解急性肾功能衰竭少尿期的主要变化及发生机理。

甘油挤压致大量肌红蛋白破坏,造成家兔急性肾小管阻塞,通过检测血尿素氮、血肌酐等生化指标及血气酸碱参数和肾脏形态学变化,了解甘油挤压肌肉对肾脏功能的损伤作用,判断、分析其诱发急性肾功能衰竭的发生机理。

【实验对象】

家兔(体重 1.5~2.5 kg)。

【实验药品与器材】

1% $HgCl_2$ 溶液,50%甘油,20%乌拉坦溶液,二乙酰一肟一氨硫脲(DAM-TSC)液,酸混合液,尿素氮标准储存液(1 mg 氮/mL),尿素氮标准应用液Ⅰ、Ⅱ,苦味酸溶液,酚酞指示剂,肌酐标准储存液,肌酐标准应用液,5%醋酸溶液,5%葡萄糖溶液,

3%、10% NaOH 溶液,0.1 mol/L HCl 溶液,生理盐水,蒸馏水。兔台,血气分析仪,离心机,分光光度计,水浴锅,显微镜,手术器械 1 套,微量加样器,试管,吸管,滴管,试管夹,试管架,酒精灯,输尿管,塑料插管,玻片,温度计(范围 0~100 ℃),洗耳球,量筒(1000 mL,附搅棒),1 mL、5 mL、20 mL 注射器。

【实验方法与步骤】

1. 模型复制

(1) $HgCl_2$ 中毒致急性肾功能衰竭动物模型的复制。

实验前一天,取健康家兔两只,称重后在一只在皮下注射 1% $HgCl_2$(1.5~1.7 mL/kg.bw,一次注射),复制急性肾功能衰竭模型;另一只则在相同部位注射等量生理盐水作为对照备用。

(2) 甘油挤压致急性肾功能衰竭动物模型的复制。

实验前一天,取健康家兔两只,称重后一只在后腿单侧肌肉注射 50% 甘油(10 mL/kg.bw,一次注射),致急性肾功能衰竭;另一只则在相同部位以 10 mL/kg.bw 的剂量注射生理盐水作为对照。两兔实验前均少喂食蔬菜。

2. 手术操作

(1) 实验时将家兔称重后,将 20% 乌拉坦溶液以 5 mL/kg.bw 的剂量由耳缘静脉缓慢推注,行全身麻醉。注射期间注意观察家兔的肌张力、呼吸频率、角膜反射,作为观察麻醉深度的指标。

(2) 将家兔仰卧固定于兔实验台上,自尿道口插入以液状石蜡滑润的导尿管导尿。如尿量过少,则将下腹部剪毛,在耻骨联合上 1.5 cm 处正中作长约 4 cm 的切口,分离皮下组织沿腹白线切开腹膜,暴露膀胱,并将膀胱翻向体外,在膀胱底部找到并分离两侧输尿管,在输尿管靠近膀胱处用线结扎。略等片刻,待输尿管略充盈后,用眼科小剪剪一小口,向肾盂方向插入输尿管塑料插管,结扎固定,收集尿液,备测尿蛋白、肌酐(creatinine)及尿沉渣镜检。

(3) 颈部剪毛,在颈部正中作皮肤切口,分离一侧颈总动脉、左侧颈外静脉。

(4) 颈总动脉插入细塑料管并放血 2 mL,离心(2500 r/min)10 分钟,取血清测尿素氮(blood urea nitrogen,BUN)、肌酐含量。

(5) 左颈静脉插入连有输液装置的静脉插管,并自静脉插管输入 5% 葡萄糖溶液(100 mL/kg.bw,速度为 50 滴/min),以保证有足够的尿量,自输液开始记录 1 小时尿量。

3. 尿蛋白定性检查(加热煮沸醋酸法)

(1) 原理:在各种蛋白尿中,白蛋白比例平均达蛋白总量的 37%;蛋白在等电点时,稳定性最差。所以加入稀醋酸,使介质环境变酸(白蛋白的等电点为 pH 4.7);另外,加热可使蛋白质从溶解状态变为结絮或凝固,成为肉眼可见的白色絮状沉淀或凝块。加酸的另外作用是溶解碱性盐类的沉淀,以消除盐类对试验的干扰。

(2)操作方法:以吸管吸取正常及中毒家兔的尿液各 3~5 mL 加入小试管内达 3/4 处,以试管夹夹持试管的下 1/3 与中 1/3 交界处。以 45°左右的角度斜持试管,以酒精灯外焰加热上 1/3 部位至沸(试管口不要对着人),小心加热,切勿使尿液溢出。

多数情况下可见加热部分煮沸后,尿液变混浊。此时加入 5% 醋酸溶液 3~5 滴,继续加热煮沸。若尿液由混浊变为透明,则混浊为尿酸盐所致;若仍混浊,则表示尿液中含有蛋白。依混浊程度不同判断尿蛋白含量,标准如表 8-2 所示。

表 8-2 加热煮沸醋酸法结果判定标准

结果	煮沸部表现	蛋白含量(g/L)
-	清晰,无混浊	视为无
±	黑色背景下轻微混浊	< 0.1
+	出现轻度白色混浊,无颗粒及絮状沉淀	0.1~0.5
+ +	明显白色混浊或乳样混浊,无絮状沉淀	0.5~2
+ + +	絮状白色沉淀,一般无凝块	2~5
+ + + +	凝固成块,并有大量絮片状沉淀	> 5

4. 尿液沉渣镜检

(1)分别取收集的尿液 2 mL 置于离心管内,离心(1500 r/min)5 分钟,使尿液中的有形成分沉淀。

(2)待离心机自然停转后,取出离心管,弃上清液,留管底部的沉渣部分。

(3)将离心管或试管内的尿沉渣混匀,吸取尿沉渣一滴加于载物玻片中央部分,用盖玻片覆盖后镜检(注意切勿产生气泡)。

(4)暗视野下先低倍镜后高倍镜观察,计算 10 个不同视野的管型和细胞的近似平均值,其中管型数目以低倍视野计算,细胞数目以高倍视野计算。

(5)管型(cast):管型是蛋白质、细胞及其碎片等物质在肾远曲小管、集合管中凝固形成的圆柱形蛋白聚体,比白细胞、红细胞大几倍。其形成基础为:

① 尿中少量的白蛋白和由肾小管上皮细胞产生的 T-H 蛋白是构成管型的基质;

② 肾小管有使尿浓缩和酸化的能力,浓缩可提高蛋白质含量、盐类的浓度,尿液酸化后可促使蛋白质沉淀;

③ 有提供交替使用、处于休息状态的肾单位,尿液在肾小管内有一定的滞留时间,使蛋白质浓缩、凝结。

5. 血清尿素氮测定

按照检测试剂盒说明操作。

6. 血清肌酐测定

按照检测试剂盒说明操作。

7. 内生肌酐清除率(endogenous creatinine clearance rate ,Ccr)测定

(1) 原理:在饮食、活动相对稳定的情况下,血肌酐的生成量和尿的排出量较恒定,其含量变化主要受内源性肌酐的影响,而且肌酐分子量为113,大部分从肾小球滤过,不被肾小管重吸收,排泌量很少,故肾单位时间内,把若干毫升血液中的内生肌酐全部清除出去,称为内生肌酐清除率。它是判断肾小球损害的敏感指标。

(2) 操作方法:

① 准确测量所收集1小时尿液的尿量,换算成每分钟尿量。

② 取1 mL尿液用蒸馏水1:100稀释。

③ 将稀释后的尿液参照血清肌酐测定方法进行尿液肌酐含量的测定。按下列公式计算内生肌酐清除率:

$$尿液肌酐含量(\mu mol/L) = \frac{测定管吸光度(Du)}{标准管吸光度(Ds)} \times 141.4 \times 100$$

$$内生肌酐清除率(mL/min) = \frac{血清肌酐含量(\mu mol/L)}{尿液肌酐含量(\mu mol/L)} \times 尿量(mL/min)$$

8. 血气测定

分别取对照及造模家兔颈动脉血1 mL,应用血气分析仪测定pH值、HCO_3^-、$PaCO_2$、PaO_2等指标。

9. 形态学观察

(1) 将家兔行肾脏全切手术,取出肾脏,测肾体比(体重最好为去肠道体重)。

(2) 观察家兔肾脏的大体形态,如体积、皮质条纹、色泽等;将肾脏正中纵切开,观察皮质、髓质颜色及形态变化。

(3) 病理切片示教:于显微镜下观察$HgCl_2$中毒及甘油所致家兔急性肾功能衰竭的肾脏,注意皮质肾小管上皮有无变性、坏死、脱落,管腔内有无蛋白、红细胞、管型等。

【实验要求与注意事项】

(1) 正常家兔血清尿素氮含量为140~200 mg/L(5.0~7.1 mmol/L),急性肾功能衰竭家兔血清尿素氮含量约为正常值的2倍以上。

(2) 在测定各项指标时,所加血清、标准液等试剂应准确。

(3) 为使测定结果准确,同一份标本及标准管应同时测定两份,最后取均值进行计算。

(4) 本实验所列检测项目较多,实验时可根据不同的实验条件、学时,挑选其中的2~3项反映肾脏功能的指标。

【分析与思考】

1. 根据实验结果,分析、判断家兔是否发生急性肾功能衰竭。

2. 用课堂理论结合实验结果,讨论 $HgCl_2$ 中毒引起急性肾功能衰竭的机制。
3. 结合实验,讨论尿蛋白、管型的发生机制。
4. 急性肾功能衰竭家兔血尿素氮、肌酐含量有什么变化?为什么?
5. 本实验还可通过测定哪些指标来反映肾脏功能?
6. 根据实验结果,阐述 $HgCl_2$ 中毒与甘油挤压致急性肾功能衰竭的机制有何不同。

(李淑莲)

第九章　创新性实验

创新性实验又称设计性实验、探索性实验,是指采用科学的逻辑思维配合实验方法和技术,对拟定研究的目的(或问题)进行的一种有明确目的的探索性研究。创新性实验的核心是实验设计,实验设计的严密性直接关系到实验结果的准确性和结论的可靠性。要想搞好实验设计,必须对科学研究的基本程序有所了解。

第一节　科学研究的基本程序

实验研究基本程序大致包括立题、实验设计、实验和观察、实验结果处理和分析及得出研究结论。

(一) 立题

立题是确定所要研究的课题,是研究设计的前提,决定研究方向和内容。立题的过程是创造性的思维过程,它包括选题和建立假说。

1. 选题

一个好的选题应该具有目的性、创新性、科学性及可行性。目的性是指选题应明确、具体地提出要解决的问题,必须具有明确的理论或实际意义。选题越具体明确,说明选题者的思维越清楚。创新性是指发现新的规律和现象,提出新见解、新技术、新方法和新理论,或是对原有的规律、技术或方法进行修改完善。科学性是指选题应有充分的科学依据,要与已证实的科学理论和科学规律相符合。一个好的选题必须符合自然科学的基本原理,不应脱离科学规律作无根据的胡思乱想。可行性是指选题应考虑研究者的技术水平和所在实验室客观条件,应选择力所能及的课题。要综合考虑研究者的学术水平、技术水平和实验室条件及研究基础,盲目地求大、求全和求新最终只能纸上谈兵,无从下手。

因此,在选题过程中要查阅大量的文献资料和实验资料并进行分析研究,了解前人和别人对有关课题已做的工作、取得的成果和尚未解决的问题。只有充分了解最新的研究进展和动向,才能在进行综合分析的基础上,找出研究课题的关键,从而建立假说及确定研究课题。

2. 建立假说

假说是预先假定的答案或解释,也是实验研究的预期结果。科学的假说是关于事物现象的原因、性质或规律的推测,其建立需要运用对立统一的观点进行类比、归纳及演绎等一系列逻辑推理过程。

一旦选定课题,就要建立这个课题的假说,假说是课题研究重要的思想理论准备,是实验设计的前提和依据。在假说的指导下,实验设计就更具有目的性、计划性和预见性,实验者就可全方位地,周密、细致地安排实验设计的各个方面。假说是实验设计中最重要的环节之一。

假说是未经实践证明的理论,理论则是经过实践证明的假说。建立科学的假说,一要详细地占有材料,集古今中外的资料和论点、本人先前的实践和认识,不但要掌握该课题的国内外研究动态和趋势,而且要广泛涉猎有关理论认识。二要积极进行思维活动,即进行逻辑思维、辩证思维和创造性思维活动。活跃的思维活动不但选题时需要,建立假说时更需要。通过积极的思维活动要使问题从"模糊"到"清晰",从"片面"到"全面",从非逻辑性到逻辑性。三要把积极的思维活动和活跃的实践活动结合起来。假说形成是一个过程,有一个理论想法后可先做一些探索实验来帮助研究者进一步思索,这样可形成"原始假说"。有了原始假说,就可在它的指导下进行预实验的实验设计。通过预实验,对原始假说做非正式的验证,以便对原始假说做必要的修订或改进,使其上升为工作假说。最终,在工作假说的指导下进行正式实验设计。

(二) 实验设计

实验设计是指实验研究计划和方案的制定。实验设计必须根据研究目的,结合专业和统计学的要求,做出周密、具体的研究内容、方法和计划,它是实验过程的依据和数据处理的前提,也是提高实验研究质量的保证。

实验设计的任务是有效地控制干扰因素,保证实验数据的可靠性和准确性;节省人力、物力和时间;尽量安排多因素、多剂量、多指标的实验,以提高实验效率。实验设计包括实验材料和对象、实验的例数和分组、技术路线和观察指标、数据的收集和处理方法等。

(三) 实验和观察

1. 实验准备

实验准备包括实验理论准备和实验实施准备。前者主要包括实验的理论基础、假说的理论基础、实验方法和技术、参考文献等的准备;后者指仪器设备、药物和试剂的准备、药物剂量的选定、实验方法与指标的建立、实验对象的准备等。

2. 实验操作及其结果的观察记录

(1) 按照预备实验确定的步骤进行实验。

(2) 熟练掌握实验方法,用药量准确,认真操作。

(3) 经分析属于错误操作或不合理的结果应重新实验。

（4）仔细、耐心地观察实验过程中出现的结果。发生了什么现象、发生时间和转归,发生这些现象的机制及其意义。有无出现非预期结果,在排除了错误的不合理的结果后,应对其进行分析,是否有新的发现和得出新理论。

（5）要重视原始记录,预先拟定原始记录方式和内容。记录的方式有文字、数字、图形、照片、表格和录像等。原始记录应及时、完整、准确和整洁。严禁撕页或涂改,不能用整理后的记录代替原始记录,要保持记录的原始性和真实性。通常实验记录的项目和内容有：

① 实验名称、实验日期、实验者。

② 受试对象:动物种类、品系、性别、体重、健康状况、饲料及离体组织器官名称等。

③ 实验药物或试剂:名称、来源、剂型、批号、规格、含量或浓度,给药的剂量、时间及疗程等。

④ 实验仪器:主要仪器名称、生产厂家、型号、规格等。

⑤ 实验条件:实验室的室温、饲养环境等。

⑥ 实验方法和步骤:动物固定、麻醉、分组、手术方法、施加的刺激强度、给药方法、测定方法等。

⑦ 实验指标:指标的单位、数据及不同时间的变化等。

⑧ 数据处理:对实验结果进行整理的统计分析。

（四）实验结果处理和分析

首先,整理原始数据或资料,计算出各组数据的均值和标准差等,并制成一定的统计表或统计图。其次,做统计学显著性检验等。在分析和判断实验结果时,绝不能带有研究者的偏见,对数据任意取舍。必须实事求是,不能强求实验结果服从自己的假说,而应该根据实验结果去修正提出的假说,使假说上升为理论。

（五）得出研究结论

经过实验设计、实验和观察、数据处理后,就可做出研究总结、得出结论及写出论文。这个结论要回答原先建立的假说是否正确,从而对所提出的问题做出解答。研究结论是从实验结果中概括或归纳出来的判断,要严谨、精练和准确。

第二节　实验设计

设计性实验与基础性、综合性实验有着本质上的区别,具体表现为:基础性、综合性实验是在前人工作与经验总结的基础上,通过实验过程培养学生的实验能力,使学生学到知识,但是实验均是学生照着实验教程进行操作,没有自我的东西;设计性实验是在借助前人工作与经验的基础上,通过对研究对象进行积极的思考与归纳,对未知因素进行大胆设计、探索研究的一种科学实验,是让学生自己提出实验目的,自行设计实验方案,通力合作去完成实验部分,整理、处理实验结果,最后完成论文撰写。因此,通过机能实验学设计性实验教学,可让学生体验科学研究的初步过程,使其初步掌握科学实验的基本程序和方法,培养学生发现问题、研究问题、分析与解决问题以及进行科学研究的能力和实际操作技能。

一、基本要素

美国科学家杜博斯曾说过:实验有两个目的,即观察迄今未加阐明的新事物,以及判断提出的某一理论(假说)是否符合大量可观察到的事实。具体到某一实验,大多是为了阐明某种因素作用于研究对象时所产生的效应。可见,其包括三个基本要素:实验对象、处理因素和实验效应。如何确定这三大要素在实验设计中是非常重要的。

(一)实验对象

实验对象指接受实验的动物或人,其可以是正常的也可以是异常的。正确地选择实验对象,对实验的成功往往起着关键性的作用。

(1)人的选择。根据实验目的选择合适的病人或健康人,但必须遵守:

① 自愿原则,知情同意;

② 非创伤性原则;

③ 对人体不能带来损害或痛苦,维护受试者利益原则;

④ 医学目的原则。

(2)动物的选择。在实验中正确地选择动物,将使方法简化、时间缩短,给实验的成功创造良好的条件。当把动物实验的结果推断到人类的生物学上时,应谨慎。选择动物时应注意:

① 动物的健康状况;

② 动物的种属、品系、等级、年龄、性别、体重、营养状况,尤其是生理、生化特点是否符合要求;

③ 经济可行,容易获得;

④ 符合法律的有关规定。

(二)处理因素

处理因素指实验者人为施加给实验对象,在实验中需要观察并阐明其处理效应的因素,也称被试因素。处理因素的种类非常多,如化学的、物理的、生物的、社会心理的等。如何控制好处理因素是极为重要的。对于处理因素要注意:

(1)易于控制。处理因素必须是可控的,否则不能选择。

(2)处理因素之间的交互作用。实验中一般确定一个关键的主要因素为处理因素,但根据需要处理因素也可以是多个,此时要注意它们之间的交互作用。

(3) 明确非处理因素并排除其影响。
(4) 标准化实验过程中处理因素应始终保持不变。
(5) 处理因素的水平即注意处理因素的强度(如药物的浓度、作用时间的长短等)对效应的影响。

(三) 实验效应

实验效应指处理因素作用于实验对象后显示出的结果。为了具体地反映出实验效应,需要采用一些指标来衡量。这些实验观察和检测的指标,称为效应指标(也称观察指标)。效应指标的选择应注意:

(1) 关联性。所选指标要与实验目的有本质的联系,能确切地反映处理因素的效应。
(2) 客观性,指不受主观因素的影响。应尽量采用一些易于量化的、由仪器或化验获得的指标。
(3) 特异性,指只对某种特定的因素产生效应反应,而不受其他因素的干扰。
(4) 重复性,指对处理因素的反应要稳定、一致,即稳定性要好,在同样条件下,指标应可以重复出现。
(5) 灵敏性。要能反映出实验中的微小变化,其往往是由实验方法和仪器的灵敏度决定的。
(6) 精确性,指精确度,包括准确度和精密度。准确度指观察值与真实值的接近程度,主要受系统误差的影响。精密度指重复观察时,观察值与其均数的接近程度,其差值属于随机误差。
(7) 可行性。应有文献依据,并符合本实验室的实际情况,能切实执行。

二、基本原理

实验过程中的实验效应必须是处理因素引起的,但由于实验时的影响因素(操作技术、实验环境等)繁多,一些非处理因素也可能对实验效应产生一定的影响。因此,在实验设计中必须遵循其原理和原则。实验设计的基本原理是在专业设计的基础上,运用统计学的知识和方法,使处理因素在其他非处理因素均被严格控制的情况下,能够准确地显示出来实验效应、最大限度地减少误差,从而在最少的样本和最少的观察次数中得出最优的结果和最可靠的结论,提高和保证观察结果的可重复性和可信性,使实验达到高效、快速、经济的目的。故实验设计也称为统计学设计。而所谓的专业设计是指运用专业知识进行的设计,其从专业知识角度来设想用什么样的观察内容来验证假说或回答有关问题,从而保证实验的有用性、创新性和先进性。

三、基本原则

(一) 对照原则

对照就是要设立参照物,它是比较的基础。通过对照可以鉴别处理因素与非处理因素的差异,消除或减少实验误差,所以实验设计必须设立对照组。实验组与对照组之间,除处理因素不同外,其他非处理因素应尽量保持相同。常用的对照方法有:

1. 无处理对照

（1）正常对照:以正常人或正常动物的各种数据或反应作为对照。

（2）非正常对照:以病人或动物模型作为对照,包括空白对照、假处理对照和安慰剂对照等。这是生理学实验最常用、最有效的对照方法。

（3）处理前后对照:将处理后的数据和处理前(无处理)的数据对照,但要求实验在短时间内完成,而且前后条件应基本一致。生理学急性动物实验能满足此要求,故常用此方法。

2. 有处理对照

（1）已知因素对照,也称为相互对照。

（2）同一处理,但是方法不同或强度不同的对照。

（3）复合处理对照和"交互作用"对照。

（4）替除处理对照。

（二）均衡原则

均衡指实验组与非实验组在非处理因素方面应尽可能一致。为了做到均衡,在实验研究中要把实验组与非实验组的非处理因素保持基本一致;在临床研究中,要求将病人的病种、性别、年龄等保持基本一致。通常对于重要因素还可采取交叉均衡、分层均衡等方法保证其均衡化,使其在各组基本一致,而对于次要因素则按随机处理。

（三）随机原则

随机指研究总体中的每一个个体都有同等的机会被分配到任何一个组中去,分组的结果不受人为因素的干扰和影响,并且实验操作的顺序也要随机安排。随机不等于"随便",也不是"随意"。通过随机处理,可以使所抽取的样本能够代表总体,减少误差;还可使各组样本的条件尽量一致,消除或缩小非实验因素在组间的差别,从而提高处理因素的效应。随机化的方法很多,如摸球或抽签法、随机数字表法、随机化分组表法等。

上述的随机方法为完全随机或称绝对随机,虽然能使每个实验对象在接受处理时都有相等的机会,但不能保证主要因素在各组中分配均衡,故近年来提倡用"均衡随机"的方法处理实验对象,即将能控制的因素(如性别、体重、年龄、感染程度等)先行均衡地分档,然后在每一档中随机取出等量的动物分配到各组,使那些难以控制的因素(活泼程度、饥饱程度、疲劳程度等)得到随机安排。

（四）重复原则

重复是指实验组与对照组的例数要有一定的数量,重复程度表现为样本含量的大小和重复次数的多少。很显然,样本例数越多,越能客观反映真实情况,但人力、物力、财力及实验的控制难度也会增加。而样本例数若过少,则有可能把偶然的现象当作必然的规律,得出错误的结论。因此,在实验设计中应科学地设置样本的例数,在保证实验结果可信的情况下,确定最少的样本例数,获得最大的经济和社会效益。在生理学实验中,通常根据文献资料、预实验结果以及实验者本人以往的经验来确定样本例数。一般情况下,计量资料的样本数可以小些,每组 6~10 例;计数资料的样本数应大些,每组 60~80 例。

为了提高重现性,要求实验必须具有足够的重复数,因此在药理专业上有基本实验例数的规定,下表 9-1 列出的数据供实验设计时参考。

表 9-1 每组实验动物的基本例数

动物	计量资料	计数资料
小动物(小鼠、大鼠、蛙)	≥10	≥30
中等动物(豚鼠、兔)	≥8	≥20
大动物(猫、猴、犬)	≥6	≥10

重复性(实验例数)应适当,过少不行,过多也不必要。实验例数与许多因素有关。一般而言,生物个体差异较小,处理因素强度较大,实验技术(仪器等)较先进,计量资料、组间例数相同的实验,以及高效实验设计(如拉丁方设计、正交设计)及大动物实验可选用较少的例数。反之,要选用较多的例数。

第三节　设计性实验的程序与实施

医学本科生设计性实验的程序如下:由 4~5 名同学组成一个实验小组→立题、查阅文献、书写实验方案,经指导教师修改同意后填写实验设计书→进行开题报告与答辩→实施实验→收集与整理数据→撰写研究报告。

(一) 实验设计书

学生设计性实验课时较短,本科生所用教学实验室条件也有限,所以建议各组学生选择一个很小的课题。确定课题后,尽量查阅较多的有关资料,做出实验设计,填写实验设计书,格式如下:

(1) 研究题目:要求具体确切,不要一个实验解决多个问题。
(2) 研究目的。
(3) 理论依据及研究现状。
(4) 研究内容。
(5) 研究方法。
(6) 研究对象、性别、规格、数量。
(7) 实验组与对照组的处理。

(8) 实验步骤。
(9) 仪器与药品。
(10) 预期实验结果。
(11) 设计人。

(二) 开题报告与答辩

在指导教师参与下,由设计者进行开题报告,并答辩老师及同学们提出的问题,必要时指导教师也可答辩。

(三) 实施方案

经过开题报告与答辩,进一步修改完善设计方案后,即可开始实施实验。每一实验小组由 4~5 人组成。若有多组同学进行同一实验,指导教师应统一计划安排。

(四) 收集与整理数据

根据预先拟定的原始记录方式和内容,如实记录实验中获得的数据、表格、图形、照片(原始数据)等。进一步将原始数据整理成表,并进行相应的数据处理和统计学显著性检验。

(五) 撰写研究报告

按照研究论文的要求书写研究报告。

第四节 常用的实验设计方法

(一) 单组比较设计

实验与对照是在同一个体上进行的,也称自身对照设计。该设计对于观察时间较短的实验较适用。优点是节省样本,控制条件容易。其有三种形式:

(1) 对每个观察对象(单位)进行两次观察,第一次观察不给予处理,第二次观察给予处理,对两组结果进行比较。也称自身配对设计(self-paired design)。

(2) 第一次是 A 处理,第二次是 B 处理,以两次结果的差值作为实验结果。

(3) 让实验对象的一半先接受 A 处理后接受 B 处理,而另一半先接受 B 处理后接受 A 处理,对两组结果进行比较。也称交叉设计(cross over design)。

(二) 组间比较设计

组间比较设计是直接进行两组或多组之间的比较。在研究工作中最常用的是实验组与对照组之间的比较。在设计时,除了要遵循前述的均衡原则外,还要注意两组样本数尽量相同。若把对照组的数量减少,则不利于显著性差异的呈现。其优点是设计简单,对比明显;缺点是处理因素单一,在一次试验中只能做一个因素的比较,所以它不能满足多因素的实验设计。

(三) 正交设计

正交设计是一种研究多因素试验的设计方法,它是利用"正交表"来安排试验并分析结果。其中正交表是正交设计的核心,它是根据数理统计原理归纳得到,作为合理安排实验、统计分析实验数据的一种工具。利用正交设计进行设计时,按照安排好的正交表科学地安排实验,使设计、实验、分析三者有机地结合在一起,能节省大量的人力、物力和财力,很好地分析各因素的交互作用,提高实验效能;是一种高效、快速和经济的实验设计方法。

(四) 配对设计

根据实验对象的特点,将受试对象合理配对后,再随机分组,通过实验比较两组的差别,称为配对设计(paired design)。有两种方法:

(1) 直接配对。按照要求直接配对,每对中的一个是"实验",另一个是"对照"。

(2) 分层配对。按一定的条件将实验对象分成不同的层次后配对,再随机分组。这是解决均衡性的一个较好的方法,缺点是延长了实验的时间,对子间的条件也易于发生变化,且样本的例数易于减少。

(五) 拉丁方设计

拉丁方设计也是一种研究多因素试验的设计方法,如果实验中有三个以上的因素,且各处理因素的水平数相同并无交互作用,则可采用拉丁方设计。拉丁方是以拉丁字母排列成方阵的简称,其实际上是轮换设计的扩大,优点是效率较高,均衡性较好。

(六) 析因设计

在实验中各因素之间往往是相互影响的,当一个因素发生变化时,另一个或几个因素的效应也可能发生变化,如果既要比较每个因素各水平间的差异,又要分析因素间的交互作用,可采用析因设计。

(七) 序贯设计

序贯设计不需要先决定受试者的数目,能够连续地得到结果进行判断。实验中只要能够肯定一种处理和另一种处理间有(或者没有)差别,试验就可以终止。这种设计在时间要素上和达到观察结果所需要的实验例数要素上是比较经济的,它所要求的例数只要能够做出结论就可以了。

(李淑莲)

附录　病理生理学练习题

一、绪　　论

[A 型题]

1. 下列哪项是基本病理（　　）
   A. 心力衰竭　　　B. 肝性脑病　　　C. 缺氧　　　D. 肝功能衰竭
   E. 老年性痴呆
2. 病理生理学是研究（　　）
   A. 正常人体的组织结构的科学
   B. 患病机体的组织结构特点的科学
   C. 正常人体生命活动特点和规律的科学
   D. 疾病的症状、体征和诊断的科学
   E. 疾病发生、发展的机制及转归的科学

[B 型题]

1. 从下列各选项中选择合适的选项填入各小题中。
   A. 疾病中的诊断和治疗
   B. 多种疾病中共有的成套的病理变化
   C. 疾病状态下机体代谢功能变化和特点
   D. 疾病状态下重要器官出现的共同的功能改变及机制
   E. 疾病发生、发展的普遍性规律
   （1）基本病理过程的研究内容是_____。
   （2）系统病理生理学的研究内容是_____。
   （3）病理生理学的研究内容是_____。

[X 型题]

1. 病理生理学的内容包括（　　）
   A. 基本病理过程　　　B. 病因学　　　C. 发病学　　　D. 疾病的治疗

E. 系统器官综合征

参考答案

[A 型题]

1. C   2. E

[B 型题]

1.(1)B   (2)D   (3)E

[X 型题]

1. ABCE

二、疾病概论

[A 型题]

1. 关于疾病的概念,下列哪项描述最为确切(   )
   A. 疾病即指机体不舒服
   B. 疾病是机体在一定病因的损害下,因自稳调节紊乱而发生的异常生命活动
   C. 疾病是不健康的生命活动过程
   D. 疾病是机体对内环境的协调障碍
   E. 细胞是生命的基本单位,疾病是细胞受损的表现

2. 死亡的概念是(   )
   A. 呼吸、心跳停止,反射消失　　B. 包括濒死期至生物学死亡期的过程
   C. 组织细胞代谢完全停止之时　　D. 机体作为一个整体的功能永久停止
   E. 大脑的功能丧失

3. 脑死亡是指(   )
   A. 脑细胞死亡　　　　　　　　B. 深昏迷
   C. 脑电波处于零电位　　　　　D. 脑干功能丧失
   E. 全脑功能永久性丧失

4. 下列哪项是确诊脑死亡的最可靠的依据(   )
   A. 昏迷和大脑无反应性　　　　B. 血管造影证明脑血液循环停止
   C. 自主呼吸停止　　　　　　　D. 脑干神经反射消失
   E. 零电位脑电图

[B 型题]

1. 从下列各选项中选择合适的选项填入各小题中。
   A. 遗传因素 B. 营养不良 C. 结核菌 D. 上消化道出血 E. 代谢因素
   (1) 肺结核的病因是_____。
   (2) 肝性脑病的诱因是_____。
   (3) 家族性尿崩症的病因是_____。
   (4) 肺结核的条件是_____。

[X 型题]

1. 疾病发生、发展的规律包括( )
   A. 损伤与抗损伤   B. 康复与死亡   C. 因果交替   D. 局部与整体
2. 化学性因素致病具有下列哪些特点( )
   A. 选择性毒性作用   B. 致病作用与毒物剂量有关
   C. 有一定的侵入门户   D. 可被体液稀释或中和
3. 分子病包括( )
   A. 酶缺陷所致的疾病   B. 细胞蛋白缺陷所致的疾病
   C. 药物中毒所致的疾病   D. 受体缺陷所致的疾病
4. 下列哪些因素属于疾病发生的原因( )
   A. 精神因素   B. 免疫因素
   C. 年龄和性别因素   D. 心理因素

参考答案

[A 型题]

1. B   2. D   3. E   4. B

[B 型题]

1. (1) C   (2) D   (3) A   (4) B

[X 型题]

1. ACD   2. ABD   3. ABD   4. ABD

三、水、电解质代谢紊乱

[A 型题]

1. 细胞内液中含量最多的阳离子是(   )

  A. K^+ B. Na^+ C. Ca^{2+} D. Mg^{2+} E. Fe^{2+}

2. 正常成人每天最低尿量为( )

  A. 1000 mL   B. 800 mL   C. 500 mL   D. 300 mL   E. 100 mL

3. 正常成人血清钠浓度约为( )

  A. 100 mmol/L   B. 120 mmol/L   C. 140 mmol/L

  D. 160 mmol/L   E. 180 mmol/L

4. 高热患者易发生( )

  A. 高渗性脱水   B. 低渗性脱水   C. 等渗性脱水

  D. 水中毒   E. 细胞外液显著丢失

5. 低渗性脱水对机体最主要的影响是( )

  A. 酸中毒   B. 氮质血症   C. 循环衰竭

  D. 脑出血   E. 神经系统功能障碍

6. 等渗性脱水如未经处理可转变为( )

  A. 低渗性脱水   B. 高渗性脱水   C. 低钠血症

  D. 低钾血症   E. 水中毒

7. 低渗性脱水时体液丢失的特点是( )

  A. 细胞内液和外液均明显丢失   B. 细胞内液无丢失仅细胞外液丢失

  C. 细胞内液丢失,细胞外液无丢失   D. 血浆丢失,但组织间液无丢失

  E. 血浆和细胞内液明显丢失

8. 临床上对低渗性脱水原则上给予( )

  A. 高渗氯化钠   B. 10%葡萄糖液   C. 低渗氯化钠

  D. 50%葡萄糖液   E. 等渗氯化钠

9. 对高渗性脱水患者的处理原则是补充( )

  A. 5%葡萄糖液   B. 0.9% NaCl 液

  C. 先 3% NaCl 液,后 5%葡萄糖液   D. 先 5%葡萄糖液,后 0.9% NaCl 液

  E. 先 50%葡萄糖液,后 0.9% NaCl 液

10. 高渗性脱水的主要部位是( )

  A. 体腔   B. 细胞间液   C. 血液   D. 细胞内液   E. 淋巴液

11. 正常在体内调节钠水动态平衡中起着最重要作用的脏器或组织是( )

  A. 皮肤   B. 肺   C. 肝   D. 肾   E. 胃肠道

12. 水中毒的特征是( )

  A. 组织间液增多   B. 血容量急剧增加   C. 细胞外液增多

  D. 过多的低渗性液体潴留,造成细胞内液增多

  E. 过多的液体积聚于体腔

13. 水肿首先出现于身体低垂部,可能是( )

  A. 肾炎性水肿   B. 肾病性水肿   C. 心性水肿

D. 肝性水肿　　　　　　　　E. 肺水肿

14. 下列易发生肺水肿的是(　　)
   A. 肺心病　　　　　B. 肺梗死　　　　　　C. 肺气肿
   D. 二尖瓣狭窄　　　E. 三尖瓣狭窄

15. 水肿时产生水钠潴留的基本机制是(　　)
   A. 毛细血管有效流体静压增加　　B. 有效胶体渗透压下降
   C. 淋巴回流障碍　　　　　　　　D. 毛细血管壁通透性增加
   E. 肾小球－肾小管失平衡

16. 影响血浆胶体渗透压最重要的蛋白是(　　)
   A. 白蛋白　　　　　B. 球蛋白　　　　　　C. 纤维蛋白原
   D. 凝血酶原　　　　E. 珠蛋白

17. 抗利尿激素对水重吸收增强的作用部位是在(　　)
   A. 近曲小管上皮细胞　　　　　B. 髓袢降支上皮细胞
   C. 髓袢升支上皮细胞　　　　　D. 远曲小管、集合管上皮细胞
   E. 远曲小管上皮细胞

18. 影响血管内外液体交换的因素中不存在下列哪一项(　　)
   A. 毛细血管流体静压　　　　　B. 血浆晶体渗透压
   C. 血浆胶体渗透压　　　　　　D. 微血管壁通透性
   E. 淋巴回流

19. 微血管壁受损引起水肿的主要机制是(　　)
   A. 毛细血管流体静压升高　　　B. 淋巴回流障碍
   C. 静脉端的液体静压下降　　　D. 组织间液的胶体渗透压增高
   E. 血液浓缩

20. 低蛋白血症引起水肿的机制是(　　)
   A. 毛细血管内压升高　　　　　B. 血浆胶体渗透压下降
   C. 组织间液的胶体渗透压升高　D. 组织间液的流体静压下降
   E. 毛细血管壁通透性增加

21. 充血性心力衰竭时肾小球滤过分数增加主要是因为(　　)
   A. 肾小球滤过率升高　　　　　B. 肾血浆流量增加
   C. 出球小动脉收缩比入球小动脉收缩明显
   D. 肾小管周围毛细血管中血浆渗透压增高
   E. 肾小管周围毛细血管中流体静压升高

22. 严重缺钾可导致(　　)
   A. 代谢性碱中毒　　B. 代谢性酸中毒　　　C. 脑出血
   D. 神经系统功能障碍　E. 呼吸性酸中毒

23. 过量的胰岛素引起低血钾的机制是(　　)

A. 醛固酮分泌过多,促进肾排钾增多
B. 肾小管远端流速增加,使肾重吸收钾减少
C. 细胞外液钾向细胞内转移
D. 钾摄入不足
E. 腹泻导致失钾过多

24. 某患者术后禁食3天,仅从静脉输入大量的5%葡萄糖液维持机体需要,此患者最容易发生(　　)
 A. 高血钾　B. 低血钾　C. 高血钠　D. 低血钠　E. 低血钙

25. 发生高钾血症时可出现(　　)
 A. 正常性酸性尿　　B. 正常性碱性尿　　C. 反常性酸性尿
 D. 反常性碱性尿　　E. 中性尿

26. 小儿失钾的最重要原因是(　　)
 A. 严重腹泻呕吐　　　B. 利尿药用量过多
 C. 肾上腺皮质激素过多　　D. 某些肾脏疾病
 E. 经皮肤失钾

27. 高钾血症对机体的主要危害在于(　　)
 A. 引起肌肉瘫痪　　　B. 引起严重的心律失常
 C. 引起严重的肾功能损伤　　D. 引起酸碱平衡紊乱
 E. 引起血压下降

28. 成人失钾最重要的途径是(　　)
 A. 经胃失钾　　B. 经小肠失钾　　C. 经肾失钾
 D. 经皮肤失钾　　E. 经结肠失钾

29. 下面哪种情况可以引起低镁血症(　　)
 A. 肾衰竭少尿期　　B. 甲状腺功能减退　　C. 醛固酮分泌减少
 D. 糖尿病酮症酸中毒　　E. 严重脱水

30. 产生高镁血症最重要的原因是(　　)
 A. 肾脏排镁减少　　B. 严重挤压伤　　C. 严重糖尿病
 D. 严重酸中毒　　E. 摄入镁过多

31. 急性高镁血症的紧急治疗措施是(　　)
 A. 静脉输入葡萄糖　　　B. 静脉输入葡萄糖酸钙
 C. 应用利尿剂加速镁的排泄　　D. 静脉输入生理盐水
 E. 静脉输入乳酸钠

32. 不易由低镁血症引起的症状是(　　)
 A. 四肢肌肉震颤　　B. 癫痫发作　　C. 血压降低
 D. 心律失常　　E. 低钙血症和低钾血症

33. 对神经、骨骼肌和心肌来说,均是抑制性的阳离子的是(　　)

A. Na^+　　　B. K^+　　　C. Ca^{2+}　　　D. Mg^{2+}　　　E. HCO_3^-

34. 高钙血症对机体的影响中下列哪一项不存在(　　)
    A. 肾小管损害　　　B. 心肌传导性降低　　　C. 心肌兴奋性升高
    D. 异位钙化　　　E. 神经肌肉兴奋性降低

35. 低钙血症对骨骼肌的膜电位的影响是(　　)
    A. 静息电位负值变小　　　B. 静息电位负值变大
    C. 阈电位负值变小　　　D. 阈电位负值变大
    E. 对膜电位无影响

36. 下列关于血磷的描述哪项不正确(　　)
    A. 正常血磷浓度波动于 0.8~1.3 mmol/L
    B. 甲状腺素是调节钙磷的主要激素
    C. 磷主要由小肠吸收，由肾排出
    D. 肾衰竭常引起高磷血症
    E. 高磷血症是肾性骨营养不良的主要发病因素

[B 型题]

1. 从下列各选项中选择合适的选项填入各小题中。
    A. 高渗性脱水　B. 低渗性脱水　C. 等渗性脱水　D. 水中毒　E. 水肿
    （1）慢性充血性心力衰竭患者常发生_____。
    （2）急性肾衰竭少尿期摄入水分过多可发生_____。
    （3）大量呕吐未加处理者常发生_____。
    （4）麻痹性肠梗阻时常发生_____。

2. 从下列各选项中选择合适的选项填入各小题中。
    A. 尿量减少而尿钠偏高　　　B. 尿量减少而尿钠降低
    C. 尿量增加而尿钠偏高　　　D. 尿量增加而尿钠正常
    E. 尿量不减少而尿钠降低
    （1）高渗性脱水早期出现_____。
    （2）高渗性脱水晚期出现_____。
    （3）肾外因素引起的低渗性脱水早期出现_____。
    （4）肾性因素引起的低渗性脱水晚期出现_____。

3. 从下列各选项中选择合适的选项填入各小题中。
    A. 神经-肌肉兴奋性先升高后降低　B. 神经-肌肉兴奋性先降低后升高
    C. 神经-肌肉兴奋性降低　　　D. 神经-肌肉兴奋性升高
    E. 神经-肌肉兴奋性无明显变化
    （1）急性高钾血症是_____。
    （2）急性低钾血症是_____。

(3) 慢性低钾血症是_____。
(4) 慢性高钾血症是_____。
4. 从下列各选项中选择合适的选项填入各小题中。
   A. 易致代谢性酸中毒　　　　B. 易致呼吸性酸中毒
   C. 易致代谢性碱中毒　　　　D. 易致呼吸性碱中毒
   E. 对酸碱平衡无明显影响
(1) 急性高钾血症_____。
(2) 急性低钾血症_____。
5. 从下列各选项中选择合适的选项填入各小题中。
   A. Na^+　　B. K^+　　C. Ca^{2+}　　D. Mg^{2+}　　E. Pi
(1) 兴奋-收缩耦联因子是_____。
(2) 维持静息膜电位的重要离子是_____。
(3) 对多种离子通道具有阻断作用的离子是_____。
(4) 可兴奋细胞快速除极的离子是_____。
(5) 参与机体能量代谢核心反应的是_____。
6. 从下列各选项中选择合适的选项填入各小题中。
   A. 高钾血症　B. 低钠血症　C. 低镁血症　D. 低钙血症　E. 低磷血症
(1) 挤压伤综合征患者易出现_____。
(2) 甲状旁腺功能减退患者易出现_____。
(3) 低钾血症常伴有_____。
(4) SIADH 患者易出现_____。

[X 型题]

1. 醛固酮的作用有（　　）
   A. 排氢　　　　　B. 排钾　　　　　C. 保水
   D. 保钠　　　　　E. 降压
2. 低渗性脱水见于（　　）
   A. 大量出汗　　　B. 婴儿腹泻　　　C. 渗透性利尿
   D. 大量呕吐　　　E. 醛固酮分泌增多
3. 低渗性脱水对机体的影响包括（　　）
   A. 酸中毒　　　　B. 休克　　　　　C. 早期尿量稍多
   D. 晚期可出现氮质血症　　　　　　E. 早期无渴感
4. 造成毛细血管流体静压增高的疾病有（　　）
   A. 左心衰竭　　　B. 右心衰竭　　　C. 门脉性肝硬化
   D. 急性肾小球肾炎　　　　　　　　E. 静脉血栓形成
5. 局部性水肿见于（　　）

A. 炎症性水肿　　　B. 特发性水肿　　　C. 淋巴性水肿
D. 营养不良性水肿　　　　　　　　　E. 肾性水肿
6. 机体的抗水肿因素包括(　　)
　　A. 组织间隙的流体静压升高　　　B. 淋巴回流量的增加
　　C. 蛋白质从淋巴管运走　　　　　D. 血浆胶体渗透压的降低
　　E. 毛细血管内压升高
7. 血浆有效胶体渗透压的作用是(　　)
　　A. 促进毛细血管动脉端液体滤出　　B. 对抗液体由毛细血管滤出
　　C. 促进组织间液向毛细血管回流　　D. 减少毛细血管静脉液体回流
　　E. 与毛细血管内压的作用一致
8. 引起血管内外液体交换失衡的因素有(　　)
　　A. 微血管壁通透性增加　　　　　B. 毛细血管流体静压升高
　　C. 血浆胶体渗透压下降　　　　　D. 醛固酮增多
　　E. 淋巴回流受阻
9. 体内体液中各部分间渗透压的关系是(　　)
　　A. 细胞内高于细胞外　　　　　　B. 细胞内低于细胞外
　　C. 细胞内外液基本相等　　　　　D. 组织间液高于细胞内液
　　E. 组织间液低于细胞内液
10. 心房肽主要从哪些方面影响水钠代谢(　　)
　　A. 减少肾素分泌　　　　　　　　B. 抑制醛固酮分泌
　　C. 对抗血管紧张素的缩血管效应　　D. 拮抗醛固酮的作用
　　E. 影响水通道蛋白对水的通透
11. 影响 Na^+-K^+-ATP 酶活性的因素是(　　)
　　A. 醛固酮　　　B. 儿茶酚胺　　　C. 胰岛素
　　D. 血钾浓度　　E. 肾素
12. 导致细胞内的钾释放到细胞外液的因素有(　　)
　　A. 急性酸中毒　　B. 血管内溶血　　C. 缺氧
　　D. 钡中毒　　　　E. 使用胰岛素
13. 注射钙剂治疗严重高钾血症患者的机制是(　　)
　　A. 阈电位负值增大　　　　　　　B. 使静息电位增大
　　C. 恢复心肌的兴奋性　　　　　　D. 心肌细胞内 Ca^{2+} 浓度增高
　　E. 促进心肌复极化时的钙竞争性内流
14. 低钾血症的治疗原则是(　　)
　　A. 尿少时不宜补钾　　B. 静脉补钾浓度应小于 0.3%(40 mmol/L)
　　C. 静脉滴注葡萄糖和胰岛素　　D. 可适当静脉给镁剂或钠盐
　　E. 密切观察心率,定时测血钾

15. 导致低钾血症的原因有（　　）
    A. 呕吐腹泻　　　　　　　　　　B. 长期使用呋塞米等利尿剂
    C. 急性酸中毒　　　　　　　　　D. 输入大量库存血
    E. 粗制棉籽油中毒
16. 高钾血症对心脏的影响有（　　）
    A. 重度高钾血症致心肌兴奋性降低　　B. 传导性降低
    C. 自律性降低　　　　　　　　　D. 心肌收缩性降低
    E. 可诱发室颤和心搏骤停
17. 肌肉弛缓性麻痹可见于（　　）
    A. 急性低钾血症　　　　　　　　B. 急性轻度高钾血症
    C. 急性重度高钾血症　　　　　　D. 高镁血症
    E. 高钙血症
18. 低渗性脱水的治疗原则包括（　　）
    A. 输入葡萄糖液　　B. 防治休克　　C. 输入等渗盐水
    D. 防治原发病　　　E. 大量饮水
19. 低镁血症时神经-肌肉应激性增高产生的机制是（　　）
    A. 膜电位降低　　B. 阈电位升高　　C. γ-氨基丁酸生成减少
    D. 乙酰胆碱释放增多　　E. Na^+-K^+-ATP 酶活性减弱
20. 低钙血症对机体的影响有（　　）
    A. 易出现手足抽搐　　　　　　　B. 易出现佝偻病和骨质软化
    C. Q-T 间期缩短和 ST 段缩短　　　D. 心肌兴奋性下降
    E. 婴幼儿易出现惊厥

参考答案

[A 型题]

1. A　2. C　3. C　4. A　5. C　6. B　7. B　8. E　9. D　10. D
11. D　12. D　13. C　14. D　15. E　16. A　17. D　18. B　19. D　20. B
21. C　22. A　23. C　24. B　25. D　26. A　27. B　28. C　29. D　30. A
31. B　32. C　33. D　34. C　35. D　36. B

[B 型题]

1. (1) E　(2) D　(3) C　(4) C
2. (1) A　(2) B　(3) E　(4) A
3. (1) A　(2) C　(3) E　(4) E
4. (1) A　(2) C
5. (1) C　(2) B　(3) D　(4) A　(5) E

6. (1) A　　(2) D　　(3) C　　(4) B

[X型题]

1. ABCD　2. ABCD　3. ABE　4. ABCE　5. AC　6. ABC　7. BC
8. ABCE　9. C　10. ABCD　11. BCD　12. ABC　13. ABE　14. ABDE
15. ABE　16. ABCDE　17. ACD　18. BCD　19. BD　20. ABE

四、酸碱平衡和酸碱平衡紊乱

[A型题]

1. 机体的正常代谢必须处于（　　）
   A. 弱酸性的体液环境中　　　　B. 弱碱性的体液环境中
   C. 较强的酸性体液环境中　　　D. 较强的碱性体液环境中
   E. 中性的体液环境中

2. 正常体液中的 H^+ 主要来自（　　）
   A. 食物中摄入的 H^+　　B. 碳酸释出的 H^+　　C. 硫酸释出的 H^+
   D. 脂肪代谢产生的 H^+　　E. 糖酵解过程中生成的 H^+

3. 碱性物的来源有（　　）
   A. 氨基酸脱氨基产生的氨　　　B. 肾小管细胞分泌的氨
   C. 蔬菜中含有的有机酸盐　　　D. 水果中含有的有机酸盐
   E. 以上都是

4. 机体在代谢过程中产生最多的酸性物质是（　　）
   A. 碳酸　　B. 硫酸　　C. 乳酸　　D. 三羧酸　　E. 乙酰乙酸

5. 血液中缓冲固定酸最强的缓冲对是（　　）
   A. Pr^-/Hpr　　B. Hb^-/HHb　　C. HCO_3^-/H_2CO_3
   D. $HbO_2^-/HHbO_2$　　E. $HPO_4^{2-}/H_2PO_4^-$

6. 血液中挥发酸的缓冲主要靠（　　）
   A. 血浆 HCO_3^-　　B. 红细胞 HCO_3^-　　C. HbO_2 及 Hb
   D. 磷酸盐　　E. 血浆蛋白

7. 产氨的主要场所是（　　）
   A. 远端小管上皮细胞　B. 集合管上皮细胞　C. 管周毛细血管
   D. 基侧膜　　E. 近曲小管上皮细胞

8. 血液 pH 主要取决于血浆中（　　）
   A. Pr^-/Hpr　　B. HCO_3^-/H_2CO_3　　C. Hb^-/HHb

D. $HbO_2^-/HHbO_2$ E. $HPO_4^{2-}/H_2PO_4^-$

9. 能直接反映血液中一切具有缓冲作用的负离子碱的总和的指标是（ ）
   A. $PaCO_2$ B. 实际碳酸氢盐（AB）   C. 标准碳酸氢盐（SB）
   D. 缓冲碱（BB）   E. 碱剩余（BE）

10. 标准碳酸氢盐小于实际碳酸氢盐（SB＜AB）可能有（ ）
    A. 代谢性酸中毒   B. 呼吸性酸中毒   C. 呼吸性碱中毒
    D. 混合性碱中毒   E. 高阴离子间隙代谢性酸中毒

11. 阴离子间隙增高时反映体内发生了（ ）
    A. 正常血氯性代谢性酸中毒   B. 高血氯性代谢性酸中毒
    C. 低血氯性呼吸性酸中毒   D. 正常血氯性呼吸性酸中毒
    E. 高血氯性呼吸性酸中毒

12. 阴离子间隙正常型代谢性酸中毒可见于（ ）
    A. 严重腹泻   B. 轻度肾衰竭   C. 肾小管酸中毒
    D. 使用碳酸酐酶抑制剂   E. 以上都是

13. 下列哪一项不是代谢性酸中毒的原因（ ）
    A. 高热   B. 休克   C. 呕吐   D. 腹泻   E. 高钾血症

14. 急性代谢性酸中毒机体最主要的代偿方式是（ ）
    A. 细胞外液缓冲   B. 细胞内液缓冲   C. 呼吸代偿
    D. 肾脏代偿   E. 骨骼代偿

15. 一肾衰竭患者，血气分析可见：pH 7.28，$PaCO_2$ 3.7 kPa（28 mmHg），HCO_3^- 17 mmol/L，最可能的酸碱平衡紊乱类型是（ ）
    A. 代谢性酸中毒   B. 呼吸性酸中毒   C. 代谢性碱中毒
    D. 呼吸性碱中毒   E. 以上都不是

16. 一休克患者，血气测定结果如下：pH 7.31，$PaCO_2$ 4.6 kPa（35 nmHg），HCO_3^- 17 mmol/L，Na^+ 140 mmol/L，Cl^- 104 mmol/L，K^+ 4.5 mmol/L，最可能的酸碱平衡紊乱类型是（ ）
    A. AG 正常型代谢性酸中毒   B. AG 增高型代谢性酸中毒
    C. 代谢性酸中毒合并代谢性碱中毒   D. 代谢性酸中毒合并呼吸性酸中毒
    E. 呼吸性酸中毒合并呼吸性碱中毒

17. 治疗代谢性酸中毒的首选药物是（ ）
    A. 乳酸钠   B. 三羟甲氨基甲烷   C. 枸橼酸钠
    D. 磷酸氢二钠   E. 碳酸氢钠

18. 下列哪一项不是呼吸性酸中毒的原因（ ）
    A. 呼吸中枢抑制   B. 肺泡弥散障碍   C. 通风不良
    D. 呼吸道阻塞   E. 胸廓病变

19. 下列哪一项不是引起酸中毒时心肌收缩力降低的机制（ ）

A. 代谢酶活性抑制 B. 低钙
C. H^+竞争性地抑制钙与肌钙蛋白亚单位结合 D. H^+影响钙内流
E. H^+影响心肌细胞肌浆网释放钙

20. 急性呼吸性酸中毒的代偿调节主要靠( )
    A. 血浆蛋白缓冲系统 B. 碳酸氢盐缓冲系统
    C. 非碳酸氢盐缓冲系统 D. 磷酸盐缓冲系统
    E. 其他缓冲系统

21. 慢性呼吸性酸中毒的代偿调节主要靠( )
    A. 呼吸代偿 B. 心脏代偿 C. 血液系统代偿
    D. 肾脏代偿 E. 骨骼代偿

22. 某溺水窒息患者,经抢救后血气分析结果为:pH 7.18,$PaCO_2$ 9.9 kPa (75 mmHg),HCO_3^- 28 mmol/L,最可能的酸碱平衡紊乱类型是( )
    A. 代谢性酸中毒 B. 急性呼吸性酸中毒 C. 慢性呼吸性酸中毒
    D. 代谢性酸中毒合并代谢性碱中毒 E. 代谢性碱中毒

23. 某肺心病患者,因感冒肺部感染而住院,血气分析结果为:pH 7.32,$PaCO_2$ 9.4 kPa (71 mmHg),HCO_3^- 37 mmol/L,最可能的酸碱平衡紊乱类型是( )
    A. 代谢性酸中毒 B. 急性呼吸性酸中毒 C. 慢性呼吸性酸中毒
    D. 混合性酸中毒 E. 代谢性碱中毒

24. 呼吸衰竭时合并哪一种酸碱失衡易发生肺性脑病( )
    A. 代谢性酸中毒 B. 代谢性碱中毒 C. 呼吸性酸中毒
    D. 呼吸性碱中毒 E. 混合性碱中毒

25. 严重失代偿性呼吸性酸中毒时,下列哪项治疗措施是错误的( )
    A. 去除呼吸道梗阻 B. 使用呼吸中枢兴奋剂 C. 使用呼吸中枢抑制剂
    D. 控制感染 E. 使用碱性药物

26. 下列哪一项不是代谢性碱中毒的原因( )
    A. 严重腹泻 B. 剧烈呕吐 C. 应用利尿剂(呋塞米)
    D. 盐皮质激素过多 E. 低钾血症

27. 某幽门梗阻患者发生反复呕吐,血气分析结果为:pH 7.5,$PaCO_2$ 6.6 kPa(50 mmHg),HCO_3^- 36 mmol/L,最可能的酸碱平衡紊乱类型是( )
    A. 代谢性酸中毒 B. 代谢性碱中毒 C. 呼吸性酸中毒
    D. 呼吸性碱中毒 E. 混合性碱中毒

28. 若血气分析结果为 $PaCO_2$ 升高,同时 HCO_3^- 降低,则最可能的诊断是( )
    A. 呼吸性酸中毒 B. 代谢性酸中毒 C. 呼吸性碱中毒
    D. 代谢性碱中毒 E. 以上都不是

29. 由剧烈呕吐引起的代谢性碱中毒的最佳治疗方案是( )

A. 静注0.9%生理盐水　　　　　　　　　B. 给予噻嗪类利尿剂

C. 给予抗醛固酮药物　　　　　　　　　D. 给予碳酸酶抑制剂

E. 给予三羟甲氨基甲烷

30. 下列哪一项不是呼吸性碱中毒的原因（　　）

A. 吸入大气中氧分压过低　　　　　　　B. 癔症

C. 发热　　　　　　　　　　　　　　　D. 长期处在密闭小室内

E. 脑外伤刺激呼吸中枢

31. 某肝性脑病患者,血气测定结果为:pH 7.48,$PaCO_2$ 3.4 kPa(22.6 mmHg),HCO_3^- 19 mmol/L,最可能的酸碱平衡紊乱类型是（　　）

A. 代谢性酸中毒　　　B. 呼吸性酸中毒　　　C. 代谢性碱中毒

D. 呼吸性碱中毒　　　E. 混合型碱中毒

32. 碱中毒时出现手足抽搐的重要原因是（　　）

A. 血清 K^+ 降低　　　B. 血清 Cl^- 降低　　　C. 血清 Ca^{2+} 降低

D. 血清 Na^+ 降低　　　E. 血清 Mg^{2+} 降低

33. 酮症酸中毒时下列哪项不存在（　　）

A. 血 K^+ 升高　　　B. AG 升高　　　C. $PaCO_2$ 下降

D. BE 负值增大　　　E. Cl^- 增高

34. 关于肾小管酸中毒引起的代谢性酸中毒,下列哪项不存在（　　）

A. 血 K^+ 升高　　　B. AG 升高　　　C. $PaCO_2$ 下降

D. BE 负值增大　　　E. Cl^- 增高

35. 休克引起代谢性酸中毒时,机体可出现（　　）

A. 细胞内 K^+ 释出,肾内 H^+-Na^+ 交换降低

B. 细胞内 K^+ 释出,肾内 H^+-Na^+ 交换升高

C. 细胞外 K^+ 内移,肾内 H^+-Na^+ 交换升高

D. 细胞外 K^+ 内移,肾内 H^+-Na^+ 交换降低

E. 细胞外 K^+ 内移,肾内 K^+-Na^+ 交换升高

36. 下列哪一项双重性酸碱失衡不可能出现（　　）

A. 代谢性酸中毒合并呼吸性碱中毒　　　B. 代谢性酸中毒合并代谢性碱中毒

C. 代谢性碱中毒合并呼吸性碱中毒　　　D. 代谢性碱中毒合并呼吸性酸中毒

E. 呼吸性酸中毒合并呼吸性碱中毒

37. 代谢性酸中毒时,下列哪项酶活性的变化是正确的（　　）

A. 碳酸酐酶活性降低　　　　　　　　　B. 谷氨酸脱羧酶活性升高

C. γ-氨基丁酸转氨酶活性升高　　　　　D. 谷氨酰胺酶活性降低

E. 丙酮酸脱羧酶活性升高

[B 型题]

1. 从下列各选项中选择合适的选项填入各小题中。

	pH	PaCO$_2$	HCO$_3^-$
A.	↓↓	↑	↓
B.	↑↑	↓	↑
C.	±	↑↑	↑↑
D.	±	↓↓	↓↓
E.	±	±	↓

(1) 代谢性酸中毒合并呼吸性酸中毒_____。
(2) 代谢性碱中毒合并呼吸性碱中毒_____。
(3) 呼吸性酸中毒合并代谢性碱中毒_____。
(4) 呼吸性碱中毒合并代谢性酸中毒_____。

2. 从下列各选项中选择合适的选项填入各小题中。
　　A. 缓冲作用发生最快　　　　　B. 缓冲能力较强
　　C. 缓冲作用快但只缓冲代谢性酸碱平衡紊乱
　　D. 缓冲作用慢而持久　　　　　E. 缓冲能力最弱
(1) 在调节酸碱平衡时血浆的缓冲系统_____。
(2) 在调节酸碱平衡时肺的缓冲系统_____。
(3) 在调节酸碱平衡时肾的缓冲系统_____。

3. 从下列各选项中选择合适的选项填入各小题中。
　　A. 代谢性酸中毒合并呼吸性酸中毒　B. 代谢性碱中毒合并呼吸性碱中毒
　　C. 呼吸性酸中毒合并代谢性碱中毒　D. 呼吸性碱中毒合并代谢性酸中毒
　　E. 代谢性酸中毒合并代谢性碱中毒
(1) 高热时伴有剧烈呕吐可发生_____。
(2) 肺源性心脏病人使用髓袢类利尿剂可引起_____。
(3) 肺阻塞性疾病伴有休克可引起_____。
(4) 糖尿病患者伴有剧烈呕吐可引起_____。

4. 从下列各选项中选择合适的选项填入各小题中。

	血浆 HCO$_3^-$	血浆 H$^+$	细胞内 H$^+$	尿液 H$^+$
A.	↓	↑	↑	↑
B.	↓	↑	↑	↓
C.	↑	↓	↓	↓
D.	↑	↓	↑	↑
E.	↓	↑	↑	↓

(1) 高血钾症引起酸碱平衡紊乱的特点是_____。
(2) 低血钾症引起酸碱平衡紊乱的特点是_____。

5. 从下列各选项中选择合适的选项填入各小题中。
　　A. 兴奋　　B. 抑制　　C. 正常　　D. 先兴奋后抑制　　E. 先抑制后兴奋

（1）酸中毒时中枢神经系统状态是_____。
（2）碱中毒时中枢神经系统状态是_____。

[X型题]

1. 下列哪些属于非挥发性酸（　　）
   A. 硫酸　　　　B. 碳酸　　　　C. 磷酸　　　　D. β-羟丁酸
2. 下列哪些属于碱性物质（　　）
   A. 草酸盐　　　B. 柠檬酸盐　　C. NH_3　　　D. NH_4^+
3. AG增高型代谢性酸中毒的病因可见于（　　）
   A. 肾小管酸中毒　B. 糖尿病　　　C. 缺氧　　　　D. 呕吐
4. AG正常型代谢性酸中毒的病因可见于（　　）
   A. 肾小管酸中毒　B. 剧烈呕吐　　C. 严重腹泻　　D. 休克
5. 能反映酸碱平衡代谢因素的指标有（　　）
   A. pH　　　　　B. $PaCO_2$　　C. BB　　　　　D. SB
6. 盐水抵抗性碱中毒主要见于（　　）
   A. 呕吐　　　　B. Cushing综合征　C. 利尿剂　　D. 严重低钾
7. 剧烈呕吐引起代谢性碱中毒的原因是（　　）
   A. 胃液中丢失大量的 H^+　　　　　B. 胃液中丢失大量的 K^+
   C. 胃液中丢失大量的 Cl^-　　　　　D. 胃液中丢失大量的细胞外液
8. 盐水反应性碱中毒主要见于（　　）
   A. 严重腹泻　　　　　　　　　　　B. 剧烈呕吐
   C. 原发性醛固酮增多症　　　　　　D. 应用利尿剂

参 考 答 案

[A型题]

1. B　2. B　3. E　4. A　5. C　6. C　7. E　8. B　9. D　10. B
11. A　12. E　13. C　14. C　15. A　16. B　17. E　18. B　19. B　20. C
21. D　22. B　23. C　24. C　25. C　26. A　27. B　28. E　29. A　30. D
31. D　32. C　33. E　34. B　35. B　36. E　37. B

[B型题]

1. (1)A　(2)B　(3)C　(4)D
2. (1)A　(2)C　(3)D
3. (1)B　(2)C　(3)A　(4)E
4. (1)B　(2)D
5. (1)B　(2)A

[X型题]

1. ACD 2. ABC 3. BC 4. AC 5. CD 6. BD 7. ABCD 8. BD

五、糖代谢紊乱

[A型题]

1. 高血糖症是指(　　)
   A. 血糖高于正常上限6.9 mmol/L（125 mg/dL）
   B. 空腹血糖高于正常上限6.9 mmol/L（125 mg/dL）
   C. 餐后血糖高于正常上限6.9 mmol/L（125 mg/dL）
   D. 血糖低于肾阈值9.0 mmol/L（160 mg/dL）
   E. 血糖等于肾阈值9.0 mmol/L（160 mg/dL）

2. 关于高血糖的概念,下列哪项不对(　　)
   A. 情绪激动致交感神经系统兴奋,可致血糖升高
   B. 一次性食入大量糖,血糖迅速升高
   C. 生理性高血糖,其空腹血糖正常
   D. 情感性尿糖有明显的临床症状
   E. 临床上常见的病理性高血糖症是糖尿病

3. 任何因素引起胰岛β细胞破坏,均可导致(　　)
   A. 血液中胰岛素绝对升高,引起高血糖症
   B. 血液中胰岛素绝对降低,引起高血糖症
   C. 血液中胰高血糖素绝对降低,引起高血糖症
   D. 血液中肾上腺素绝对降低,引起高血糖症
   E. 血液中糖皮质激素绝对降低,引起高血糖症

4. 胰岛素分泌不足的关键环节是(　　)
   A. 胰岛素受体功能障碍   B. 胰岛β细胞代偿性肥大
   C. 胰岛β细胞进行性的破坏   D. 胰岛素抵抗
   E. 胰岛素信号转导障碍

5. 关于胰岛自身免疫性损伤的描述,下列哪项不正确(　　)
   A. 细胞毒性T淋巴细胞对胰岛β细胞特殊抗原的作用,破坏β细胞
   B. 胰岛β细胞进行性的破坏,其中10%是由细胞免疫介导的
   C. 激活的T淋巴细胞使辅助性T淋巴细胞分泌针对相应抗原的各种抗体
   D. 激活的T淋巴细胞、巨噬细胞释放多种细胞因子

E. 在胰岛自身免疫性损伤中,细胞免疫异常更为重要
6. 胰岛细胞自身抗体不包括下列哪项(　　)
   A. 抗胰岛细胞抗体(ICA)　　　　B. 胰岛素自身抗体(IAA)
   C. 谷氨酸脱羧酶自身抗体(GADA)　D. 酪氨酸磷酸酶自身抗体(IA2β)
   E. γ-氨基丁酸转氨酶自身抗体(GABA)
7. 与引起胰岛素分泌绝对减少有关的基因是(　　)
   A. p53 基因　　　　　　　　　　B. 多药抗性基因-1(MDR1)
   C. 自噬相关基因 Beclin1-1　　　　D. 组织相容性抗原基因
   E. 黑色素瘤抗原编码基因(MAGE)
8. 与胰岛 β 细胞破坏有关的环境因素最为重要的是(　　)
   A. 病毒感染　　B. 化学因素　　C. 饮食因素　　D. 物理因素　　E. 创伤
9. 有关病毒感染损伤 β 细胞的可能机制,下列哪项不正确(　　)
   A. 病毒直接破坏胰岛 β 细胞
   B. 病毒作用于免疫系统,诱发自身免疫反应
   C. 分子模拟作用使胰岛细胞失去免疫耐受
   D. 刺激辅助 T 细胞及调节 T 细胞,引发胰岛 β 细胞的自身免疫反应
   E. 病毒抗原和宿主抗原决定簇的结构存在相同或相似序列
10. 胰岛素抵抗是指(　　)
    A. 胰岛素分泌减少
    B. 胰岛素作用的靶器官对胰岛素作用的敏感性降低
    C. 分子模拟作用使胰岛细胞失去免疫耐受
    D. 胰岛素结构破坏
    E. 胰岛素灭活增加
11. 当血糖浓度高于肾糖阈时(　　)
    A. 葡萄糖在肾小管液中的浓度降低
    B. 肾小球滤过的葡萄糖少于肾小管吸收的葡萄糖
    C. 肾小球滤过的葡萄糖多于肾小管吸收的葡萄糖
    D. 促进肾小管对水的重吸收
    E. 肾小管液中的渗透压明显降低
12. 高血糖症容易伴发动脉粥样硬化的主要原因是(　　)
    A. 胰岛素减少,脂肪分解减慢
    B. 胰岛素减少,脂肪分解加速
    C. 脂蛋白脂肪酶活性升高
    D. VLDL 和乳糜微粒(CM)易于从血浆清除
    E. 肝内甘油三酯的合成速度小于释放速度
13. 高血糖对免疫系统的影响主要表现为(　　)

A. 吞噬细胞的功能增强　　　　　　B. 吞噬细胞的功能降低
C. 体液免疫活性增强　　　　　　　D. 体液免疫活性降低
E. 激活补体系统

14. 高血糖对血液系统的影响是(　　)
    A. 红细胞破坏增加　　　　　　　B. 红细胞生成减少
    C. 血液凝固性增加　　　　　　　D. 血液凝固性降低
    E. 血小板活性下降

15. 高血糖对眼晶状体的影响是(　　)
    A. 晶状体脱水,导致白内障　　　　B. 晶状体糖基化,导致白内障
    C. 纤维蛋白糖基化,导致白内障　　D. 纤维蛋白聚合并沉淀,导致白内障
    E. 透明蛋白聚合并沉淀,导致白内障

16. 胰岛素治疗适用于下列哪项原因引起的高血糖(　　)
    A. 胰岛素受体异常　　　　　　　B. 胰岛素受体抗体形成
    C. IRS 磷酸化异常　　　　　　　D. 胰岛 β 细胞免疫损伤
    E. 葡萄糖转运蛋白(GLUT4)异常

17. 低血糖症的主要临床特点是(　　)
    A. 肾素-血管紧张素系统兴奋和心肌细胞缺糖
    B. 肾素-血管紧张素系统兴奋和脑细胞缺糖
    C. 交感神经兴奋和细胞缺糖
    D. 交感神经兴奋和心肌细胞缺糖
    E. 迷走神经兴奋和脑细胞缺糖

18. 血浆葡萄糖浓度低于下列哪项为低血糖的标准(　　)
    A. 血浆葡萄糖浓度低于 2.8 mmol/L
    B. 血浆葡萄糖浓度低于 1.8 mmol/L
    C. 血浆葡萄糖浓度低于 3.8 mmol/L
    D. 血浆葡萄糖浓度低于 0.8 mmol/L
    E. 血浆葡萄糖浓度低于 4.8 mmol/L

19. 肝糖原分解减少、糖异生障碍见于(　　)
    A. 胰岛素的分解灭活减少,血浆胰岛素水平降低
    B. 胰岛素的分解灭活增加,血浆胰岛素水平增高
    C. 胰岛素的分解灭活减少,血浆胰岛素水平增高
    D. 胰岛素的分解灭活增加,血浆胰岛素水平降低
    E. 胰高血糖素分泌增加

20. 葡萄糖利用过多最常见于(　　)
    A. 重症甲状腺功能亢进者　　　　B. 自主神经不稳定者和糖原储备不足者
    C. 哺乳期妇女　　　　　　　　　D. 重度腹泻

E. 剧烈运动或长时间重体力劳动后

[B 型题]

1. 从下列各选项中选择合适的选项填入各小题中。
   A. 免疫因素　B. 遗传因素　C. 环境因素　D. 化学物质损伤　E. 饮食因素
(1) 胰岛 β 细胞凋亡属于_____。
(2) 四氧嘧啶选择性使胰岛 β 细胞快速破坏属于_____。

2. 从下列各选项中选择合适的选项填入各小题中。
   A. 受体前缺陷　B. 受体缺陷　C. 受体后缺陷　D. 病毒感染　E. 饮食因素
(1) 胰岛素基因突变属于_____。
(2) IRS 的分布异常属于_____。

3. 从下列各选项中选择合适的选项填入各小题中。
   A. 胰岛素受体抗体形成　　　B. 携带 HLA DQ/DR 易感基因
   C. 胰岛素信号转导障碍　　　D. GSK-3 异常
   E. IRS 蛋白的不正常降解、磷酸化异常以及在细胞内的分布异常
(1) 产生胰岛素抵抗和高血糖症的主要机制是_____。
(2) 导致胰岛素信号转导减弱和胰岛素抵抗形成的主要机制之一是_____。

4. 从下列各选项中选择合适的选项填入各小题中。
   A. 谷氨酸脱羧酶自身抗体　　B. 内源性胰岛素抗体
   C. 酪氨酸磷酸酶自身抗体　　D. 外源性胰岛素抗体
   E. 胰岛素自身抗体
(1) 胰岛 β 细胞破坏所产生的是_____。
(2) 与胰岛素制剂的纯度有关的是_____。

[X 型题]

1. 病毒引起胰岛 β 细胞破坏是因为(　　)
   A. 携带 HLA DQ/DR 易感基因
   B. 病毒直接破坏胰岛 β 细胞
   C. 病毒作用于免疫系统,诱发自身免疫反应
   D. -SH 基因直接导致胰岛 β 细胞溶解
   E. 胰岛 β 细胞的自身免疫反应

2. 细胞免疫异常在胰岛自身免疫性损伤过程中的作用是(　　)
   A. 介导细胞毒性 T 淋巴细胞的破坏作用
   B. 激活的 T 淋巴细胞使辅助性 T 淋巴细胞分泌抗体
   C. T 淋巴细胞、巨噬细胞释放多种细胞因子
   D. 辅助性 T 淋巴细胞活性降低
   E. 调节淋巴细胞活性增加

3. 与胰岛 β 细胞损伤有关的胰岛细胞自身抗体有(　　)
   A. 抗胰岛细胞抗体　　　　　　　　B. 胰岛素自身抗体
   C. 谷氨酸脱羧酶自身抗体　　　　　D. 酪氨酸磷酸酶自身抗体
   E. γ-氨基丁酸转氨酶自身抗体
4. 胰岛素分泌障碍的常见原因包括(　　)
   A. 免疫因素　　　B. 遗传因素　　　C. 环境因素
   D. 物理因素　　　E. 机体必需物质缺乏
5. 胰岛素抵抗是指(　　)
   A. 血液中胰岛素含量正常或高于正常　　B. 胰岛素分泌减少
   C. 血液中胰岛素含量正常或减少　　　　D. 出现高血糖症
   E. 肝脏、肌肉和脂肪组织对胰岛素生物作用的敏感性降低
6. 胰岛素抵抗的发病机制有(　　)
   A. 胰岛素受体水平缺陷　　　　　　B. 细胞免疫异常
   C. 胰岛素受体前缺陷　　　　　　　D. 胰岛素受体后缺陷
   E. 组织相容性抗原基因突变
7. 胰高血糖素失调的机制包括(　　)
   A. 胰高血糖素分泌的抑制受损
   B. 胰高血糖素对葡萄糖的敏感性下降
   C. 胰高血糖素对胰岛 β 细胞的作用降低
   D. 胰岛 α 细胞的胰岛素抵抗
   E. 胰高血糖素对进食刺激的反应放大
8. 肝功能受损引起高血糖的机制是(　　)
   A. 继发性胰岛功能不全　　　　　　B. 胰高血糖素灭活减弱
   C. 肾上腺皮质激素活性降低　　　　D. 抗利尿激素减少
   E. 糖代谢的酶系统破坏、功能结构改变,糖吸收、利用障碍
9. 当胰岛素不足时,蛋白质代谢紊乱表现为(　　)
   A. 蛋白质合成减少　　　　　　　　B. 体重增加
   C. 蛋白质合成分解加速　　　　　　D. 蛋白质合成增加
   E. 蛋白质合成分解减慢
10. 低血糖症的特点是(　　)
   A. 血糖低于 2.8 mmol/L(50 mg/dL)　　B. 给予葡萄糖症状即缓解
   C. 血液中胰岛素含量降低　　　　　D. 出现以吧血管病变为主的症候群
   E. 出现以神经、精神症状为主的症候群

参考答案

[A型题]

1. B 2. D 3. B 4. C 5. B 6. E 7. D 8. A 9. D 10. B
11. C 12. B 13. B 14. C 15. E 16. D 17. C 18. A 19. C 20. B

[B型题]

1. (1) A (2) D
2. (1) A (2) C
3. (1) C (2) E
4. (1) B (2) D

[X型题]

1. BCE 2. ABC 3. ABCD 4. ABC 5. ADE 6. ACD 7. ABCDE
8. ABE 9. AC 10. ABE

六、脂代谢紊乱

[A型题]

1. 家族性高胆固醇血症患者发病的主要原因是缺乏（　　）
   A. LDL受体　　　　B. 脂蛋白脂肪酶　　　　C. 载脂蛋白B100
   D. 载脂蛋白CⅡ　　E. 载脂蛋白E
2. 关于Ⅱα型高脂蛋白血症的叙述哪项是正确的（　　）
   A. CM升高　　　　B. VLDL升高　　　　C. LDL升高
   D. CM和VLDL均升高　E. VLDL和LDL均升高
3. 参与胆固醇逆转运的主要脂蛋白是（　　）
   A. CM　　　　　　B. VLDL　　　　　　C. LDL
   D. IDL　　　　　　E. HDL
4. 关于Ⅳ型高脂蛋白血症的叙述哪项是正确的（　　）
   A. TC升高　　　　B. TG升高　　　　　C. TC和TG均升高
   D. TC降低，TG升高　E. TC升高，TG降低
5. 下列不属于动脉粥样硬化可控危险因素的是（　　）
   A. 吸烟　　　　　　B. 糖尿病　　　　　　C. 年龄
   D. 高脂饮食　　　　E. 酗酒

6. 下列不属于易损斑块特点的是(　　)
   A. 纤维帽薄且不均匀　　B. 有大量炎性细胞浸润　　C. 斑块内脂质核体积小
   D. 斑块内有大量新生血管　　E. 纤维帽平滑肌细胞数量减少
7. 下列不属于稳定斑块特点的是(　　)
   A. 斑块内脂质核体积小　　B. 纤维帽厚而均匀
   C. 浸润的炎症细胞少　　D. 斑块内有大量新生血管
   E. 纤维帽平滑肌细胞数量多
8. 下列属于动脉粥样硬化不可控危险因素的是(　　)
   A. 性别　　B. 缺乏运动　　C. 高血压
   D. 心理应激　　E. 高脂血症

[B 型题]

1. 从下列各选项中选择合适的选项填入各小题中。
   A. 外源性脂质摄入增多　　B. 内源性脂质合成增多
   C. 两者均有　　D. 两者均无
(1) 长期高脂饮食_____。
(2) 肠道脂质摄取增加_____。
(3) 肝脏 HMGCoAR 活性增加_____。
(4) 家族性胆固醇酯转运蛋白缺陷症_____。

2. 从下列各选项中选择合适的选项填入各小题中。
   A. 高脂蛋白血症　　B. 低脂蛋白血症　　C. 两者均有　　D. 两者均无
(1) 丹吉尔病_____。
(2) 严重的肝脏疾病_____。
(3) 肾病综合征_____。
(4) 胰岛素抵抗_____。

[X 型题]

1. 高脂蛋白血症患者通常会有哪些脂蛋白含量升高(　　)
   A. CM　　B. VLDL　　C. LDL　　D. IDL　　E. HDL
2. 有关酗酒导致血脂异常的叙述,下列哪些是正确的(　　)
   A. 可降低 LPL 的活性,使 TG 分解代谢减慢,导致高甘油三酯血症
   B. 可抑制 LDL 受体的活性,导致血浆胆固醇水平升高
   C. 可引起 LDL 胆固醇和 apoB 水平显著升高,而 HDL 和 apoA 水平显著降低,导致胆固醇代谢紊乱
   D. 可引起脂蛋白过氧化情况的发生,导致循环中氧化修饰的 LDL 浓度升高
   E. 可诱发 apoCⅢ基因的表达,使血浆 apoCⅢ浓度升高,导致高甘油三酯血症
3. 甲状腺功能亢进时高甲状腺素导致血脂浓度降低的机制有(　　)

A. 刺激 LDL 受体表达增加和活性增加,清除 LDL 增加

B. 促使胆固醇转化为胆汁酸排泄增加

C. 使脂蛋白脂肪酶和肝酯酶活性增加,使得血清中 TG 清除率增加和 HDL_2 浓度下降

D. 使胆固醇酰基转移酶活性增加

E. 使 apoA 和 apoB 合成障碍

4. 可引起血脂代谢紊乱的有(　　)

  A. 脂质来源增加   B. 脂蛋白合成障碍

  C. 脂质转运障碍   D. 脂质分解过度

  E. 脂质利用增加

5. 低脂蛋白血症的主要发生机制有(　　)

  A. 脂质摄入不足   B. 脂质利用增加

  C. 脂质分解增强   D. 脂质合成减少

  E. 脂蛋白相关基因缺陷

6. 下列属于动脉粥样硬化可控危险因素的是(　　)

  A. 糖尿病   B. 高脂饮食   C. 心理应激

  D. 家族史   E. 性别

7. 下列属于动脉粥样硬化不可控危险因素的是(　　)

  A. 年龄   B. 性别   C. 种族

  D. 遗传   E. 高脂血症

8. 下列属于易损斑块特点的是(　　)

  A. 斑块内有大量新生血管   B. 纤维帽薄且不均匀

  C. 斑块内脂质核体积小   D. 有大量炎性细胞浸润

  E. 纤维帽平滑肌细胞数量减少

9. 下列属于稳定斑块特点的是(　　)

  A. 斑块内脂质核体积小   B. 纤维帽厚而均匀

  C. 浸润的炎症细胞少   D. 斑块内有大量新生血管

  E. 纤维帽平滑肌细胞数量多

10. 高脂血症可造成(　　)

  A. 动脉粥样硬化   B. 非酒精性脂肪性肝病

  C. 肥胖   D. 阿尔茨海默病

  E. 黄色瘤

参 考 答 案

[A 型题]

1. A 2. C 3. E 4. B 5. C 6. C 7. D 8. A

[B 型题]
1. (1) C　　(2) A　　(3) B　　(4) D
2. (1) B　　(2) B　　(3) A　　(4) A

[X 型题]
1. ABCD　　2. ACD　　3. ABC　　4. ABCDE　　5. ABCDE　　6. ABC
7. ABCD　　8. ABDE　　9. ABCE　　10. ABCDE

七、缺　　氧

[A 型题]
1. 组织供氧量取决于(　　)
    A. 吸入气氧分压和肺换气功能　　　　B. PaO_2 和氧容量
    C. 动脉血氧饱和度和血流量　　　　　D. 血红蛋白的质和量
    E. 动脉血氧含量和血流量
2. 血氧饱和度是指(　　)
    A. 血液中溶解的氧量与总氧的百分比
    B. 已与氧结合的 Hb 与血液总 Hb 的百分比
    C. 已与氧结合的 Hb 与未结合氧的 Hb 的百分比
    D. 血液中溶解的氧量与总 Hb 的百分比
    E. 未结合氧的 Hb 与总 Hb 的百分比
3. 下列哪种因素引起氧解离曲线右移(　　)
    A. RBC 内 2,3-DPG 增多　　　　　　B. 血 H^+ 浓度升高
    C. $PaCO_2$ 升高　　　　　　　　　　D. 血温升高
    E. 以上都是
4. 决定血氧饱和度最主要的因素是(　　)
    A. 血液温度　　　　　　　　　　　　B. 血液 pH
    C. 血氧分压　　　　　　　　　　　　D. 血液 CO_2 分压
    E. 红细胞 2,3-DPG 含量
5. 最能反映组织性缺氧的指标是(　　)
    A. 血氧容量降低　　　　　　　　　　B. 动脉血氧分压降低
    C. 动脉血氧含量降低　　　　　　　　D. 静脉血氧含量增加
    E. 动-静脉血氧含量差增大
6. 下列哪项因素不会影响动脉血氧含量(　　)

A. 血红蛋白的数量　　　　　　　　B. 血液的携氧能力
C. 吸入气氧分压　　　　　　　　　D. 外呼吸功能
E. 内呼吸功能

7. 以下哪种情况引起的缺氧不属于血液性缺氧(　　)
A. 贫血　　　　　　　　　　　　　B. 高铁血红蛋白血症
C. 一氧化碳中毒　　　　　　　　　D. 动脉血栓形成
E. 输入大量库存血

8. 某患者血氧检查结果为：PaO_2 98 mmHg，血氧容量 12 mL/dL，动脉血氧含量 11.5 mL/dL，动－静脉血氧含量差 4 mL/dL，该患者患下列哪种疾病的可能性最大(　　)
A. 哮喘　　　　　　　　　　　　　B. 肺气肿
C. 贫血　　　　　　　　　　　　　D. 室间隔缺损
E. 一氧化碳中毒

9. 低张性缺氧时下列哪项指标不降低(　　)
A. 动脉血氧分压　　　　　　　　　B. 静脉血氧分压
C. 动脉血氧含量　　　　　　　　　D. 动脉血氧饱和度
E. 血氧容量

10. 循环性缺氧时，血氧指标最有特征性的变化为(　　)
A. 动脉血氧分压正常　　　　　　　B. 血氧容量正常
C. 动脉血氧含量正常　　　　　　　D. 动脉血氧饱和度正常
E. 动－静脉血氧含量差增大

11. 动脉血氧分压、氧容量和氧含量正常，静脉血氧含量增加可见于(　　)
A. 慢性贫血　　　　　　　　　　　B. 失血性休克
C. 呼吸衰竭　　　　　　　　　　　D. 氰化钠中毒
E. 充血性心力衰竭

12. 某患者血氧检查结果是：PaO_2 50 mmHg，血氧容量 20 mL/dL，动脉血氧含量 15 mL/dL，动－静脉血氧含量差 4 mL/dL，其缺氧类型为(　　)
A. 低张性缺氧　　　　　　　　　　B. 血液性缺氧
C. 缺血性缺氧　　　　　　　　　　D. 组织性缺氧
E. 循环性缺氧

13. 急性缺氧导致肺动脉压升高的主要因素是(　　)
A. 右心排出量增加　　　　　　　　B. 肺小静脉瘀血
C. 肺小动脉收缩　　　　　　　　　D. 左心功能不全
E. 血流量增加

14. 缺氧时肺血管收缩对机体的代偿作用是(　　)
A. 增加肺部组织液渗出，刺激呼吸频率加快

B. 增加肺尖部的肺泡通气量

C. 维持适当的肺泡通气/血流比例

D. 减慢血流使 Hb 充分氧合

E. 适当提高血压,增加心肌氧供

15. 给小白鼠腹腔注射亚硝酸钠引起缺氧的机制是(　　)

A. 形成碳氧血红蛋白　　　　　　B. 形成脱氧血红蛋白

C. 形成高铁血红蛋白　　　　　　D. 形成氰化高铁细胞色素氧化酶

E. 形成还原型细胞色素氧化酶

16. 正常人进入通风不良的矿井发生缺氧的主要原因是(　　)

A. 吸入气的氧分压降低　　　　　B. 肺部气体交换差

C. 肺循环血流减少　　　　　　　D. 血液携氧能力降低

E. 组织血流量少

17. 急性缺氧时,最易出现血流量减少的脏器是(　　)

A. 肝　　B. 肾　　C. 肺　　D. 胃肠道　　E. 胰腺

18. 组织性缺氧时血氧指标的特征性变化是(　　)

A. 血氧容量降低　　　　　　　　B. 动脉血氧分压和氧含量降低

C. 动脉血氧饱和度降低　　　　　D. 动-静脉血氧含量差大于正常

E. 动-静脉血氧含量差降低

19. 以下关于缺氧引起呼吸系统变化的描述,错误的是(　　)

A. 慢性低张性缺氧时,肺通气量增加不很明显

B. 等张性低氧血症时,一般不发生呼吸运动的增强

C. 低张性低氧血症时,呼吸可加深变快,肺通气量增加

D. 低张性缺氧越严重,呼吸中枢的兴奋越强烈,呼吸运动的加强越显著

E. 急性低张性缺氧时,PaO_2 降至 8 kPa(60 mmHg)才会明显兴奋呼吸中枢

20. 高压氧治疗缺氧的主要机制是(　　)

A. 提高吸入气氧分压　　　　　　B. 增加肺泡内氧弥散入血

C. 增加血红蛋白结合氧　　　　　D. 增加血液中溶解氧量

E. 增加细胞利用氧

[B 型题]

1. 从下列各选项中选择合适的选项填入各小题中。

A. 40 mmHg　B. 95% ~ 98%　C. 20 mL/dL　D. 5 mL/dL　E. 14 mL/dL

(1) 正常静脉血氧分压为_____。

(2) 正常动-静脉氧含量差为_____。

(3) 正常动脉血氧饱和度为_____。

(4) 正常血氧容量为_____。

2. 从下列各选项中选择合适的选项填入各小题中。
　　A. 动脉氧分压降低　　　　　　　　B. 动-静脉氧含量差增大
　　C. 静脉氧含量增高　　　　　　　　D. 血氧容量降低
　　E. 血氧饱和度升高
（1）血液性缺氧的血气变化特点是_____。
（2）呼吸性缺氧的血气变化特点是_____。
（3）循环性缺氧的血气变化特点是_____。
（4）组织性缺氧的血气变化特点是_____。

[X 型题]

1. 关于氧解离曲线,下列哪些是正确的(　　)
　　A. 氧解离曲线左移,氧与血红蛋白亲和力降低
　　B. 氧解离曲线右移,氧与血红蛋白亲和力降低
　　C. pH 下降使氧解离曲线右移
　　D. 2,3-DPG 减少,使氧解离曲线右移
2. 动脉血氧分压与下列哪些因素有关(　　)
　　A. 吸入气氧分压　　　　　　　　B. 外呼吸功能状态
　　C. 内呼吸功能状态　　　　　　　D. 血红蛋白的质与量
3. 血液性缺氧可出现(　　)
　　A. 动脉血氧分压↓　　　　　　　B. 血氧容量↓
　　C. 血氧含量↓　　　　　　　　　D. 血氧饱和度↓
4. 碳氧血红蛋白对机体的危害有(　　)
　　A. 使氧解离曲线右移　　　　　　B. 使氧解离曲线左移
　　C. 本身无携氧能力　　　　　　　D. 2,3-DPG 生成增多
5. 使氧解离曲线左移,氧不易释放的因素有(　　)
　　A. 输入大量库存血　　　　　　　B. 输入大量碱性液体
　　C. 一氧化碳中毒　　　　　　　　D. 食用大量含硝酸盐的腌菜
6. 2,3-DPG 使氧解离曲线右移的机制是(　　)
　　A. 2,3-DPG 与氧合血红蛋白结合　　B. 2,3-DPG 与还原血红蛋白结合
　　C. 2,3-DPG 与氧气结合　　　　　　D. 2,3-DPG 使红细胞内 pH 降低
7. 慢性缺氧时血液系统的代偿包括(　　)
　　A. 红细胞增多　　　　　　　　　B. 血红蛋白含量增加
　　C. 血红蛋白与氧亲和力增大　　　D. 血红蛋白与氧亲和力降低
8. 急性缺氧时血管的改变是(　　)
　　A. 皮肤、内脏血管收缩　　　　　B. 冠脉扩张
　　C. 脑血管收缩　　　　　　　　　D. 肺血管收缩

9. 低张性缺氧时的血氧变化为( )
    A. 动脉氧分压↓,氧含量↓
    B. 动脉氧含量↓,氧容量↓
    C. 动脉氧分压↓,氧饱和度↑
    D. 动-静脉氧含量差↓,氧饱和度↓
10. 组织中毒性缺氧原因有( )
    A. 氰化物中毒
    B. 重症感染
    C. 硫化氢中毒
    D. 维生素 B_2 严重缺乏

参考答案

[A 型题]

1. E 2. B 3. E 4. C 5. D 6. E 7. D 8. C 9. E 10. E
11. D 12. A 13. C 14. C 15. C 16. A 17. B 18. E 19. D 20. D

[B 型题]

1. (1) A (2) D (3) B (4) C
2. (1) D (2) A (3) B (4) C

[X 型题]

1. BC 2. AB 3. BC 4. BC 5. ABCD 6. BD 7. ABD 8. ABD
9. AD 10. ABCD

八、发 热

[A 型题]

1. 革兰阴性菌细胞壁构成成分中有( )
    A. 内生致热原
    B. 脂多糖
    C. 淋巴因子
    D. 抗原抗体复合物
    E. 本胆烷醇酮
2. 发热是体温调定点( )
    A. 上移,引起主动性体温升高
    B. 下移,引起主动性体温升高
    C. 上移,引起被动性体温升高
    D. 下移,引起被动性体温升高
    E. 不变,引起主动性体温升高
3. 下列哪种情况的体温升高属于发热( )
    A. 妇女月经前期
    B. 甲亢
    C. 剧烈运动
    D. 中暑
    E. 流感
4. 属于内生致热原的有( )

A. 革兰阳性菌产生的外毒素 B. 抗原抗体复合物
C. 病毒 D. 革兰阴性菌产生的内毒素
E. IL-6

5. 下列不属于内生致热原的是(　　)
   A. 白细胞致热原 B. 干扰素 C. 5-羟色胺
   D. 肿瘤坏死因子 E. 巨噬细胞炎症蛋白

6. 外致热原的作用部位是(　　)
   A. 下丘脑体温调节中枢 B. 骨骼肌
   C. 产生 EP 细胞 D. 皮肤血管 E. 汗腺

7. 下列不属于发热激活物的是(　　)
   A. 细菌 B. 类固醇 C. 环磷酸腺苷
   D. 致炎物 E. 抗原抗体复合物

8. 下述哪项为中枢发热介质(　　)
   A. 内毒素 B. 前列腺素 E_2 C. 干扰素
   D. 肿瘤坏死因子 E. 类固醇

9. 体温调节中枢的高级部位是(　　)
   A. 延髓 B. 脑桥 C. 中脑
   D. 视前区-下丘脑前部 E. 脊髓

10. 多数发热的发病学第一环节是(　　)
    A. 发热激活物的作用 B. 皮肤血管收缩 C. 骨骼肌紧张收缩
    D. 体温调定点上移 E. 内生致热原的作用

11. 体温上升期热代谢特点是(　　)
    A. 散热减少,产热增加,体温升高 B. 产热减少,散热增加,体温升高
    C. 散热减少,产热增加,体温保持高水平 D. 产热减少,散热增加,体温下降
    E. 产热与散热在高水平上相对平衡,体温保持高水平

12. 体温下降期热代谢特点是(　　)
    A. 散热减少,产热增加,体温升高 B. 产热减少,散热增加,体温升高
    C. 散热减少,产热增加,体温保持高水平 D. 产热减少,散热增加,体温下降
    E. 产热与散热在高水平上相对平衡,体温保持高水平

13. 发热时糖代谢变化为(　　)
    A. 糖原分解降低,糖异生降低,血糖降低,乳酸降低
    B. 糖原分解降低,糖异生升高,血糖降低,乳酸降低
    C. 糖原分解降低,糖异生升高,血糖升高,乳酸升高
    D. 糖原分解升高,糖异生升高,血糖升高,乳酸升高
    E. 糖原分解升高,糖异生升高,血糖升高,乳酸降低

14. 内毒素的作用机制是(　　)

A. 作用在体温调节中枢,使体温调定点上移
B. 作用在产致热原细胞,使体温调定点上移
C. 作用在产致热原细胞,使体温调定点下移
D. 作用在产致热原细胞,使 EP 产生和释放
E. 作用在体温调节中枢,使 EP 产生和释放

15. 甲状腺功能亢进可导致体温升高属于(　　)
   A. 发热　　　　　B. 过热　　　　　C. 生理性体温升高
   D. 病理性体温升高　　E. 其他

16. 下述哪种情况属于病理性发热(　　)
   A. 癫痫发作时体温升高　　　　　B. 剧烈运动时体温升高
   C. 妇女排卵期体温升高　　　　　D. 大叶性肺炎时体温升高
   E. 心理性应激

17. 内毒素的致热性和毒素的活性部位是(　　)
   A. 脂质 A　　B. 脂质 B　　C. 脂质 C　　D. 蛋白质　　E. 糖蛋白

18. 关于发热时机体的代谢变化,下述哪项不正确(　　)
   A. 基础代谢率提高　　　　　B. 可发生代谢性酸中毒
   C. 维生素 B 族和维生素 C 缺乏　　D. 出现正氮平衡
   E. 脂肪分解增强

19. 发热的体温下降期的最突出特点是(　　)
   A. 自觉酷热　　　B. 排汗多　　　C. 皮肤干燥
   D. 皮肤血管扩张　　E. 鸡皮

20. 高热持续期的临床表现有(　　)
   A. 畏寒和寒战　　　B. 皮肤苍白　　　C. 皮肤发红
   D. 多汗　　　　　　E. 鸡皮

21. 寒战是(　　)
   A. 全身性骨骼肌不随意的节律性收缩
   B. 全身性骨骼肌不随意的僵硬性收缩
   C. 全身性皮肤不随意的周期性收缩
   D. 下肢骨骼肌不随意的节律性收缩
   E. 全身皮肤立毛肌不随意的节律性收缩

22. IL-1 是(　　)
   A. 由单核细胞、巨噬细胞、内皮细胞及肿瘤细胞分泌的多肽类物质
   B. 由神经胶质细胞分泌的酶
   C. 由单核细胞等分泌的类固醇激素
   D. 由巨噬细胞分泌的类固醇激素
   E. 由细胞分泌的核转录因子

23. 下列有关发热概念的叙述哪一项是正确的( )
    A. 体温超过正常值0.6 ℃
    B. 产热过程超过散热过程
    C. 是临床上常见的疾病
    D. 由体温调节中枢调定点上移引起的体温升高
    E. 由体温调节中枢调节功能障碍引起的体温升高

24. 人体最重要的散热途径是( )
    A. 肺   B. 皮肤   C. 尿
    D. 粪   E. 肌肉

25. 发热的最常见病因是( )
    A. 淋巴因子   B. 恶性肿瘤   C. 变态反应
    D. 细菌感染   E. 病毒感染

26. 输液反应出现的发热其产生多数是由于( )
    A. 变态反应   B. 药物的毒性反应
    C. 外毒素污染   D. 内毒素污染   E. 霉菌污染

27. 下述哪种物质属内生致热原( )
    A. 革兰阳性菌产生的外毒素
    B. 革兰阴性菌产生的内毒素
    C. 体内的抗原抗体复合物
    D. 体内肾上腺皮质激素代谢产物本胆烷醇酮
    E. 单核细胞等被激活后释放的致热原

28. 发热的发生机制中共同的中介环节主要是通过( )
    A. 外致热原   B. 内生致热原   C. 前列腺素
    D. 5-羟色胺   E. 环磷酸腺苷

29. 下述哪一种细胞产生和释放白细胞致热原的量最多( )
    A. 中性粒细胞   B. 单核细胞   C. 嗜酸性粒细胞
    D. 肝脏星形细胞 E. 淋巴细胞

30. 茶碱增强发热反应的机制是( )
    A. 增加前列腺素   B. 增强磷酸二酯酶活性
    C. 抑制磷酸二酯酶活性   D. 抑制前列腺素合成
    E. 使肾上腺素能神经末梢释放去甲肾上腺素

31. 内毒素是( )
    A. 革兰阳性菌的菌壁成分,其活性成分是脂多糖
    B. 革兰阴性菌的菌壁成分,其活性成分是脂多糖
    C. 革兰阳性菌的菌壁成分,其活性成分是核心多糖
    D. 革兰阴性菌的菌壁成分,其活性成分是核心多糖

E. 革兰阴性菌的菌壁成分,其活性成分是小分子蛋白质

32. 发热病人最常出现(　　)
    A. 代谢性酸中毒　　　B. 呼吸性酸中毒　　C. 混合性酸中毒
    D. 代谢性碱中毒　　　E. 混合性碱中毒

33. 下述对发热时机体物质代谢变化的叙述中错误的是(　　)
    A. 物质代谢率增高　　B. 糖原分解加强　　C. 脂肪分解加强
    D. 蛋白质代谢出现负氮平衡　　　　　　　E. 维生素消耗减少

34. 体温每升高1℃,心率平均每分钟约增加(　　)
    A. 5次　　　B. 10次　　　C. 15次　　　D. 18次　　　E. 20次

35. 烟酸(尼克酸)使发热反应减弱的机制是(　　)
    A. 增强磷酸二酯酶活性　　　　　B. 扩张血管
    C. 抑制前列腺素E合成　　　　　D. 使肾上腺素能神经末梢释放介质
    E. 降低脑内5-羟色胺含量

36. 发热激活物又称EP诱导物,包括(　　)
    A. IL-1和TNF　　　　　　　　　B. CRH和NOS
    C. 内生致热原和某些体外代谢产物　D. 前列腺素和其体内代谢产物
    E. 外致热原和某些体内产物

37. 革兰阳性菌的致热物质主要是(　　)
    A. 全菌体和其代谢产物　　　　　B. 脂多糖
    C. 肽聚糖　　　　　　　　　　　D. 内毒素
    E. 全菌体和内毒素

38. 革兰阴性菌的致热物质主要是(　　)
    A. 外毒素　　　　　B. 螺旋毒素　　　C. 溶血素
    D. 全菌体、肽聚糖和内毒素　　　　　E. 细胞毒因子

39. 病毒的致热物质主要是(　　)
    A. 全菌体及植物凝集素　　　　　B. 全病毒体及血细胞凝集素
    C. 全病毒体及裂解素　　　　　　D. 胞壁肽及血细胞凝集素
    E. 全病毒体及内毒素

40. 疟原虫引起发热的物质主要是(　　)
    A. 潜隐子　　　　　　　　　　　B. 潜隐子和代谢产物
    C. 裂殖子和疟色素等　　　　　　D. 裂殖子和内毒素等
    E. 疟原虫体和外毒素

41. 内生致热原是(　　)
    A. 由中枢神经系统产生的能引起体温升高的内在介质
    B. 由产热器官产生的能引起体温升高的内在介质
    C. 由产热原细胞产生的能引起体温升高的神经激素

D. 由产 EP 细胞在发热激活物的作用下,产生和释放的能引起体温升高的物质

E. 由产 EP 细胞在磷酸激酶的作用下,产生和释放的能引起体温升高的物质

[B 型题]

1. 从下列各选项中选择合适的选项填入各小题中。
    A. 骨骼肌不随意的周期性收缩　　　B. 皮肤竖毛肌收缩
    C. 外周血管扩张　　　　　　　　　D. 外周血管收缩
    E. 大量出汗

(1) 高温持续期和退热期均可见_____。
(2) 寒战的机制是_____。
(3) 出现鸡皮是因为_____。
(4) 退热期的最有效散热方式是_____。

2. 从下列各选项中选择合适的选项填入各小题中。
    A. 大脑皮层　　　B. 海马　　　C. 视前区下丘脑前部
    D. 中杏仁核　　　E. 脊髓

(1) 体温正调节中枢是_____。
(2) 体温负调节中枢是_____。

3. 从下列各选项中选择合适的选项填入各小题中。
    A. cAMP 和 CRH　　　B. cAMP 和 IL-1　　　C. CRH 和 TNF
    D. AVP 和 α-MSH　　　E. AVP 和 IL-10

(1) 中枢发热正调节介质是_____。
(2) 中枢发热负调节介质是_____。

4. 从下列各选项中选择合适的选项填入各小题中。
    A. 内生致热原　　　B. 内毒素　　　C. 淋巴因子
    D. 抗原抗体复合物　　　E. 本胆烷醇酮

(1) 从家兔腹腔渗出白细胞中提出的致热原是_____。
(2) 革兰阴性菌细胞壁的构成成分中有_____。
(3) 变态反应引起发热的原因是_____。

[X 型题]

1. 体温调节的负调节中枢包括(　　)
    A. 腹中膈　　　B. 中杏仁核　　　C. 弓状核
    D. POAH　　　E. 豆状核

2. 常见的中枢发热正调节介质有(　　)
    A. 钠/钙比值　　　B. 环磷酸腺苷　　　C. NO
    D. CRH　　　E. AVP

3. 常见的中枢发热负调节介质有（　　）
   A. AVP　　　　　　　　B. 黑素细胞刺激素　　C. 脂皮质蛋白-1
   D. 钠/钙比值　　　　　E. CRH
4. 发热使机体抗感染能力增强的机制是（　　）
   A. 病原微生物对热敏感　　　　　　B. EP 能够降低循环内铁的水平
   C. 部分免疫细胞功能增强　　　　　D. 中枢抑制
   E. 脂肪分解增强
5. 下述病症或患者中必须及时解热的是（　　）
   A. 高热超过 41 ℃　　B. 小儿高热　　　C. 妊娠妇女
   D. 低于 40 ℃的一般患者　　　　　　E. 心衰患者
6. 妊娠妇女需要及时解热的原因是（　　）
   A. 致畸危险　　　　B. 诱发心衰　　　C. 血糖增高
   D. 脂肪分解增加　　E. 蛋白质合成减少
7. 机体的发热激活物是（　　）
   A. 细菌　　　　　　B. 病毒　　　　　C. 内皮素
   D. 抗原抗体复合物　E. IL-6
8. 细菌性致热原是指（　　）
   A. 干扰素　　　　　B. 外毒素　　　　C. 内毒素
   D. 内皮素　　　　　E. 类固醇激素
9. 中枢的发热正调节介质有（　　）
   A. 前列腺素 E　　　B. Na^+/Ca^{2+} 比值　C. CRH
   D. cAMP　　　　　　E. NO

参 考 答 案

[A 型题]

1. B　2. A　3. E　4. E　5. C　6. C　7. C　8. B　9. D　10. A
11. A　12. D　13. D　14. D　15. B　16. D　17. A　18. D　19. B　20. C
21. A　22. A　23. D　24. B　25. D　26. C　27. E　28. B　29. B　30. C
31. B　32. A　33. E　34. D　35. A　36. E　37. D　38. D　39. B　40. C
41. D

[B 型题]

1. (1) C　　(2) A　　(3) B　　(4) E
2. (1) C　　(2) D
3. (1) A　　(2) D
4. (1) A　　(2) B　　(3) D

[X型题]

1. ABC   2. ABCD   3. ABC   4. ABC   5. ABCE   6. AB   7. ABD
8. BC   9. ABCDE

九、应　　激

[A型题]

1. 应激是机体在受到各种刺激时所出现的(　　)
   A. 非特异性全身性适应反应　　　B. 代偿性反应
   C. 特异性全身反应　　　　　　　D. 损害性反应
   E. 防御性反应

2. 下丘脑-垂体-肾上腺皮质激素系统(HPA)的中枢位点是(　　)
   A. 腺垂体　　　B. 肾上腺皮质　　　C. 大脑边缘系统
   D. 蓝斑　　　　E. 室旁核

3. 应激时最重要的激素分泌可能是(　　)
   A. 生长激素　　　B. 甲状腺素　　　C. 糖皮质激素
   D. 胰岛素　　　　E. 血管紧张素Ⅱ

4. 应激时最早期的一个神经内分泌反应是(　　)
   A. GC分泌增多　　B. 交感-肾上腺髓质系统强烈兴奋
   C. CRH释放增多　 D. ACTH分泌增多　　 E. β-内啡肽分泌增多

5. 应激时糖皮质激素分泌增多的生理意义不具有哪项(　　)
   A. 稳定溶酶体膜　　　　　　　　B. 促进蛋白质的糖异生
   C. 维持循环系统对儿茶酚胺的反应性　D. 抗炎、抗过敏
   E. 降低血糖

6. 诱导细胞产生热休克蛋白的应激原有(　　)
   A. 感染　　B. 缺氧　　C. 中毒　　D. 高温　　E. 以上都对

7. 下列哪种蛋白不是急性期反应蛋白(　　)
   A. 纤维蛋白原　　B. 铜蓝蛋白　　C. α_1蛋白酶抑制剂
   D. 白蛋白　　　　E. C反应蛋白

8. 应激时交感-肾上腺髓质系统兴奋所产生的防御反应是(　　)
   A. 心率加快　　　　　　　　　　B. 促进糖原分解,升高血糖
   C. 可使组织的血液供应更充分、合理　D. 心肌收缩力增强
   E. 以上都对

9. 应激时下列何种激素可降低(　　)
   A. 胰高血糖素　　B. 胰岛素　　　　　C. 催乳素
   D. 抗利尿激素　　E. β-内啡肽
10. 急性期反应蛋白主要来自下列哪种细胞(　　)
    A. 单核吞噬细胞　B. 成纤维细胞　　　C. 肥大细胞
    D. 肝细胞　　　　E. 血管内皮细胞
11. 急性期反应蛋白具有哪些生物学功能(　　)
    A. 抑制蛋白酶对组织的过度损伤　　　B. 清除异物和坏死组织
    C. 抗感染、抗损伤　D. 结合、运输功能　E. 以上都对
12. C-反应蛋白是一种(　　)
    A. 热休克蛋白　　B. 急性期反应蛋白　C. 酶
    D. 转录因子　　　E. 核蛋白
13. 免疫系统(　　)
    A. 通常被应激反应抑制　　　　　　　B. 通常被应激反应激活
    C. 是应激反应的重要组分　　　　　　D. 不参与应激反应
    E. 是保护性应激反应的中心环节
14. 应激性溃疡是一种(　　)
    A. 消化道的慢性溃疡　　　　　　　　B. 外伤后的皮肤表浅溃疡
    C. 重病、重伤情况下出现的胃、十二指肠黏膜的表浅溃疡
    D. 心理应激时出现的口腔溃疡　　　　E. 癌性溃疡
15. 应激性溃疡的发生主要是因为(　　)
    A. 幽门螺杆菌感染　　　　　　　　　B. 胃酸过多
    C. 胃蛋白酶分泌过多,消化自身胃黏膜　D. 胃黏膜缺血和 H^+ 反向扩散
    E. A + B + C
16. 心血管系统的应激反应常表现为(　　)
    A. 心率减慢,心输出量下降
    B. 心率加快,心输出量增加
    C. 心率和心输出量皆无明显变化,但外周总阻力明显升高
    D. 心率和心输出量皆无明显变化,但外周总阻力明显降低
    E. 冠脉血流量下降,心肌缺血
17. 下列哪项反应不会在应激中发生(　　)
    A. 心肌收缩力增强　　　　　　　　　B. 心率加快
    C. 皮肤血管收缩　D. 肾动脉扩张　　　E. 心输出量增加
18. 应激性溃疡发生的最主要机制是(　　)
    A. 黏膜缺血　　　　　　　　　　　　B. 糖皮质激素分泌增多
    C. 胃黏膜合成前列腺素增多　　　　　D. 全身性酸中毒

E. 血浆 β-内啡肽增多

19. 应激时免疫功能减弱,主要是由于( )
   A. 生长激素分泌增多　　　　　　B. 盐皮质激素分泌增多
   C. 糖皮质激素分泌增多　　　　　D. 胰高血糖素分泌增多
   E. 胰岛素分泌减少

20. 关于热休克蛋白(HSP)的错误说法是( )
   A. HSP 也称为应激蛋白　　　　　B. HSP 普遍存在于整个生物界
   C. HSP 首先在果蝇中发现
   D. HSP 在进化的过程中保守性很小　E. HSP 可提高细胞的应激能力

21. 应激时急性期蛋白不具有下列哪一种功能( )
   A. 抑制免疫　　B. 促进凝血　　C. 减少自由基
   D. 抑制蛋白酶作用　　　　　　E. 消除异物和坏死组织

22. 能稳定溶酶体膜的是( )
   A. 糖皮质激素　　B. 抗生素　　　C. β-内啡肽
   D. 肾上腺素　　　E. 去甲肾上腺素

23. 关于应激反应时代谢的改变,哪一项是错误的( )
   A. 代谢率明显升高　　　　B. 主要依靠血糖维持机体能量供应
   C. 出现应激性糖尿　　　　D. 蛋白质分解增强,出现负氮平衡
   E. 脂肪分解增加

24. 下列哪项不是糖皮质激素分泌增多的作用( )
   A. 稳定溶酶体膜　B. 促进蛋白质分解　C. 抑制 CRH 和 ACTH 的分泌
   D. 提高心血管对儿茶酚胺的敏感性
   E. 促进前列腺素、白三烯等化学介质的生成和释放

25. 关于应激时出现的病理生理变化,以下错误的是( )
   A. 心率加快　　B. 应激性高血糖　　C. 游离脂肪酸增多
   D. 血液凝固性增加　　　　　　E. 多尿

[B 型题]

1. 从下列各选项中选择合适的选项填入各小题中。
   A. 胰高血糖素　　B. 胰岛素　　　C. 抗利尿激素
   D. β-内啡肽　　　E. 促性腺激素释放激素

(1) 应激时分泌增加,引起血糖升高的是_____。
(2) 应激时分泌减少,引起血糖升高的是_____。
(3) 应激时引起镇痛的是_____。
(4) 应激时分泌减少,引起性发育不良的是_____。

2. 从下列各选项中选择合适的选项填入各小题中。

A. 应激性溃疡　　B. PTSD　　　　　　C. 外伤性骨折
D. 高血压　　　　E. 急性心律失常

(1) 由应激直接引起的是_____。
(2) 长期精神压力可诱发_____。
(3) 经历强烈恐怖刺激后可能引起_____。
(4) 突发性负面消息常诱导_____。
(5) 与应激无关的疾病是_____。

[X型题]

1. 应激时心血管的变化包括(　　)
   A. 心率加快　　　B. 心肌收缩力增强　　C. 外周阻力下降
   D. 心率减慢　　　E. 冠状动脉血流量增加

2. 应激性溃疡的发病机制有(　　)
   A. 胃黏膜缺血造成胃黏膜屏障破坏　　B. H^+ 进入黏膜造成损害作用
   C. 氧自由基损伤胃黏膜　　　　　　　D. 胃黏液蛋白分泌减少
   E. DIC 形成

3. 热休克蛋白具有下列哪些功能(　　)
   A. 提高细胞基因表达能力　　　　　　B. 与移除或修复受损蛋白质有关
   C. 增加损伤蛋白的降解　　　　　　　D. 稳定新生肽链折叠状态
   E. 防止肽链非特异性聚集

4. 关于应激与心血管疾病的关系,下列正确的是(　　)
   A. 强烈心理情绪应激是心血管疾病的主要诱因之一
   B. 负性情绪可促使冠心病的发生
   C. 强烈的情绪性应激可诱发心脏性猝死
   D. 长期慢性应激是高血压发生的危险因素
   E. 应激诱发的心律失常主要表现为心室纤颤

5. 应激时神经内分泌与免疫系统双向调控作用表现在(　　)
   A. 免疫细胞产生的细胞因子具有神经内分泌激素样作用
   B. 免疫细胞可释放神经内分泌激素
   C. 免疫细胞上有神经内分泌激素的受体
   D. 免疫细胞产生的细胞因子可促进神经内分泌激素的产生
   E. 病毒、细菌等刺激被免疫系统感知后引起神经内分泌样反应

6. 糖皮质激素持续升高对机体不利的影响有(　　)
   A. 抑郁症倾向　　B. TSH 分泌抑制　　C. 月经不调
   D. 生长发育迟缓　E. 免疫抑制

参考答案

[A 型题]

1. A 2. E 3. C 4. B 5. E 6. E 7. D 8. E 9. B 10. D
11. E 12. B 13. C 14. C 15. D 16. B 17. D 18. A 19. C 20. D
21. A 22. A 23. B 24. E 25. E

[B 型题]

1. (1) A (2) B (3) D (4) E
2. (1) A (2) D (3) B (4) E (5) C

[X 型题]

1. ABE 2. ABCD 3. BCDE 4. ABCD 5. ABCDE 6. ABCDE

十、细胞信号转导异常与疾病

[A 型题]

1. 下列关于细胞信号转导的叙述错误的是(　　)
   A. 机体所有生命活动都是在细胞信号转导和调控下进行的
   B. 细胞通过受体感受胞外信息分子的刺激，经细胞内信号转导系统的转换而影响生物学功能
   C. 水溶性信息分子需要与膜受体结合，才能启动细胞信号转导过程
   D. 脂溶性信息分子需与胞外或核受体结合，启动细胞信号转导过程
   E. G 蛋白介导的细胞信号转导途径中，其配体以生长因子为代表
2. 迄今发现的最大受体超家族是(　　)
   A. GPCR 超家族　　　　　　　　B. 细胞因子受体超家族
   C. 酪氨酸蛋白激酶型受体家族　　　D. 离子通道型受体家族
   E. PSTK 型受体家族
3. 调节细胞增殖与肥大最主要的途径是(　　)
   A. DAG-PKC 途径　　　　　　　B. 受体酪氨酸蛋白激酶途径
   C. 腺苷酸环化酶途径　　　　　　D. 非受体酪氨酸蛋白激酶途径
   E. 鸟氨酸环化酶途径
4. 下列关于家族性高胆固醇血症的说法不正确的是(　　)
   A. 是一种遗传性受体病　　　　　B. 由基因突变引起的 LD 受体缺陷症

C. 患者血浆 LDL 含量异常升高　　　D. 患者血浆 HDL 含量异常升高

E. 易出现动脉粥样硬化

5. 下列关于家族性肾性尿崩症的说法不正确的是(　　)

   A. 由遗传性 ADH 受体及受体后信息传递异常所致

   B. 属性染色体连锁遗传或常染色体遗传

   C. 基因突变使 ADH 受体合成增多

   D. 患者有口渴、多饮、多尿等临床特征

   E. 血中 ADH 水平升高

6. 重症肌无力的主要信号转导障碍是(　　)

   A. ACh 分泌减少　　　　　　　　B. 体内产生抗 N-Ach 受体的抗体

   C. Na^+ 通道障碍　　　　　　　D. 抗体与 N-Ach 受体结合

   E. N-Ach 与其受体结合障碍

7. 桥本病(慢性淋巴细胞性甲状腺炎)的主要信号转导障碍是(　　)

   A. 促甲状腺素分泌减少　　　　　B. 促甲状腺素受体下调或减敏

   C. Cs 含量减少　　　　　　　　　D. 刺激性 TSH 受体抗体与受体结合

   E. 阻断性 TSH 受体抗体与受体结合

8. 霍乱毒素干扰细胞内信号转导过程的关键环节是(　　)

   A. 促进 GS 与受体结合　　　　　B. 刺激 GS 生成

   C. 使 Gsα 处于不可逆激活状态　　D. 使 Gsα 处于不可逆失活状态

   E. cAMP 生成增加

9. 激素抵抗综合征是由于(　　)

   A. 激素合成障碍　　　　　　　　B. 体内产生了拮抗相关激素的物质

   C. 靶细胞对激素反应性降低　　　D. 靶细胞对激素反应性过高

   E. 激素的分解增强

10. 肢端肥大症的信号转导异常的关键环节是(　　)

    A. 生长激素释放激素分泌过多　　B. 生长抑素分泌减少

    C. Gi 过度激活　　　　　　　　D. Gsα 过度激活

    E. cAMP 生成过多

11. 下列有关酪氨酸蛋白激酶介导的细胞信号转导描述,错误的是(　　)

    A. 酪氨酸蛋白激酶介导的细胞信号转导分受体和非受体两种途径

    B. 激活的 Ras 能活化 Raf,进而激活 MEK

    C. EGF、PDGF 等生长因子可通过受体酪氨酸蛋白激酶途径影响细胞的生长、分化

    D. 白介素、干扰素可通过受体酪氨酸蛋白激酶途径影响细胞的生物学功能

    E. 受体酪氨酸蛋白激酶家族的共同特征是受体胞内区含有 TPK,配体以生长因子为代表

12. 下列哪种物质未参与酪氨酸蛋白激酶介导的细胞信号转导(　　)
    A. ERK　　　B. PI3K　　　C. STAT　　　D. PLCγ　　　E. NO
13. 与细胞生长、分化、凋亡密切相关的信号转导途径中的关键物质是(　　)
    A. cAMP　　　B. MAPK　　　C. IP3　　　D. Ca^{2+}　　　E. pKC
14. 糖皮质激素、盐皮质激素、性激素等通过以下哪种途径发挥它们的生物学效应(　　)
    A. 受体 TPK 途径　　　　　　B. 非受体 TPK 途径
    C. 核受体途径　　　　　　　D. 鸟苷酸环化酶途径
    E. 腺苷酸环化酶途径
15. 受体异常参与了以下哪种疾病的发病(　　)
    A. 肢端肥大症　　　　　　　B. 重症肌无力
    C. 假性甲状旁腺功能减退症　D. 霍乱
    E. 巨人症
16. G 蛋白异常参与了以下哪种疾病的发病(　　)
    A. 家族性高胆固醇血症　　　B. 重症肌无力
    C. 假性甲状旁腺功能减退症　D. 甲状腺素抵抗综合征
    E. 自身免疫性甲状腺病
17. 表皮生长因子通过以下哪条途径影响细胞信号转导(　　)
    A. 腺苷酸环化酶途径　　　　B. DAG-PKC 途径
    C. JAK-STAT 途径　　　　　D. 鸟苷酸环化酶途径
    E. 受体 TPK 途径
18. 下列有关 G 蛋白介导的细胞信号转导描述,正确的是(　　)
    A. IP3、Ca^{2+}、cGMP 均可作为第二信使参与 G 蛋白介导的细胞信号转导
    B. G 蛋白被激活时,GDP 被 GTP 所取代
    C. Gi 激活后能增加腺苷酸环化酶的活性
    D. G 蛋白被激活时 GTP-Gα 和 Gβγ 结合
    E. G 蛋白均由 α、β、γ 三个亚单位组成

[B 型题]
1. 从下列各选项中选择合适的选项填入各小题中。
    A. 遗传性受体病　　　　　　B. 自身免疫性受体病
    C. 多个环节信号转导异常　　D. G 蛋白异常
    E. 核受体异常
    (1) 家族性肾性尿崩症属于_____。
    (2) 肿瘤属于_____。
    (3) 重症肌无力属于_____。

（4）霍乱属于_____。
（5）巨人症属于_____。

2. 从下列各选项中选择合适的选项填入各小题中。
   A. SH2 区　　　　　　　　　B. 非受体酪氨酸蛋白激酶
   C. Gq　　　　　　　　　　　D. 受体酪氨酸蛋白激酶
   E. PKA

（1）介导白介素信号转导的是_____。
（2）可识别磷酸化酪氨酸位点的蛋白质的结构特征是含有_____。
（3）可被 α_1 肾上腺素能受体直接激活的信号转导分子是_____。
（4）cAMP 激活的是_____。
（5）血小板源生长因子激活的是_____。

[X 型题]

1. 下列哪些信息分子可成为 GPCR 的配体（　　）
   A. 去甲肾上腺素　　　　　　B. ADH
   C. 雌激素　　　　　　　　　D. β-肾上腺受体阻断剂

2. 下列关于细胞信号转导系统中受体调节的叙述，正确的是（　　）
   A. 受体数量的调节包括增敏和减敏
   B. 在高浓度激动剂长时间作用下，膜受体可发生内化降解使受体数量减少
   C. 受体磷酸化 - 脱磷酸化是调节受体亲和力和活性的重要方式
   D. 当体内某种激素/配体剧烈变化时，受体通过减敏或高敏可缓冲激素/配体的变动，减少有可能导致的代谢紊乱和对细胞的损害

3. 下列哪些原因可引起激素抵抗综合征（　　）
   A. 受体数量减少
   B. 受体亲和力增加
   C. 受体阻断型抗体的作用
   D. 受体功能缺陷及受体后信号转导蛋白的缺陷

4. 下列哪些疾病与信号转导的多个环节异常有关（　　）
   A. 肿瘤　　　　　　　　　　B. 霍乱
   C. 重症肌无力　　　　　　　D. 高血压心肌肥厚

5. 下列哪些因素可促进肿瘤的发生（　　）
   A. 生长因子产生过多
   B. 某些生长因子受体表达异常增多
   C. RTK 的组成型激活突变
   D. TGFβⅡ型受体突变及 Smad4 的失活、突变或缺失

6. 下列关于高血压心肌肥厚的叙述正确的是（　　）

A. 高血压时心肌肥厚的发生和发展与心肌细胞受到过度的牵拉刺激、神经内分泌系统的激活和一些局部体液因子合成分泌增多有关

B. 过度的牵拉刺激可通过激活 PLC-PKC 通路促进基因的表达和刺激心肌细胞的增殖

C. 肾上腺素、内皮素等化学信号可激活 MAPK 家族信号通路促进心肌细胞的增殖

D. 牵拉信号和化学信号还能通过激活心肌细胞中 PI-3K 通路和 JAK-STAT 通路促进心肌细胞的增殖

7. 参与高血压心肌肥厚的信号转导途径有( )
   A. PLC-PKC 途径   B. PI-3K 途径
   C. Ras 蛋白激活 MAPK 途径 D. JAK-STAT 途径

8. 与 Gs 耦联的受体是( )
   A. β 肾上腺素能受体   B. 胰高血糖素受体
   C. α_2 肾上腺素能受体   D. M_2 胆碱能受体

9. LDL 受体突变的类型有( )
   A. 受体合成障碍   B. 受体转运障碍
   C. 受体与配体结合障碍   D. 受体内吞缺陷

10. 促甲状腺素(TSH)激活的 G 蛋白是( )
    A. Gs   B. Gi   C. Gq   D. G_{12}

参 考 答 案

[A 型题]

1. E 2. A 3. B 4. D 5. C 6. B 7. E 8. C 9. C 10. D
11. D 12. E 13. B 14. C 15. B 16. C 17. E 18. B

[B 型题]

1. (1) A   (2) C   (3) B   (4) D   (5) D
2. (1) B   (2) A   (3) C   (4) E   (5) D

[X 型题]

1. ABD   2. BCD   3. ACD   4. AD   5. ABCD   6. ABCD   7. ABCD
8. AB   9. ABCD   10. AC

十一、细胞增殖和凋亡异常与疾病

[A 型题]

1. 与细胞周期驱动力和抑制量无直接关系的是(　　)
   A. cyclin　　B. CDK　　C. CKI　　D. checkpoint　　E. 以上都无关
2. 抑制信号 TGF-β 的主要作用是(　　)
   A. 促进 cyclin D 合成,并抑制 CKI 合成
   B. 抑制 CDK4 表达,诱导 CKI 产生,使 G1 期细胞阻滞
   C. 使 pRb 磷酸化而丧失抑制 E2F 的作用,游离的 E2F 激活 DNA 合成基因,促使 G0 期细胞进入 G1 期
   D. 减少 pRb 磷酸化,引起 G1 期阻滞促进修复,以消除 DNA 损伤引发的肿瘤
   E. 以上都不对
3. Li-Fraumeni 癌症综合征患者遗传的一个突变的基因是(　　)
   A. Rb　　B. p16　　C. p21　　D. p53　　E. p51
4. 下列哪一个是细胞周期素依赖性激酶(　　)
   A. cyclin A　　B. cyclin C　　C. cyclin E　　D. CDK1　　E. CKI
5. 位于 G1/S 期交界处的 DNA 损伤检查点的作用是(　　)
   A. 保证 DNA 的量,使细胞周期精确和有序进行
   B. 是细胞周期运转的驱动力量
   C. 探测和获得 DNA 受损信号,启动 DNA 修复,以保证 DNA 的质
   D. 激活相应 CDK 和加强 CDK 对特定底物的作用
   E. 通过与 cyclin D 竞争结合 CDK4 或 CDK6,抑制 cyclin D/CDK4 或 CDK6 形成及其活性
6. 下列与癌基因 C-myc 协同作用能诱导转基因小鼠发生 B 淋巴瘤的是(　　)
   A. cyclin D1　　B. P16^{Ink4a}　　C. cyclin E　　D. p53　　E. CDK4
7. 1,25-二羟维生素 D3 处理 Hela 细胞,可增加下列哪项表达量而抑制癌细胞生长(　　)
   A. p53　　B. cyclin E　　C. p27　　D. cyclin D1　　E. p16
8. 肿瘤细胞恶性增殖主要是细胞内哪项因素增高所致(　　)
   A. cyclin　　B. CKI　　C. CDK　　D. 泛素　　E. p53
9. 关于细胞凋亡下列说法不正确的是(　　)
   A. 细胞凋亡是由内外因素触发预存的死亡程序的过程

B. 其生化特点是有新的蛋白质合成

C. 其形态学变化是细胞结构的全面溶解

D. 凋亡过程受基因调控

E. 细胞凋亡也是一生理过程

10. 细胞凋亡的主要执行者是（   ）

　　A. 溶酶体酶　　　B. 核酸内切酶　　　C. 巨噬细胞

　　D. 蛋白激酶 C　　E. 干扰素

11. 细胞凋亡的关键性结局是（   ）

　　A. DNA 片段断裂　B. 核酸内切酶激活　C. 凋亡蛋白酶激活

　　D. ATP 生成减少　E. Ca^{2+} 内流增加

12. 关于细胞凋亡常见的诱导因素，下列不正确的是（   ）

　　A. 神经生长因子不足　　　　　　B. 抗癌药物

　　C. 电离辐射　　　　　　　　　　D. 生理剂量的 ACTH

　　E. HIV 感染

13. 促进细胞凋亡的基因有（   ）

　　A. p53　　　　　B. ICE　　　　　C. Bax

　　D. Fas　　　　　E. 以上都是

14. 细胞凋亡的双向调控基因是（   ）

　　A. p53　　　　　B. Bcl-x　　　　C. CIP

　　D. EIB　　　　　E. ICE

15. 关于 Bcl-2 抗凋亡的主要机制，下列不正确的是（   ）

　　A. 抗氧化　　　　　　　　　　　B. 抑制线粒体释放促凋亡蛋白质

　　C. 降低线粒体跨膜电位　　　　　D. 抑制凋亡调节蛋白

　　E. 抑制 caspases 激活

16. 下列关于 p53 的说法，不正确的是（   ）

　　A. p53 基因突变后可促进细胞凋亡

　　B. p53 基因编码的蛋白是一种 DNA 结合蛋白

　　C. p53 蛋白负责检查 DNA 是否损伤

　　D. p53 蛋白可启动 DNA 修复机制

　　E. p53 主要在 G1/S 期交界处发挥检查点的功能

17. 目前最受关注的抑癌基因是（   ）

　　A. Bcl-2　　　　B. Bax　　　　　C. p53

　　D. IAP　　　　　E. EIB

18. 关于肿瘤的发病机制，下列错误的是（   ）

　　A. 细胞凋亡受抑制　　　　　　　B. 细胞增殖过度

　　C. 肿瘤组织 Bcl-2 基因表达较低　D. p53 基因突变或缺失

E. 细胞存活大于死亡

19. 与细胞凋亡不足有关的疾病是（　　）
    A. 心力衰竭　　　　　　　　　B. 心肌缺血－再灌注损伤
    C. 阿尔茨海默病　　　　　　　D. 胰岛素依赖性糖尿病
    E. AIDS

20. 与细胞凋亡过度有关的疾病是（　　）
    A. 帕金森病　　B. 慢性甲状腺炎　　C. 结肠癌
    D. 白血病　　　E. 肺癌

21. 细胞凋亡不足与过度并存的疾病是（　　）
    A. 心力衰竭　　B. 动脉粥样硬化　　C. AIDS
    D. 肝癌　　　　E. 胰岛素依赖性糖尿病

22. 人免疫缺陷病毒（HIV）感染引起的 AIDS 关键的发病机制是（　　）
    A. CD4＋淋巴细胞选择性增生，相关免疫反应功能增强
    B. CD4＋淋巴细胞选择性破坏，相关免疫缺陷
    C. Fas 基因表达下调，T 淋巴细胞死亡增加
    D. Fas 基因表达下调，B 淋巴细胞增殖过度
    E. HIV 诱导巨噬细胞凋亡

23. 防治细胞凋亡的方法，下列不正确的是（　　）
    A. 合理利用凋亡相关因素　　　B. 干预凋亡信号转导
    C. 调节相关基因　　　　　　　D. 促进线粒体跨膜电位的降低
    E. 控制凋亡相关酶学机制

24. 诱导肿瘤细胞凋亡可采取（　　）
    A. 增加某些细胞生长因子　　　B. 肿瘤组织局部加热 43℃，30 分钟
    C. 抑制 TNF　　D. 增加 Bcl-2 作用　　E. 阻止线粒体跨膜电位下降

25. 含锌药物可用于治疗某些凋亡过度的疾病，其理由是（　　）
    A. Zn^{2+} 可抑制核酸内切酶的活性　　B. Zn^{2+} 阻止细胞内钙超载
    C. Zn^{2+} 可防止线粒体 $\Delta\Psi m$ 下降　　D. Zn^{2+} 可促进细胞的增殖
    E. 含锌药物作用机制同免疫抑制剂环胞霉素 A

[B 型题]

1. 从下列各选项中选择合适的选项填入各小题中。
    A. 调节亚基　　B. 催化亚基　　C. CDK　　D. cyclin　　E. p53 蛋白
   （1）CDK 发挥作用是作为_____。
   （2）cyclin 发挥作用是作为_____。
   （3）分为 G1 期、S 期和 G2/M 期细胞三大类的是_____。
   （4）CKI 抑制_____。

（5）抑癌基因产物是_____。
2. 从下列各选项中选择合适的选项填入各小题中。
　　A. 细胞周期的驱动力改变　　　　B. 增殖抑制信号
　　C. CDK　　　D. 肿瘤　　　E. CDK 活性增加
（1）分子浓度在正常细胞周期各阶段稳定的是_____。
（2）转化生长因子β（TGF-β）属于_____。
（3）cyclin, CDK 和 CKI 表达过高或过低属于_____。
（4）对细胞周期调控异常研究最为深入的疾病是_____。
（5）肿瘤细胞恶性增殖主要是细胞内_____。
3. 从下列各选项中选择合适的选项填入各小题中。
　　A. 磷酸激酶　　B. DNA 复制检查点　　C. DNA 损伤检查点
　　D. CDK　　　　E. cyclin
（1）在 G1/S 期交界处检查的是_____。
（2）负责检查 DNA 复制进度的是_____。
（3）分子浓度在细胞周期各阶段呈周期性波动的是_____。
（4）细胞周期检查点的效应器是_____。
（5）可作为检查点传感器的是_____。
4. 从下列各选项中选择合适的选项填入各小题中。
　　A. CDK4　　B. 凋亡　　C. CKI　　D. p53　　E. p27
（1）介导 TGF-β 增殖抑制的靶蛋白可能是_____。
（2）属于 CDK 抑制物的是_____。
（3）p53 过度表达可诱导_____。
（4）在人类肿瘤中发生突变率很高的基因是_____。
（5）被认为是致死性基因突变的是_____。
5. 从下列各选项中选择合适的选项填入各小题中。
　　A. 主动性细胞死亡　　B. 被动性细胞死亡　　C. DNA 片段化断裂
　　D. 溶酶体相对完整　　E. 维持内环境稳定
（1）细胞凋亡是一种_____。
（2）细胞坏死是一种_____。
（3）细胞凋亡的形态特点是_____。
（4）细胞凋亡的生化特点是_____。
（5）细胞凋亡的生理意义是_____。
6. 从下列各选项中选择合适的选项填入各小题中。
　　A. CD_4^+ 淋巴细胞大量凋亡　　　　B. 核酸内切酶
　　C. 抑制 Bcl-2 抗凋亡作用　　　　　　D. 细胞凋亡抑制物
　　E. 促进细胞膜表达 Fas/FasL

（1）HIV 引起机会性感染增加的主要原因是_____。
（2）诱导因素经胞内信号转导可激活_____。
（3）凋亡蛋白酶的主要作用是灭活_____。
（4）使用外源性 TNFα 抗肿瘤的可能机制是_____。
（5）阿霉素抗肿瘤的可能机制是_____。

7. 从下列各选项中选择合适的选项填入各小题中。
    A. 肿瘤　　　　B. 心力衰竭　　　　C. p53
    D. 动脉粥样硬化　E. Bcl-2
（1）细胞凋亡不足引起的疾病是_____。
（2）细胞凋亡过度引起的疾病是_____。
（3）细胞凋亡过度与不足共存引起的疾病是_____。
（4）抑制凋亡的基因是_____。
（5）促进凋亡基因是_____。

8. 从下列各选项中选择合适的选项填入各小题中。
    A. Zn^{2+}　　　　B. HIV　　　　C. 电离辐射
    D. Bcl-2　　　　E. 环孢素 A
（1）诱导 CD_4^+ 淋巴细胞凋亡的是_____。
（2）抑制核酸内切酶活性的是_____。
（3）抑制线粒体膜电位下降的是_____。
（4）增加肿瘤细胞对射线的耐受性的是_____。
（5）诱导 T 白血病细胞凋亡的是_____。

[X 型题]

1. 肿瘤细胞中可见下列哪些物质的过度表达（　　）
    A. CDK4　　　　B. p27　　　　C. p21
    D. Bcl-2　　　　E. CKI

2. 细胞周期素依赖性激酶抑制因子（CDI）包括（　　）
    A. Ink4　　　　B. TGF-β　　　　C. 泛素
    D. Kip　　　　E. p21

3. cyclin D 是（　　）
    A. 生长因子感受器　B. Bcl-1　　　　C. 原癌基因产物
    D. 肿瘤抑制基因产物　E. TGF-β

4. 调控细胞周期从下列哪些方面进行肿瘤的防治（　　）
    A. 抑制促增殖信号或提高抑增殖信号
    B. 抑制 cyclin 或（和）CDK 的表达和活性
    C. 提高 CKI 的表达和活性

D. 修复缺陷的细胞周期检查点

E. 利用缺陷的细胞周期检查点

5. 细胞凋亡过度参与了以下哪些疾病的发病(　　)
    A. 肿瘤　　　　　　B. 动脉粥样硬化　　　C. 阿尔茨海默病
    D. 心肌缺血－再灌注损伤　　　　　　　　E. 艾滋病

6. 细胞凋亡与坏死的区别是(　　)
    A. 细胞凋亡发生都是随机的　　　　B. 凋亡时有新的蛋白质合成
    C. 凋亡是耗能的主动过程　　　　　D. 凋亡细胞局部有炎症反应
    E. 凋亡时细胞皱缩,细胞器相对完整

7. 细胞凋亡作为生理过程其意义在于(　　)
    A. 保证机体正常生长发育　　　　　B. 清除突变和衰老的细胞
    C. 发挥防御功能　　　　　　　　　D. 防止酸碱平衡紊乱
    E. 促进骨髓造血

8. 细胞凋亡过程包括(　　)
    A. 信号转导　　　　B. 基因激活　　　　C. 死亡执行
    D. 凋亡细胞清除　　E. 肾脏排出

9. 细胞凋亡的主要执行者是(　　)
    A. 氧自由基　　　　B. 核酸内切酶　　　C. caspases
    D. 超氧物歧化酶　　E. Fas 基因

10. 凋亡细胞的形态学改变包括(　　)
    A. 胞膜空泡化　　　B. 膜表面芽状突起　C. 染色质边集
    D. 线粒体崩解　　　E. 凋亡小体形成

11. 凋亡细胞的生化改变是(　　)
    A. DNA 片段化断裂
    B. DNA 片段在凝胶电泳中呈梯状条带
    C. 诱导因素直接激活核酸内切酶
    D. 核酸内切酶正常情况下位于核内无活性
    E. caspases 激活

12. 细胞凋亡的相关因素有(　　)
    A. 糖皮质激素分泌过多　　　　　　B. 电离辐射、高温
    C. 细胞毒性 T 淋巴细胞分泌粒酶　　D. 病毒感染
    E. IL-2(白介素-2)分泌减少

13. 抑制细胞凋亡的因素有(　　)
    A. Zn^{2+}　　　　　B. 苯巴比妥　　　　C. EB 病毒
    D. 氧自由基　　　　E. 中性氨基酸

14. 关于 Bcl-2 下列说法正确的是(　　)

A. Bcl-2 是第一个被确认的抑凋亡基因
B. Bcl-2 蛋白主要分布在线粒体外膜
C. Bcl-2 过高表达可导致肿瘤对抗癌药的耐受性增强
D. 维持细胞内钙稳态是其抗凋亡机制之一
E. Bcl-2 具有直接的抗氧化作用

15. 细胞凋亡不足产生的疾病是（　　）
A. 自身免疫病　　　B. 结肠癌　　　C. 前列腺癌
D. 阿尔茨海默病　　E. 心力衰竭

16. 细胞凋亡过度可产生的疾病是（　　）
A. 肿瘤　　　　　　B. 艾滋病　　　C. 心力衰竭
D. 帕金森病　　　　E. 阿尔茨海默病

参考答案

[A 型题]

1. D   2. B   3. D   4. D   5. C   6. A   7. C   8. C   9. C   10. B
11. A   12. D   13. E   14. B   15. C   16. A   17. C   18. C   19. D   20. A
21. B   22. B   23. D   24. B   25. A

[B 型题]

1. (1)B   (2)A   (3)D   (4)C   (5)E
2. (1)C   (2)B   (3)A   (4)D   (5)E
3. (1)C   (2)B   (3)E   (4)D   (5)A
4. (1)A   (2)C   (3)B   (4)D   (5)E
5. (1)A   (2)B   (3)D   (4)C   (5)E
6. (1)A   (2)B   (3)D   (4)C   (5)E
7. (1)A   (2)B   (3)D   (4)E   (5)C
8. (1)B   (2)A   (3)E   (4)D   (5)C

[X 型题]

1. AD   2. AD   3. ABC   4. ABCDE   5. BCDE   6. BCE   7. ABC
8. ABCD   9. BC   10. ABCE   11. ABDE   12. ABCDE   13. ABCE
14. ACDE   15. ABC   16. BCDE

十二、缺血-再灌注损伤

[A型题]

1. 有关再灌注的条件,不正确的是(　　)
   A. 再灌注的压力大小　　B. 灌注液的温度　　C. 灌注液的pH
   D. 灌注液的电解质浓度　　E. 灌注的时间

2. 黄嘌呤脱氢酶转化为黄嘌呤氧化酶需要有(　　)
   A. 镁依赖性蛋白水解酶　　B. 锌依赖性蛋白水解酶
   C. 钙依赖性蛋白水解酶　　D. 钼依赖性蛋白水解酶
   E. 铜依赖性蛋白水解酶

3. 一般认为再灌注时氧自由基最早来自于(　　)
   A. 线粒体　　B. 儿茶酚胺　　C. 脂质过氧化
   D. 中性粒细胞　　E. 内皮细胞

4. 下列物质中,哪一项不属于自由基(　　)
   A. $O_2^-\cdot$　　B. $OH\cdot$　　C. $LO\cdot$
   D. H_2O_2　　E. $LOO\cdot$

5. 人们认识最早和研究最多的缺血-再灌注损伤的器官是(　　)
   A. 心　　B. 脑　　C. 肺
   D. 肾　　E. 肠

6. 导致染色体畸变、核酸碱基改变或DNA断裂的自由基主要为(　　)
   A. $O_2^-\cdot$　　B. $OH\cdot$　　C. H_2O_2
   D. $LO\cdot$　　E. $LOO\cdot$

7. 呼吸爆发是指(　　)
   A. 缺血-再灌注性肺损伤　　B. 肺通气量代偿性增强
   C. 中性粒细胞氧自由基生成大量增加　　D. 线粒体呼吸链功能增加
   E. 呼吸中枢兴奋性增强

8. 心肌缺血-再灌注损伤时钙代谢障碍的表现无哪一项(　　)
   A. 胞质钙超载　　B. 肌浆网摄钙能力下降
   C. 线粒体钙聚集　　D. 肌浆网钙聚集
   E. 线粒体中磷酸钙沉积

9. 缺血-再灌注导致细胞内钙超载的机制无哪一项(　　)
   A. 钠的平衡障碍　　B. 细胞膜通透性增加

C. 溶酶体损伤　　　　　　　　　　D. 线粒体膜损伤
E. 钙泵功能障碍

10. 无复流现象与下列哪项因素无关（　　）
    A. 心肌细胞肿胀　　　　　　　　B. 心肌细胞损伤
    C. 血管内皮细胞肿胀　　　　　　D. 心肌细胞收缩
    E. 微血管堵塞

11. 黄嘌呤氧化酶主要存在于（　　）
    A. 毛细血管内皮细胞内　　　　　B. 巨噬细胞内
    C. 心肌细胞内　　　　　　　　　D. 血小板内
    E. 白细胞内

12. 脑缺血 – 再灌注损伤时细胞内第二信使的变化为（　　）
    A. cAMP↓和 cGMP↓　　　　　　B. cAMP↑和 cGMP↑
    C. cAMP↑和 cGMP↓　　　　　　D. cAMP↓和 cGMP↑
    E. cAMP 和 cGMP 均正常

13. 评价脑缺血 – 再灌注损伤的主要代谢指标是（　　）
    A. ATP、CP 及葡萄糖减少　　　　B. CP 及乳酸减少
    C. cAMP↓　　　　　　　　　　　D. cGMP↑
    E. 过氧化脂质生成减少

14. 缺血 – 再灌注性心律失常最常见的类型是（　　）
    A. 房性心律失常　　　　　　　　B. 房室传导阻滞
    C. 房室交界部阻滞　　　　　　　D. 室性心律失常
    E. 房颤

15. 心、肺骤停后下列哪种器官复苏最困难（　　）
    A. 心　　　　B. 肺　　　　C. 脑
    D. 肝　　　　E. 肾

16. 有关钙超载导致再灌注损伤的机制无哪一项（　　）
    A. 细胞膜损伤　　　　　　　　　B. 线粒体膜损伤
    C. 蛋白酶激活　　　　　　　　　D. 细胞内酸中毒
    E. 胞膜 Na^+/Ca^{2+} 交换增加

17. 下列物质中哪种收缩血管的作用最强（　　）
    A. 血管紧张素　　　　　　　　　B. 内皮素
    C. 白三烯　　　　　　　　　　　D. TXA_2
    E. PGI_2

18. 自由基对机体的损伤最主要是通过（　　）
    A. 蛋白质交联　　　　　　　　　B. 直接损伤核酸
    C. 引发葡萄糖交联　　　　　　　D. 脂质过氧化引起损伤

E. 引起染色体畸变

19. 以下物质中哪个不是自由基（　　）
    A. NO B. $O_2^-\cdot$ C. OH·
    D. O_2 E. LOO·

20. 下列因素中，哪一项不是自由基攻击的成分（　　）
    A. 膜脂质 B. 蛋白质
    C. DNA D. 电解质
    E. 线粒体

21. 关于促使肌浆网释放 Ca^{2+} 引起心肌细胞钙超载，正确的是（　　）
    A. 磷脂酰肌醇 B. 三磷酸肌醇(IP_3)
    C. 二酰甘油(DAG) D. 2,3-DPG
    E. cAMP

22. 心肌顿抑的最基本特征是缺血-再灌注后（　　）
    A. 心肌细胞坏死 B. 代谢延迟恢复
    C. 结构改变延迟恢复 D. 收缩功能延迟恢复
    E. 心功能立即恢复

23. 下列物质中哪种不是自由基清除剂（　　）
    A. 过氧化氢酶 B. 过氧化物酶
    C. SOD D. CAT
    E. NADPH 氧化酶

24. 一般认为，缺血-再灌注损伤的始发环节是（　　）
    A. ATP 缺乏 B. 细胞内钙超载
    C. 无复流现象 D. 氧自由基作用
    E. 白细胞浸润

25. 导致无复流现象的病理生理基础是（　　）
    A. 白细胞肿胀 B. 血管内皮细胞肿胀
    C. 血管通透性增加 D. 白细胞激活
    E. 微血管痉挛

26. 心肌缺血-再灌注损伤导致舒缩功能降低，但下列哪项除外（　　）
    A. 心输出量(CO)降低
    B. 心室舒张末期压力(VEDP)降低
    C. 心室收缩峰压(VPSP)降低
    D. 心室内压最大变化速率($\pm dp/dt_{max}$)降低
    E. 心肌顿抑

27. 抑制黄嘌呤氧化酶酶性的自由基清除剂是（　　）
    A. 别嘌醇 B. 去铁胺

C. 谷胱甘肽过氧化物酶 　　　　　　D. 二甲基亚砜
E. 维拉帕米

28. 谷胱甘肽过氧化物酶能清除（　　　）
   A. $O_2^-\cdot$ 　　　　B. $OH\cdot$ 　　　　C. H_2O_2
   D. CO_2 　　　　E. $LOO\cdot$

29. 再灌注时钙超载的最主要途径是（　　　）
   A. K^+/Na^+ 交换 　　　　　　B. Na^+/Ca^{2+} 交换异常
   C. Na^+/Ca^{2+} 交换 　　　　D. L 型通道
   E. 肌浆网钙释放通道

30. 催化中性粒细胞产生自由基的是（　　　）
   A. 黄嘌呤氧化酶 　　　　　　B. NADPH 氧化酶
   C. 蛋白激酶 C 　　　　　　　D. 磷脂酶
   E. 超氧化物歧化酶

[B 型题]

1. 从下列各选项中选择合适的选项填入各小题中。
   A. $O_2^-\cdot$ 　　B. H_2O_2 　　C. $OH\cdot$ 　　D. $LO\cdot$ 　　E. H_2O
   （1）当氧在体内获得一个电子时生成_____。
   （2）当氧在体内获得两个电子时生成_____。
   （3）当氧在体内获得三个电子时生成_____。
   （4）当氧在体内获得四个电子时生成_____。
   （5）其他自由基和活性氧产生的基础是_____。

2. 从下列各选项中选择合适的选项填入各小题中。
   A. 黄嘌呤脱氢酶（XD） 　　　　B. 黄嘌呤氧化酶（XO）
   C. 次黄嘌呤 　　　　　　　　　D. 黄嘌呤
   E. 尿酸
   （1）黄嘌呤氧化酶的前体是_____。
   （2）黄嘌呤氧化酶催化黄嘌呤可生成_____。
   （3）黄嘌呤氧化酶的作用底物除了黄嘌呤还有_____。
   （4）次黄嘌呤在黄嘌呤氧化酶催化下可直接生成_____。
   （5）$O_2^-\cdot$ 形成的主要催化酶是_____。

3. 从下列各选项中选择合适的选项填入各小题中。
   A. 白细胞趋化 　　　　　　B. 白细胞沿内皮细胞滚动
   C. 白细胞黏附和聚集 　　　D. 白细胞游走
   E. 白细胞产生氧自由基
   （1）呼吸爆发可引起_____。

(2) LTB$_4$ 可引起_____。

(3) 白细胞 β$_2$ 整合素与内皮细胞的细胞间黏附分子 1（ICAM-1）相互作用可导致_____。

(4) 内皮细胞表面 P-选择素与白细胞表面相应受体发生低亲和力相互作用可引起_____。

(5) 内皮细胞交汇处表达的血小板 – 内皮细胞黏附分子 1（PECAM-1）可促成_____。

4. 从下列各选项中选择合适的选项填入各小题中。
  A. 超氧化物歧化酶（SOD）   B. 钙依赖性蛋白酶
  C. 过氧化氢酶和谷胱甘肽过氧化物酶 D. 二甲基亚砜和甘露醇
  E. 过氧化氢酶和 NADPH 氧化酶

(1) 将黄嘌呤氧化酶转换成黄嘌呤脱氢酶的是_____。

(2) OH· 的清除剂是_____。

(3) O_2^-· 的清除剂是_____。

(4) 可清除 H_2O_2 的是_____。

[X 型题]

1. 缺血 – 再灌注时，氧自由基增多的机制有（ ）
  A. 线粒体功能障碍   B. 儿茶酚胺的增加和氧化
  C. 中性粒细胞聚集   D. 黄嘌呤氧化酶途径激活
  E. 以上都是

2. 心肌缺血 – 再灌注时 ATP 减少的原因有（ ）
  A. ATP 消耗过多   B. 无氧酵解生成 ATP 减少
  C. ATP 合成前体腺苷池减少   D. 线粒体受损
  E. 组织氧供应不足

3. 自由基对机体的损伤作用是通过（ ）
  A. 引发脂质过氧化使脂质交联 B. 蛋白质交联
  C. 引起葡萄糖交联   D. 引起染色体畸变
  E. 膜流动性增强

4. 缺血 – 再灌注时氧自由基可来自（ ）
  A. 黄嘌呤氧化酶系统   B. 吞噬细胞呼吸爆发
  C. 线粒体   D. 肌浆网
  E. 溶酶体

5. 缺血 – 再灌注使微血管口径改变的机制有（ ）
  A. 缩血管物质增多   B. TXA$_2$ 增多
  C. 扩血管物质减少   D. 微血栓形成

E. PGI_2 增多

6. 钙超载引起缺血-再灌注损伤的机制包括(　　)
   A. 细胞膜损伤
   B. 线粒体损伤
   C. 蛋白酶激活
   D. 加重酸中毒
   E. 心肌过度舒张

7. 再灌注时白细胞的激活可产生并释放(　　)
   A. 黏附分子
   B. 血小板活化因子
   C. 内皮细胞
   D. 白三烯
   E. 激肽

8. 缺血-再灌注导致钙超载的机制包括(　　)
   A. Na^+/Ca^{2+} 交换异常
   B. Na^+/K^+ 交换异常
   C. 蛋白酶激活
   D. 线粒体膜损伤
   E. 细胞膜损伤

9. 心脏缺血-再灌注损伤表现为(　　)
   A. 再灌注性心律失常
   B. 心肌顿抑
   C. 线粒体肿胀
   D. 心脏扩大
   E. 肌纤维收缩带形成

10. 脑缺血-再灌注损伤的表现为(　　)
    A. 磷脂酶活性增加
    B. 环磷酸腺苷含量增加
    C. 环磷酸鸟苷含量增加
    D. 兴奋性氨基酸降低
    E. 抑制性氨基酸升高

参 考 答 案

[A 型题]

1. E	2. E	3. E	4. D	5. A	6. C	7. C	8. B	9. A	10. B
11. A	12. C	13. A	14. D	15. C	16. E	17. D	18. D	19. D	20. D
21. B	22. D	23. E	24. D	25. D	26. E	27. A	28. C	29. B	30. A

[B 型题]

1. (1)A　(2)B　(3)C　(4)E　(5)A
2. (1)A　(2)E　(3)C　(4)D　(5)B
3. (1)E　(2)A　(3)C　(4)B　(5)D
4. (1)B　(2)D　(3)A　(4)C

[X 型题]

1. ABCDE　2. BCD　3. ABD　4. ABC　5. ABCD　6. ABCD　7. ABDE
8. ABDE　9. ABCE　10. ABDE

十三、休 克

[A 型题]

1. 成年人一次急性失血量至少超过总血量的多少才能引起休克（ ）
   A. 50%　　　B. 40%　　　C. 30%　　　D. 20%　　　E. 10%
2. 以下哪种情况不会引起心源性休克（ ）
   A. 大面积心肌梗死　　　　　　B. 严重心律失常
   C. 急性心肌炎　　　　　　　　D. 心包填塞
   E. 充血性心力衰竭
3. 休克的发生主要是由于（ ）
   A. 中枢神经系统在剧烈震荡与打击下由兴奋转入抑制
   B. 微循环血液灌流降低和细胞功能代谢发生严重障碍
   C. 交感 – 肾上腺髓质系统衰竭与麻痹
   D. 血量减少，回心血量不足，心输出量减少
   E. 血管运动中枢麻痹，小动脉扩张，血压下降
4. 休克时交感 – 肾上腺髓质系统处于何种状态（ ）
   A. 先兴奋后抑制，最后衰竭　　B. 强烈兴奋
   C. 先抑制后兴奋　　　　　　　D. 强烈抑制
   E. 改变不明显
5. 失血性休克血压下降早期主要与（ ）
   A. 交感神经 – 肾上腺髓质系统衰竭有关
   B. 细胞严重缺氧能量代谢障碍有关
   C. 血液灌流不足、微循环血管大量扩张有关
   D. 血管紧张度下降、外周阻力降低有关
   E. 低血容量引起回心血量不足、心输出量降低有关
6. 正常微循环中经常开放的通路指（ ）
   A. 迂回通路　　　　　　　　　B. 动 – 静脉短路
   C. 直捷通路　　　　　　　　　D. 真毛细血管网
   E. 营养通路
7. 微循环的营养通路是（ ）
   A. 微动脉→后微动脉→直通毛细血管→微静脉
   B. 微动脉→后微动脉→直通毛细血管→真毛细血管→微静脉

C. 微动脉→动静脉吻合支→微静脉
D. 微动脉→后微动脉→毛细血管前括约肌→真毛细血管→微静脉
E. 微动脉→动静脉吻合支→真毛细血管→微静脉

8. 正常微循环中经常关闭的通路是（　　）
   A. 直捷通路　　　　　　　　　　B. 动-静脉短路
   C. 迂回通路　　　　　　　　　　D. 真毛细血管网
   E. 营养通路

9. 正常真毛细血管血流的调节主要与（　　）
   A. 交感神经的支配有关
   B. 毛细血管前括约肌自身节律性舒缩有关
   C. 毛细血管内皮细胞收缩有关
   D. 全身体液因素有关
   E. 局部体液因素有关

10. 休克微循环缺血期引起微血管收缩最主要的体液因素改变是（　　）
    A. 血管紧张素Ⅱ↑　　　　　　　B. MDF↑
    C. 加压素↑　　　　　　　　　　D. TXA_2↑
    E. 儿茶酚胺↑

11. 休克微循环缺血期微循环开放的血管可有（　　）
    A. 微动脉　　　　　　　　　　　B. 动静脉吻合支
    C. 后微动脉　　　　　　　　　　D. 微静脉
    E. 毛细血管前括约肌

12. 休克微循环缺血期微循环灌流的特点是（　　）
    A. 多灌少流,灌多于流　　　　　B. 少灌少流,灌少于流
    C. 少灌多流,灌少于流　　　　　D. 少灌少流,灌多于流
    E. 多灌多流,灌多于流

13. 休克微循环缺血期的心脑灌流量（　　）
    A. 明显增加　　　　　　　　　　B. 明显减少
    C. 无明显改变　　　　　　　　　D. 先减少后增加
    E. 先增加后减少

14. 休克微循环缺血期血液稀释的机制主要是（　　）
    A. 抢救休克时输液过多　　　　　B. 血液稀释疗法
    C. 肝脾储血库收缩　　　　　　　D. 血液重新分配
    E. 组织液返流入血

15. 休克微循环缺血期微循环的变化表现在（　　）
    A. 毛细血管前阻力↑,毛细血管后阻力↑↑,毛细血管容量↓
    B. 毛细血管前阻力↑,毛细血管后阻力↑,毛细血管容量↓

C. 毛细血管前阻力↑↑,毛细血管后阻力↑,毛细血管容量↑

D. 毛细血管前阻力↓,毛细血管后阻力↑,毛细血管容量↑

E. 毛细血管前阻力↑,毛细血管后阻力↑↑,毛细血管容量↑

16. 下列临床表现哪一项不是早期休克的表现(　　)
    A. 脸色苍白　　　　　　　　B. 尿量减少
    C. 四肢冰凉　　　　　　　　D. 神志昏迷
    E. 脉搏细速

17. 休克微循环瘀血期微循环灌流的特点是(　　)
    A. 少灌少流,灌少于流　　　　B. 多灌多流,灌多于流
    C. 少灌多流,灌少于流　　　　D. 多灌多流,灌少于流
    E. 灌而少流,灌多于流

18. 休克微循环瘀血期微循环的变化表现在(　　)
    A. 毛细血管前阻力↑↑,毛细血管后阻力↑,毛细血管容量↓
    B. 毛细血管前阻力↑,毛细血管后阻力↑↑,毛细血管容量↓
    C. 毛细血管前阻力↑,毛细血管后阻力↑,毛细血管容量↑
    D. 毛细血管前阻力↓,毛细血管后阻力↑,毛细血管容量↑
    E. 毛细血管前阻力↑,毛细血管后阻力↓,毛细血管容量↑

19. 休克时正确的补液原则是(　　)
    A. 如血压正常则不必补液
    B. "需多少,补多少"
    C. 补充丧失的部分液体和当天继续丧失的液体
    D. 补充丧失的部分液体,"失多少,补多少"
    E. 补液"宁多勿少"

20. 休克时血细胞比容变化的规律是(　　)
    A. 先正常后降低　　　　　　B. 先降低后升高
    C. 先正常后升高　　　　　　D. 先降低后正常
    E. 先升高后降低

21. 休克微循环缺血期发生的急性肾衰竭属于(　　)
    A. 肾性肾衰竭　　　　　　　B. 肾前性和肾性肾衰竭
    C. 肾后性肾衰竭　　　　　　D. 器质性肾衰竭
    E. 肾前性肾衰竭

22. 所谓"不可逆"性休克是指休克发展到(　　)
    A. 休克失代偿期　　　　　　B. 休克难治期
    C. 微循环瘀血期　　　　　　D. 微循环缺血期
    E. 器官功能衰竭期

23. 休克时儿茶酚胺增加作用于肾上腺素能受体,使组织灌流量减少的机制是

(　　)
　　A. 仅对血管 α-受体作用
　　B. 对 α-受体、β-受体都不起作用
　　C. 仅对血管 β-受体作用
　　D. 先对 α-受体作用后对 β-受体作用
　　E. 对 α-受体、β-受体同时起作用

24. 休克时最常出现的酸碱失衡是(　　)
　　A. 代谢性碱中毒　　　　　　B. AG 增高型代谢性酸中毒
　　C. 呼吸性酸中毒　　　　　　D. 混合型酸中毒
　　E. AG 正常型代谢性酸中毒

25. 休克肺时最初出现的酸碱失衡类型是(　　)
　　A. AG 正常型代谢性酸中毒　　B. 代谢性碱中毒
　　C. AG 增高型代谢性酸中毒　　D. 呼吸性碱中毒
　　E. 呼吸性酸中毒

26. 休克微循环瘀血期交感-肾上腺髓质系统处于何种状态(　　)
　　A. 高度抑制　　　　　　　　B. 高度兴奋
　　C. 衰竭　　　　　　　　　　D. 变化不明显
　　E. 轻度兴奋

27. 休克微循环瘀血期引起血管扩张的下列因素中,不正确的是(　　)
　　A. 血管平滑肌对 CA 的反应性降低　B. 肥大细胞释放组胺
　　C. NO 的大量产生　　　　　　D. 腺苷在局部堆积
　　E. 激肽系统受抑制

28. 休克时发生心力衰竭与下列哪种因素无关(　　)
　　A. 心肌供血量减少　　　　　B. MDF 的作用
　　C. 酸中毒、高钾血症　　　　D. 心脏前负荷增加
　　E. 心肌内的 DIC 使心肌受损

29. 治疗休克时单纯追求用升压药维持血压导致休克加重的机制是(　　)
　　A. 机体对升压药物的耐受性增强
　　B. 升压药使微循环障碍加重
　　C. 血管平滑肌对升压药物失去反应
　　D. 机体丧失对应激的反应能力
　　E. 机体交感神经系统已处于衰竭状态

30. 对休克患者补液时监测左心功能的最佳指标是(　　)
　　A. 血压　　B. 中心静脉压　　C. 脉压　　D. 肺动脉楔压　　E. 尿量

31. 休克时影响白细胞黏附并向血管外移动的主要分子是(　　)
　　A. 血管细胞黏附分子(VCAM)　　B. E-选择素

C. β₂-整合素(CD11/CD18)　　　　D. 细胞间黏附分子(ICAM)
E. 降钙素基因相关肽

32. 在休克微循环衰竭期,下列哪项不是 DIC 形成的直接因素(　　)
    A. 血液高凝　　　　　　　　　B. 严重的酸中毒
    C. 血液黏滞浓缩　　　　　　　D. 内皮激活受损,内、外凝血系统激活
    E. 血中儿茶酚胺浓度过高

33. 低动力型感染性休克的特点为(　　)
    A. CI↑,外周阻力↓,CVP↑,BP↑　　B. CI↑,外周阻力↓,CVP↑,BP↓
    C. CI↓,外周阻力↑,CVP↑,BP↓　　D. CI↓,外周阻力↓,CVP↓,BP↓
    E. CI↓,外周阻力↑,CVP↓,BP↓

34. 高动力型感染性休克的特点为(　　)
    A. CI↑,外周阻力↓,CVP↑,BP↑　　B. CI↑,外周阻力↓,CVP↑,BP↓
    C. CI↓,外周阻力↑,CVP↑,BP↓　　D. CI↓,外周阻力↓,CVP↓,BP↓
    E. CI↓,外周阻力↑,CVP↓,BP↓

35. 过敏性休克治疗首选(　　)
    A. 缩血管药物　　　　　　　　B. 扩血管药物
    C. 输液输血　　　　　　　　　D. 盐皮质激素
    E. 普萘洛尔

36. 失血性休克早期发病学治疗主要用(　　)
    A. 缩血管药物　　　　　　　　B. 扩血管药物
    C. 输液输血　　　　　　　　　D. 盐皮质激素
    E. 普萘洛尔

37. 高排低阻型感染性休克治疗可使用(　　)
    A. 缩血管药物　　　　　　　　B. 盐皮质激素
    C. 扩血管药物　　　　　　　　D. 普萘洛尔
    E. 输液输血

38. 在休克微循环瘀血期,介导白细胞沿毛细血管内皮滚动的炎症因子是(　　)
    A. IL-1　　B. TNF-α　　C. P-selectins　　D. PAF　　E. TXA₂

39. 休克 SIRS 时,大量炎症细胞活化产生的促炎因子是(　　)
    A. PGI₂　　　　　　　　　　　B. TNF-α 和 IL-1
    C. IL-4　　　　　　　　　　　D. 可溶性 TNF-α 受体
    E. 转化生长因子

40. 休克 SIRS 时体内释放增多的抗炎介质有(　　)
    A. PGs　　B. IL-1　　C. IL-4　　D. C3a　　E. C5a

41. 关于 SIRS 的描述,错误的是(　　)

A. 腹腔内感染是引起田 SIRS 的主要原因
B. 大约70% 的射 SIRS 可由感染引起
C. SIRS 发生后,血液细菌培养一定呈阳性
D. SIRS 可出现在感染病原菌消灭后
E. 急性坏死性出血性胰腺炎是引起 SIRS 的一个重要原因

42. 关于 SIRS 的发病机制,不正确的是(　　)
    A. 炎症细胞活化　　　　　　B. 低代谢状态
    C. 炎症介质大量释放　　　　D. 促炎介质/抗炎介质平衡失调
    E. NF-KB 和 MAPK 信号通路的活化

43. 根据发病形式,MODS 可分为(　　)
    A. 重型和轻型　　　　　　　B. 单相速发型和双相迟发型
    C. 急性型和慢性型　　　　　D. 代偿型和失代偿型
    E. 感染型和非感染型

44. MODS 在下列哪型休克时的发生率最高(　　)
    A. 感染性休克　　　　　　　B. 心源性休克
    C. 过敏性休克　　　　　　　D. 失血性休克
    E. 神经源性休克

45. 以下哪一项属于双相迟发型 MODS(　　)
    A. 失血性休克导致急性呼吸衰竭与急性肾衰竭
    B. 失血性休克复苏后又发生脓毒症,并出现急性呼吸衰竭和急性肾衰竭
    C. 脓毒症后相继出现急性呼吸衰竭与急性肾衰竭
    D. 双下肢骨折出现急性呼吸衰竭与急性肾衰竭
    E. SARS 患者出现急性呼吸衰竭与急性肾衰竭

46. 在 MODS 时下列哪个脏器的功能障碍发生率最高(　　)
    A. 肺功能不全　　　　　　　B. 肾功能不全
    C. 脑功能不全　　　　　　　D. 肝功能不全
    E. 胃肠道功能不全

[B 型题]

1. 从下列各选项中选择合适的选项填入各小题中。
    A. CO↑,外周阻力↓,CVP↑,BP↑　B. CO↑,外周阻力↓,CVP↑,BP↓
    C. CO↓,外周阻力↑,CVP↑,BP↓　D. CO↓,外周阻力↓,CVP↓,BP↓
    E. CO↓,外周阻力↑,CVP↓,BP↓

（1）心源性休克的特点为_____。
（2）过敏性休克的特点为_____。
（3）低动力型感染性休克的特点为_____。

（4）高动力型感染性休克的特点为_____。

（5）失血性休克的特点为_____。

[X 型题]

1. 对休克的认识经历了哪几个发展阶段（　　）
   A. 症状描述阶段　　　　　　　　B. 凝血障碍学说阶段
   C. 急性循环衰竭认识阶段　　　　D. 微循环学说创立阶段
   E. 细胞分子水平研究阶段

2. 由血管床容量增加引起的休克有（　　）
   A. 失血性休克　　　　　　　　　B. 心源性休克
   C. 过敏性休克　　　　　　　　　D. 神经源性休克
   E. 感染性休克

3. 烧伤性休克的发生与下列哪些因素有关（　　）
   A. 疼痛　　B. 感染　　C. 低血容量　　D. 过敏　　E. 心力衰竭

4. 休克综合征的临床特点是（　　）
   A. 脉搏细速，脉压差小　　　　　B. 神志昏迷，意识丧失
   C. 面色苍白或发绀，四肢冰冷　　D. 心功能障碍
   E. 血压降低，少尿或无尿

5. 休克瘀血性缺氧期与缺血性缺氧期相比较，其不同的临床表现为（　　）
   A. 脸色苍白，少尿　　　　　　　B. 脉搏细速，脉压小
   C. 血压进行性下降　　　　　　　D. 四肢冰凉，出冷汗
   E. 神志可转入昏迷

6. 较易引起 DIC 的休克类型是（　　）
   A. 失血性休克　　　　　　　　　B. 过敏性休克
   C. 创伤性休克　　　　　　　　　D. 心源性休克
   E. 感染性休克

7. 在治疗休克时，下列何种情况可选择扩血管药物（　　）
   A. 高排低阻型休克　　　　　　　B. 低排高阻型休克
   C. 神经源性休克　　　　　　　　D. 心脑灌注过低的休克患者
   E. 休克中晚期儿茶酚胺浓度过高者

8. 休克缺血性缺氧期"自身输液"的代偿机制是由于（　　）
   A. 小动脉收缩　　　　　　　　　B. 组织液进入血管
   C. 肌性微静脉及小静脉收缩　　　D. 心输出量增加
   E. 肝脾储血库收缩

9. 休克瘀血性缺氧期血细胞比容上升主要是由于（　　）
   A. 毛细血管后阻力大于前阻力　　B. 动 - 静脉短路开放

C. 毛细血管通透性增加　　　　D. 血液重新分配
E. 血浆儿茶酚胺的浓度降低

10. 休克时血管加压素代偿性释放增多是由于(　　)
    A. 大量失血,低血容量,低血压　　B. 血管紧张素Ⅱ↑
    C. 血浆晶体渗透压↑　　　　　　D. 剧烈疼痛
    E. 血浆胶体渗透压↑

11. 休克缺血性缺氧期机体代偿表现有(　　)
    A. 血液重新分配　　　　　　　　B. 毛细血管床容量↑
    C. 血容量得到补充　　　　　　　D. 心收缩力↑
    E. 微静脉收缩,回心血量↑

12. 扩血管药物不宜应用于(　　)
    A. 失血性休克　　　　　　　　　B. 神经源性休克
    C. 过敏性休克　　　　　　　　　D. 创伤性休克
    E. 失液性休克

13. 在治疗休克时下列哪种情况常选择缩血管药(　　)
    A. 低排高阻型休克　　　　　　　B. 出现休克肺和休克肾
    C. 血压过低,心脑灌注过低　　　 D. 高排低阻型休克
    E. 过敏性休克

14. 休克缺血性缺氧期微循环变化的机制有(　　)
    A. 交感-肾上腺髓质系统兴奋　　 B. TXA_2↑
    C. 肾素-血管紧张素系统激活　　 D. 内皮素释放↑
    E. 血管加压素释放↑

15. 休克瘀血性缺氧期微循环瘀滞的主要机制是由于(　　)
    A. 酸中毒使血管对儿茶酚胺的反应性降低
    B. 组织细胞局部产生的扩血管代谢产物增多
    C. 内毒素作用下产生某些扩血管的细胞因子
    D. 白细胞黏附于内皮细胞
    E. 血液浓缩,血液流变学的改变

16. 休克瘀血性缺氧期患者失代偿进入恶性循环是由于(　　)
    A. 毛细血管的静水压升高,血浆外渗
    B. 组胺、激肽等引起毛细血管通透性增加,血浆外渗
    C. 血液浓缩而泥化,血液黏滞度增加
    D. 毛细血管前括约肌松弛,血管床容积加大
    E. 交感神经由兴奋转入衰竭

17. 休克瘀血性缺氧期毛细血管前括约肌开放的主要机制是(　　)
    A. 酸中毒使平滑肌对儿茶酚胺的反应性降低

B. 缺血缺氧引起局部扩血管的代谢产物增多
C. 内毒素引起拟交感的作用
D. 内毒素通过内皮素及 TXA_2 的作用
E. 内毒素引起 NO 增多

18. 休克瘀血性缺氧期回心血量减少的机制有(　　)
    A. 毛细血管床大量开放　　　　B. 血液流变学改变引起血液瘀滞
    C. 组织间液生成增多而回流减少　D. 心肌收缩力减弱
    E. 毛细血管通透性增加而血浆外渗

19. 休克时能引起血管收缩的体液因子有(　　)
    A. 缓激肽　　　　　　　　　　B. 肾素 - 血管紧张素
    C. 内皮素　　　　　　　　　　D. 儿茶酚胺
    E. TXA_2

20. 休克难治期容易导致 DIC 的因素是(　　)
    A. 血液浓缩泥化,纤维蛋白原浓度增加
    B. 酸中毒及内毒素血症损伤血管内皮
    C. 血液瘀滞,血流缓慢,血细胞聚集
    D. 严重创伤,组织因子入血
    E. 溶血导致大量红细胞素释放

21. 休克难治期为不可逆期是因为(　　)
    A. DIC 形成　　　　　　　　　B. 动 - 静脉吻合支大量开放
    C. 重要器官功能衰竭　　　　　D. 严重的细胞损伤
    E. 微血管麻痹

22. 休克肺的病理变化有(　　)
    A. 肺水肿,肺瘀血　　　　　　B. 肺内透明膜形成
    C. 局限性肺不张　　　　　　　D. 肺出血
    E. 肺内微血栓形成

23. 与 SIRS 发生机制有关的因素有(　　)
    A. 单核 - 巨噬细胞变形分泌炎症介质增多
    B. 脂多糖透过肠黏膜侵入肠外组织
    C. 丝裂原活化蛋白激酶被抑制
    D. 核因子 NF-KB 入核启动基因转录
    E. 促炎介质/抗炎介质平衡失调

24. 补体在休克 SIRS 时的作用主要是(　　)
    A. 吸引和激活白细胞　　　　　B. 收缩小血管
    C. 增加血管通透性　　　　　　D. 形成免疫复合物
    E. 释放氧自由基

25. MODS 时易并发内毒素血症是因为（　　）
    A. 肠屏障作用降低　　　　　　B. 肝脏灭活功能降低
    C. 受革兰阴性（G⁻）菌感染　　D. 免疫功能降低
    E. 大量使用抗生素使肠道菌群失调

参考答案

[A 型题]

1. D　2. E　3. B　4. B　5. E　6. C　7. D　8. B　9. E　10. E
11. B　12. B　13. C　14. E　15. B　16. D　17. E　18. D　19. B　20. B
21. E　22. B　23. E　24. B　25. D　26. B　27. E　28. D　29. B　30. D
31. C　32. E　33. E　34. B　35. A　36. C　37. D　38. C　39. B　40. C
41. C　42. B　43. B　44. A　45. B　46. A

[B 型题]

1. (1) C　　(2) D　　(3) E　　(4) B　　(5) E

[X 型题]

1. ACDE　2. CDE　3. ABC　4. ABCE　5. CE　6. CE　7. BE
8. BCE　9. AC　10. ABCE　11. ACDE　12. BC　13. CDE　14. ABCDE
15. ABCDE　16. ABCD　17. ABE　18. ABCE　19. BCDE　20. ABCDE　21. ACDE
22. ABCDE　23. ABDE　24. ACE　25. ABDE

十四、凝血与抗凝血平衡紊乱

[A 型题]

1. 正常时表达 TF 的细胞是（　　）
    A. 血管外层的平滑肌细胞　　B. 血管内皮细胞
    C. 血液单核细胞　　　　　　D. 中性粒细胞
    E. 巨噬细胞

2. 局部组织损伤后 TF 启动的凝血过程不能扩大的原因是血液中存在（　　）
    A. PC　　B. AT-Ⅲ　　C. 肝素　　D. TFPI　　E. PS

3. 血小板的激活剂不包括（　　）
    A. ADP　　B. 凝血酶　　C. TXA_2　　D. PGI_2　　E. 肾上腺素

4. 使 AT-Ⅲ 灭活凝血酶作用明显增强并在血管内皮细胞表达的是（　　）

A. PGI_2　　B. NO　　　C. ADP 酶　D. APC　　E. HS
5. 肝素刺激血管内皮细胞释放的抗凝物质是(　　)
　　A. TXA_2　B. NO　　　C. TM　　　D. TFPI　　E. PC
6. 激活的蛋白 C(APC)可水解(　　)
　　A. FⅡa　　B. FⅢa　　C. FVa　　D. FⅦa　　E. FXa
7. APC 阻碍凝血酶原激活物的形成是由于其灭活了(　　)
　　A. FⅡa　　B. FVa　　C. FⅦa　　D. FⅨa　　E. FXIa
8. APC 的作用不包括(　　)
　　A. 水解 FVa　　　　　　B. 水解 FⅧa　　　　　C. 水解 FⅡa
　　D. 限制 FXa 与血小板的结合　　E. 灭活 PAI-1
9. 不受 VitK 缺乏影响的凝血因子是(　　)
　　A. FⅡ　　B. FX　　　C. FⅦ　　　D. FⅨ　　　E. FⅢ
10. 全身性 Shwartzman 反应促进 DIC 发生的原因是(　　)
　　A. 抗凝物质合成障碍　　　　B. 血液高凝状态
　　C. 单核 – 吞噬细胞系统功能受损　　D. 微循环障碍
　　E. 纤溶系统受抑制
11. 使 AT-Ⅲ消耗增多的情况是(　　)
　　A. 肝功能严重障碍　　B. 口服避孕药　　　C. DIC
　　D. 肾病综合征　　　　E. AT-Ⅲ缺乏、异常症
12. DIC 患者最初常表现为(　　)
　　A. 少尿　　　　　　　B. 出血　　　　　　C. 呼吸困难
　　D. 贫血　　　　　　　E. 嗜睡
13. 导致 DIC 发生的关键环节是(　　)
　　A. FⅫ的激活　　　　　B. FⅢ的大量入血　　C. 凝血酶大量生成
　　D. 纤溶酶原激活物的生成　　　　　　　E. FV 的激活
14. 急性 DIC 过程中,各种凝血因子均可减少,其中减少量最为突出的是(　　)
　　A. 纤维蛋白原　　　　B. 凝血酶原　　　　C. Ca^{2+}
　　D. FX　　　　　　　　E. FⅫ
15. DIC 引起的贫血属于(　　)
　　A. 再生障碍性贫血　　B. 失血性贫血　　　C. 中毒性贫血
　　D. 溶血性贫血　　　　E. 缺铁性贫血
16. DIC 最主要的病理生理学特征是(　　)
　　A. 大量微血栓形成　　B. 凝血功能失常　　C. 纤溶过程亢进
　　D. 凝血物质大量被消耗　　E. 溶血性贫血
17. 引起微血管病性溶血性贫血发生的主要因素是(　　)
　　A. 微血管内皮细胞大量受损　　　B. 纤维蛋白丝在微血管内形成细网

C. 小血管内血流瘀滞　　　　　　D. 微血管内大量微血栓形成
E. 小血管强烈收缩

18. 关于 D-二聚体的表述,错误的是(　　)
    A. 在继发性纤溶亢进时,血中 D-二聚体增高
    B. 在原发性纤溶亢进时,血中 FDP 增高,D-二聚体并不增高
    C. D-二聚体是纤溶酶分解纤维蛋白的产物
    D. D-二聚体是纤溶酶分解纤维蛋白原的产物
    E. D-二聚体是 DIC 诊断的重要指标

19. DIC 时,血液凝固性表现为(　　)
    A. 凝固性增高　　　　B. 凝固性降低　　　　C. 凝固性先增高后降低
    D. 凝固性先降低后增高　E. 凝固性无明显变化

20. 大量使用肾上腺皮质激素容易诱发 DIC 是因为(　　)
    A. 组织凝血活酶大量入血　　　　B. 血管内皮细胞广泛受损
    C. 增加溶酶体膜稳定性　　　　　D. 单核-巨噬细胞系统功能抑制
    E. 肝素的抗凝活性减弱

21. TF-Ⅶa 促进凝血酶原激活物的形成是因为激活了(　　)
    A. FⅧ　　B. FⅨ　　C. FⅩ　　D. FⅪ　　E. FⅫ

22. 由于基因变异而产生 APC 抵抗的凝血因子是(　　)
    A. FⅡ　　B. FⅢ　　C. FⅣ　　D. FⅤ　　E. FⅦ

23. 纤溶酶水解下列何种凝血因子(　　)
    A. 纤维蛋白原或纤维蛋白　　　　B. FⅫ　　　　C. 凝血酶
    D. FⅤ、FⅧ　　　　E. 以上都对

24. 在下列疾病中,哪一项是引起 DIC 最常见的疾病(　　)
    A. 恶性肿瘤　　　　B. 产科意外　　　　C. 代谢性疾病
    D. 大手术创伤　　　E. 感染性疾病

25. 血小板膜糖蛋白 GPIb/IX 通过下列哪个因子与胶原结合(　　)
    A. TM　　B. FⅫ　　C. TXA_2　　D. vWF　　E. TF

26. 严重创伤引起 DIC 的主要机制是(　　)
    A. 交感神经兴奋,血浆儿茶酚胺水平增高
    B. 大量 RBC 和血小板受损
    C. 继发于创伤性休克
    D. 组织因子大量入血
    E. 活化凝血因子的清除功能受损

27. 当异型输血造成急性溶血时,导致 DIC 的主要机制是(　　)
    A. 破损的 RBC 释放出大量 TF
    B. 破损的 RBC 释放出大量 AT-Ⅲ

C. 破损的 RBC 释放出大量 ADP

D. 破损的 RBC 释放出大量 ATP 和 TF

E. 以上都对

28. 下列哪项是急性出血性胰腺炎发生 DIC 的主要原因(　　)

　　A. 大量胰蛋白酶入血激活凝血酶原　　B. 大量组织因子入血

　　C. 引起广泛的内皮细胞损伤　　　　　D. 发热和粒细胞破坏

　　E. 单核吞噬细胞系统功能受损

29. 单核吞噬细胞系统功能障碍时,易诱发 DIC 的因素是(　　)

　　A. 循环血液中凝血抑制物减少　　　　B. 循环血液中促凝物质生成增加

　　C. 循环血液中促凝物质清除减少　　　D. 大量血管内皮细胞受损

　　E. 以上都不对

30. 最能反映微血管病性溶血性贫血的检查项目是(　　)

　　A. 凝血酶原时间(PT)　　　　　　　　B. 凝血酶时间(TT)

　　C. 裂体细胞计数　　　　　　　　　　D. 血小板计数

　　E. 红细胞计数

[B 型题]

1. 从下列各选项中选择合适的选项填入各小题中。

　　A. 活化的蛋白 C　　　B. 纤维连接蛋白　　　C. 抗磷脂抗体

　　D. α_2-巨球蛋白　　　E. 蛋白 S

(1) 可抑制蛋白 C 活化的是_____。

(2) 可作为 APC 的辅酶起作用的是_____。

(3) 可水解 FVa、FⅧa 的是_____。

2. 从下列各选项中选择合适的选项填入各小题中。

　　A. 醛固酮增多症　　　B. Addison 病　　　C. 华–佛综合征

　　D. Cushing 综合征　　　E. 席汉综合征

(1) DIC 累及肾上腺时可发生_____。

(2) DIC 累及垂体时可发生_____。

[X 型题]

1. 活性受 TFPI 抑制的凝血因子有(　　)

　　A. FⅦa　　　　B. FⅧa　　　　C. FⅨa　　　　D. FXa

2. 体内存在的抑制纤溶系统活性的物质有(　　)

　　A. PAI-1　　　B. α_2抗纤溶酶　　　C. α_2-巨球蛋白　　　D. TAPI

3. 可引起纤溶功能亢进的情况有(　　)

　　A. AT-Ⅲ缺乏症　　　　　　　　　　B. 异常纤溶酶原血症

　　C. 肝癌　　　　　　　　　　　　　　D. DIC

4. 血管内皮细胞可产生(　　)
   A. TF　　　　　B. TAFI　　　　　C. API-1　　　　　D. TFPI

5. 妊娠3周开始,孕妇血液中增多的物质有(　　)
   A. PAI　　　　　B. AT-Ⅲ　　　　　C. t-PA　　　　　D. 血小板

6. 纤维蛋白(原)降解产物中,具有抗凝血酶作用的片段是(　　)
   A. D 片段　　　B. E 片段　　　C. Y 片段　　　D. X 片段

7. 引起急性 DIC 常见的原因有(　　)
   A. 恶性肿瘤　　B. 严重创伤　　C. 严重感染　　D. 异型输血

参考答案

[A 型题]

1. A　2. D　3. D　4. E　5. D　6. C　7. B　8. C　9. E　10. C
11. D　12. B　13. C　14. A　15. D　16. A　17. B　18. C　19. C　20. D
21. C　22. D　23. E　24. E　25. D　26. D　27. C　28. A　29. C　30. C

[B 型题]

1. (1)C　　(2)E　　(3)A
2. (1)C　　(2)E

[X 型题]

1. AD　2. ABCD　3. CD　4. CD　5. AD　6. BC　7. ABCD

十五、心功能不全

[A 型题]

1. 对收缩性心力衰竭的概念描述最恰当的是(　　)
   A. 由前负荷降低引起的泵衰竭
   B. 心室充盈压升高
   C. 心脏每搏输出量降低
   D. 伴有水钠潴留和静脉压升高的心力衰竭
   E. 心输出量减少,难以满足全身组织代谢需要

2. 伴有左心室压力负荷增加的疾病是(　　)
   A. 肺动脉高压　　B. 高血压病　　C. 甲状腺功能亢进
   D. 室间隔缺损　　E. 心肌炎

3. 引起左心室容量负荷增加的疾病是(　　)
   A. 主动脉瓣关闭不全　B. 肥厚性心肌病　C. 心肌炎
   D. 高血压病　　　　　E. 心肌梗死
4. 高输出量性心力衰竭患者的血流动力学特点是(　　)
   A. 心输出量比心力衰竭前增加
   B. 心输出量比心力衰竭前降低,但高于平均正常水平
   C. 心输出量比心力衰竭前降低,并低于平均正常水平
   D. 心输出量比心力衰竭前增加,但低于平均正常水平
   E. 心输出量比心力衰竭前增加,可高于平均正常水平
5. 心力衰竭时启动心率加快的代偿机制是(　　)
   A. 主动脉弓压力感受器传入冲动增多
   B. 心房舒张期压力下降
   C. 心脏迷走神经紧张性增加
   D. 对主动脉弓和颈动脉窦压力感受器的刺激减弱
   E. 心室收缩末期压力升高
6. 急性心力衰竭时不易出现的代偿方式是(　　)
   A. 血液重新分布　　B. 交感神经兴奋　C. 心脏紧张源性扩张
   D. 心肌肥大　　　　E. 心率加快
7. 心力衰竭时血液灌注量减少最明显的器官是(　　)
   A. 肝脏　　　　　　B. 骨骼肌　　　　C. 肾脏
   D. 皮肤　　　　　　E. 心脏
8. 左心衰竭患者新近出现右心衰竭时可表现为(　　)
   A. 肺瘀血加重,体循环瘀血减轻　　　B. 肺瘀血、水肿减轻
   C. 肺瘀血、体循环瘀血均减轻　　　　D. 肺瘀血、体循环瘀血均加重
   E. 肺瘀血、水肿加重
9. 关于心力衰竭引起的心率加快,不正确的说法是(　　)
   A. 增加心输出量
   B. 与交感神经兴奋有关
   C. 心率越快代偿效果越好
   D. 心率加快是最容易和最迅速被动员的一种代偿方式
   E. 无论急性或慢性心力衰竭心率都加快
10. 最易引起离心性肥大的疾病是(　　)
    A. 二尖瓣狭窄　　　　　　　　　　B. 主动脉瓣关闭不全
    C. 肺动脉高压　　　　　　　　　　D. 主动脉瓣狭窄
    E. 高血压病
11. 最易破坏心脏舒缩活动协调性的原因是(　　)

A. 心律失常 B. 心肌炎 C. 收缩蛋白丧失
D. 心肌纤维化 E. 心肌细胞凋亡

12. 肥大心肌细胞膜表面积相对减少的主要危害是(　　)
  A. 影响细胞供氧 B. 影响细胞吸收营养物质
  C. 影响细胞转运离子的能力 D. 影响肌浆网钙转运
  E. 影响细胞内线粒体数量

13. 酸中毒加重心力衰竭的主要机制是(　　)
  A. H^+与Ca^{2+}竞争与肌钙蛋白结合 B. 引起毛细血管括约肌痉挛
  C. 引起低钾血症 D. 促进心肌凋亡
  E. 抑制心肌细胞动作电位

14. 左心衰竭引起呼吸困难的主要机制是(　　)
  A. 支气管平滑肌敏感性增加 B. 回心血量减少
  C. 肺瘀血、肺水肿 D. 肺血流量减少
  E. 心肌缺血

15. 关于中心静脉压的叙述不正确的是(　　)
  A. 指右心房和腔静脉的压力 B. 可以反映右心室舒张末期压力
  C. 可用来监控输液的速度和总量 D. 可反映左室射血功能
  E. 右心室射血能力降低时此值增高

16. 左心衰竭最常引起的酸碱平衡紊乱类型是(　　)
  A. 代谢性酸中毒 B. 代谢性碱中毒合并呼吸性酸中毒
  C. 呼吸性碱中毒 D. 呼吸性酸中毒
  E. 代谢性碱中毒

17. 与肥大心肌向失代偿转变无关的是(　　)
  A. 肌球蛋白ATP酶活性降低 B. 心肌细胞体积增大
  C. 心肌细胞膜表面积相对减少 D. 心肌毛细血管数量相对减少
  E. 心肌生成去甲肾上腺素增加

18. 右心衰竭患者不易出现的临床表现是(　　)
  A. 食欲缺乏,恶心呕吐 B. 下肢水肿
  C. 少尿 D. 肝肿大 E. 心性哮喘

19. 单位压力变化引起的心室容积改变的倒数反映的是(　　)
  A. 心肌收缩性 B. 心肌传导性 C. 心肌自律性
  D. 心室僵硬度 E. 心室顺应性

20. 能致右心室后负荷增加的是(　　)
  A. 主动脉瓣关闭不全 B. 心肌梗死 C. 高血压病
  D. 心肌炎 E. 肺动脉瓣狭窄

[B 型题]

1. 从下列各选项中选择合适的选项填入各小题中。
   A. 主动脉压　　　　　B. 肺动脉压　　　　C. 左心室射血分数
   D. 右心室舒张末期压力　　　　　　　　　E. 左心室舒张末期压力
（1）反映左心室前负荷的是_____。
（2）反映左心室后负荷的是_____。
（3）反映右心室前负荷的是_____。

2. 从下列各选项中选择合适的选项填入各小题中。
   A. 心肌收缩蛋白减少　　　　　　　B. 心肌细胞不平衡生长
   C. 心肌能量生成障碍　　　　　　　D. 心肌能量利用障碍
   E. 心肌兴奋 - 收缩耦联障碍
（1）严重贫血导致心力衰竭的主要机制是_____。
（2）维生素 B_1 缺乏导致心力衰竭的主要机制是_____。
（3）大面积心肌梗死导致心力衰竭的主要机制是_____。
（4）长期高血压引发心力衰竭的病理生理基础是_____。
（5）心肌内去甲肾上腺素减少加重心力衰竭的主要机制是_____。

[X 型题]

1. 直接反映心输出量改变的指标是（　　）
   A. 射血分数　　　　B. 心输出量　　　　C. 心脏指数
   D. 心室舒张末期压力　　　　　　　　E. 肺毛细血管楔压

2. 引起心肌耗氧量增加的因素是（　　）
   A. 心率加快　　　　　　　　B. 心肌收缩性增强
   C. 回心血量增加　　　　　　D. 周围血管阻力下降
   E. 左室射血阻抗增加

3. 交感神经兴奋增加心排血量的机制是（　　）
   A. 增加细胞膜钙内流　　　　B. 增加回心血量
   C. 激活蛋白激酶 A　　　　　D. 促进肌浆网钙摄取
   E. 增加细胞内 cGMP

4. 关于心肌肥大的描述正确的有（　　）
   A. 心肌肥大的代偿功能也有一定限度
   B. 向心性肥大和离心性肥大都有重要的代偿意义
   C. 心肌肥大是一种较为持久的代偿方式
   D. 单位重量的肥大心肌收缩力增加
   E. 心肌肥大指心肌细胞体积增大，重量增加

5. 高输出量性心力衰竭的病因有（　　）

A. 动静脉瘘 B. 维生素 B_1 缺乏 C. 贫血
D. 甲状腺功能亢进 E. 二尖瓣狭窄

6. 左心衰竭的病因有( )
   A. 前壁心肌梗死 B. 高血压病 C. 主动脉瓣关闭不全
   D. 心律失常 E. 电解质紊乱

7. 左心衰竭患者出现呼吸困难的机制为( )
   A. 肺瘀血水肿引起肺顺应性降低
   B. 动脉血氧分压降低
   C. 气道阻力增大
   D. 肺间质压力增高刺激肺毛细血管旁J受体
   E. 代谢性酸中毒

8. 酸中毒引起心肌兴奋 – 收缩耦联障碍的机制是( )
   A. 高钾血症阻止钙离子内流 B. β肾上腺素受体的敏感性降低
   C. 钙离子与肌钙蛋白结合减少 D. 肌浆网释放钙离子减少
   E. 钙离子与钙储存蛋白的亲和力降低

9. 低输出量性心力衰竭可见于( )
   A. 冠心病 B. 高血压病 C. 心肌炎
   D. 严重贫血 E. 甲状腺功能亢进

10. 与舒张性心力衰竭发病相关的是( )
    A. 心肌能量供应不足 B. 肌球 – 肌动蛋白复合体解离障碍
    C. 心室顺应性降低 D. 心率过快
    E. 肌浆网摄钙能力降低

参考答案

[A 型题]

1. E 2. B 3. A 4. B 5. D 6. D 7. C 8. B 9. C 10. B
11. A 12. C 13. A 14. C 15. D 16. A 17. E 18. E 19. D 20. E

[B 型题]

1. (1)E (2)A (3)D
2. (1)C (2)C (3)A (4)B (5)E

[X 型题]

1. ABC 2. ABE 3. ABCD 4. ABCE 5. ABCD 6. ABC 7. ACD
8. ACD 9. ABC 10. ABCE

十六、肺功能不全

[A 型题]

1. 呼吸衰竭是指( )
   A. 由内呼吸功能障碍引起的病理过程
   B. 由外呼吸功能严重障碍引起的病理过程
   C. PaO_2 低于 60 mmHg 的病理过程
   D. 有呼吸困难的病理过程
   E. 由严重肺部病变引起的病理过程

2. 关于呼吸衰竭的概念,下列哪项不对( )
   A. 呼吸衰竭是由于外呼吸功能严重障碍,导致 PaO_2 低于正常或伴有 $PaCO_2$ 升高的病理过程
   B. 判断呼吸衰竭的血气标准一般为 PaO_2 低于 60 mmHg,$PaCO_2$ 高于 50 mmHg
   C. 呼吸衰竭可分为低氧血症型和高碳酸血症型
   D. 呼吸衰竭患者(未经治疗时)可以只有 $PaCO_2$ 升高而没有 PaO_2 降低
   E. 根据病程经过不同可分为急性和慢性呼吸衰竭

3. 以 PaO_2 低于 60 mmHg 为吸入海平面空气时诊断呼吸衰竭的标准的依据是( )
   A. 临床经验制定的
   B. 此时外周化学感受器方可被缺氧刺激所兴奋
   C. 此时会引起酸中毒
   D. 此时中枢神经系统开始出现不可逆性变化
   E. 此时 SaO_2 显著下降,组织将严重缺氧

4. 以 $PaCO_2$ 高于 50 mmHg 作为呼吸衰竭的诊断标准是因为( )
   A. 此时 pH 低于正常水平,出现酸血症
   B. 此时 CO_2 含量陡增
   C. 临床统计的经验
   D. 此时 CO_2 对中枢神经系统抑制作用明显
   E. 正常人 $PaCO_2$ 最高可达 50 mmHg

5. 关于血气特点的描述,下列哪项是错误的( )
   A. 正常人的 PaO_2 随年龄的增长有所降低

B. 正常人的 $PaCO_2$ 随年龄的增长而有变化

C. PaO_2 低于 60 mmHg 不一定是呼吸衰竭

D. 老年人的 PaO_2 较年轻人低是因通气与血流比例不平衡的肺泡增多

E. 由于 CO_2 弥散很快,所以 $PaCO_2$ 和 $PACO_2$ 通常是相等的

6. 限制性通气障碍不是(　　)

　A. 吸气时肺泡扩张受限引起肺泡通气不足

　B. 由神经系统或呼吸肌病变引起呼吸肌活动障碍而引起

　C. 由呼吸道阻塞,气体进入肺泡受限制引起

　D. 由胸廓或肺顺应性降低引起

　E. 呼吸衰竭的发病机制之一

7. 关于总肺泡通气量不足的描述,下列哪项是错误的(　　)

　A. 可引起Ⅰ型呼吸衰竭　　　　B. 可由限制性通气不足引起

　C. 可由阻塞性通气不足引起　　D. 临床上常见于慢性阻塞性肺病

　E. 可合并通气与血流比例失调

8. 下列哪项不是弥散障碍的特点(　　)

　A. 可由肺泡膜面积减小引起

　B. 可由肺泡膜厚度增加引起

　C. 常在静息时就可引起明显的 PaO_2 降低

　D. $PaCO_2$ 常正常或低于正常

　E. 严重且肺血流加快时可引起 PaO_2 降低

9. 关于肺泡通气与血流比例失调的描述,下列哪项不正确(　　)

　A. 可以是部分肺泡通气不足

　B. 可以是部分肺泡血流不足

　C. 是肺部病变引起呼吸衰竭的最重要机制,此时总肺泡通气量可不减少

　D. 常引起 PaO_2 降低而 $PaCO_2$ 不升高

　E. 可见于气管阻塞,总肺泡通气量减少而肺血流量未减少时

10. 下列哪项描述与功能性分流不符(　　)

　A. 又称静脉血掺杂

　B. 是部分肺泡通气明显减少而血流未相应减少所致

　C. 正常人肺也有功能性分流

　D. 肺不张时也引起功能性分流

　E. 功能性分流部分的静脉血不能充分动脉化使 PaO_2 降低而 $PaCO_2$ 升高

11. 下列哪项描述与死腔样通气不符(　　)

　A. 明显增多时可引起呼吸衰竭

　B. 是部分肺泡血流不足而通气未相应减少所致

　C. 可见于肺内弥散性血管内凝血时

D. 正常人肺没有死腔样通气

E. 是因大量肺泡为死腔样通气,其余肺泡的血流多而通气少,所以 PaO_2 降低

12. 支气管肺炎引起Ⅰ型呼吸衰竭的主要发病环节是（　　）

　　A. 肺内短路增多　　　　　　　B. 肺泡通气与血流比例失调

　　C. 阻塞性通气障碍　　　　　　D. 限制性通气障碍

　　E. 弥散障碍

13. 慢性阻塞性肺气肿患者呼吸衰竭时应（　　）

　　A. 将患者送入高压氧舱　　　　B. 吸入纯氧

　　C. 先吸入30%左右的氧　　　　D. 吸入95%的氧加5%的二氧化碳

　　E. 吸入室内空气

14. 吸入纯氧 15~20 分钟后正常人 PaO_2 可达 550 mmHg,如达不到 350 mmHg,则肺内可能发生了（　　）

　　A. 肺内真性分流增多　　　　　B. 气体弥散障碍

　　C. 肺内功能性分流增多　　　　D. 肺泡死腔样通气增多

　　E. 气道阻塞

15. 关于急性呼吸窘迫综合征(ARDS)的描述,下列错误的是（　　）

　　A. 由急性肺泡-毛细血管膜损伤引起的呼吸衰竭

　　B. 常出现Ⅰ型呼吸衰竭

　　C. 由肺直接损伤(如注射油酸)或全身性病理过程(如休克)引起

　　D. 是发展很快、病情严重的病理过程

　　E. 只发生于成人,不发生于儿童

16. ARDS 时,肺的病理变化不包括（　　）

　　A. 严重的肺间质水肿和肺泡水肿

　　B. 肺泡腔内液含蛋白高,Ⅱ型上皮细胞坏死

　　C. 大片肺组织坏死

　　D. 白细胞浸润

　　E. 出血、肺不张、微血栓等

17. 下列疾病患者表现为呼气性呼吸困难的有（　　）

　　A. 白喉　　　　　　　　　　　B. 支气管异物

　　C. 声带麻痹　　　　　　　　　D. 气胸

　　E. 肺纤维化

18. 神经-肌肉麻痹患者呼吸衰竭时血气变化的特点为（　　）

　　A. PaO_2 下降,$PaCO_2$ 升高

　　B. PaO_2 下降,$PaCO_2$ 降低

　　C. PaO_2 下降 $PaCO_2$ 升高呈一定比例

　　D. PaO_2 下降,$PaCO_2$ 可以正常、降低或升高

E. PaO_2 与 $PaCO_2$ 均可以表现为正常、降低或升高

19. 反映肺通气功能的最好指标是（　　）
    A. 潮气量　　　　　　　　　B. PaO_2
    C. PAO_2　　　　　　　　　D. $PaCO_2$
    E. $PaCO_2$ 和 $PACO_2$ 的差值

[B 型题]

1. 从下列各选项中选择合适的选项填入各小题中。
    A. PaO_2 与 $PaCO_2$ 呈比例降低和升高
    B. PaO_2 与 $PaCO_2$ 不呈比例降低和升高
    C. PaO_2 降低，$PaCO_2$ 明显降低
    D. PaO_2 降低，$PaCO_2$ 无明显变化
    E. PaO_2 升高，$PaCO_2$ 无明显变化

（1）COPD 患者（通气反应减弱者）_____。
（2）肺广泛纤维化患者_____。
（3）呼吸肌麻痹患者_____。
（4）ARDS 早期患者_____。
（5）氧疗后 ARDS 早期患者_____。

2. 从下列各选项中选择合适的选项填入各小题中。
    A. 外周血管收缩　　　　　　B. 肺血管收缩
    C. 红细胞增加　　　　　　　D. 脑血管收缩
    E. 肺毛细血管通透性增加

（1）急性低氧血症可引起_____。
（2）慢性低氧血症可引起_____。
（3）低氧伴高碳酸血症可引起_____。
（4）急性呼吸窘迫综合征可引起_____。

[X 型题]

1. ARDS 时肺泡通气与血流比例失调以及换气障碍是因为（　　）
    A. 肺部病变不是均匀的而是散在的
    B. 部分肺泡顺应性下降引起肺不张，造成肺内真性分流增多
    C. 部分气道因水肿液阻塞或白细胞血小板释放活性物使气道收缩造成肺内功能分流增多
    D. 微血栓阻塞血管和活性物质使血管收缩，造成肺内死腔样通气增多
    E. 呼吸肌疲劳

2. 呼吸衰竭发病的基本机制是（　　）
    A. 肺通气功能严重障碍　　　　　B. 肺泡通气与血流比例失调

C. 弥散障碍 D. 组织利用氧障碍
E. 肺内直性分流增加

3. 部分肺泡通气与血流比例失调常引起 PaO_2 降低而 $PaCO_2$ 不升高是因为( )

    A. 此时体内 CO_2 生成减少

    B. 部分肺泡 V/Q 小于 0.8 时,另一部分肺泡可代偿性通气增多而使 V/Q 大于 0.8

    C. 因氧解离曲线特点,通气增多的部分肺泡虽然可升高氧分压,但是血液氧饱和度和氧含量不能明显升高

    D. 因 CO_2 解离曲线特点,通气增加的部分肺泡可增加 CO_2 排出量,所以可代偿而使 $PaCO_2$ 不升高

    E. $PvCO_2$ 与 $PaCO_2$ 差小

4. 呼吸衰竭本身可引起( )

    A. 呼吸性酸中毒 B. 呼吸性碱中毒
    C. AG 正常型代谢性酸中毒 D. 代谢性碱中毒
    E. AG 增高型代谢性酸中毒

5. 呼吸衰竭时各种代偿性功能变化和功能障碍发生最基本的原因是( )

    A. 中枢神经系统功能障碍 B. 低氧血症
    C. 电解质代谢变化 D. 高碳酸血症
    E. 右心衰竭

6. 肺性脑病发病的机制有( )

    A. CO_2 升高引起脑血管扩张和脑水肿都使颅内压升高

    B. $PaCO_2$ 降低使中枢兴奋性降低

    C. 神经细胞酸中毒,GABA 增多

    D. 肺源性心脏病导致心输出量减少、脑血流减少

    E. 脑细胞缺氧,ATP 生成减少

7. ARDS 时肺泡毛细血管膜损伤的原因可以是( )

    A. 肺缺血、缺氧

    B. 先天性表面活性物质生成障碍

    C. 继发性通过白细胞和凝血系统作用

    D. 原始病因直接损伤

    E. 炎症介质作用

8. 中性粒细胞引起肺泡毛细血管膜损伤是通过( )

    A. 生成释放氧自由基

    B. 生成化学活性物引起肺小动脉收缩、通透性增加

    C. 释放溶酶体酶(弹性蛋白酶)

D. 首先需聚集并黏附于肺血管内皮细胞
E. TNF

9. 呼吸衰竭时产生胃溃疡、胃出血的机制有(　　)
   A. 胃黏膜屏障作用降低　　　　B. 胃壁血管收缩
   C. 胃壁细胞碳酸酐酶活性减弱　　D. 胃酸分泌增多
   E. 合并 DIC

10. 肺纤维化患者血气不可能出现以下变化(　　)
    A. PaO_2 正常,$PaCO_2$ 正常　　　　B. PaO_2 降低,$PaCO_2$ 降低
    C. PaO_2 降低,$PaCO_2$ 升高　　　　D. PaO_2 正常,$PaCO_2$ 升高
    E. PaO_2 升高,$PaCO_2$ 升高

参考答案

[A 型题]

1. B　2. D　3. E　4. A　5. B　6. C　7. A　8. C　9. E　10. D
11. D　12. B　13. C　14. A　15. E　16. C　17. B　18. C　19. D

[B 型题]

1. (1) B　　(2) C　　(3) A　　(4) D　　(5) E
2. (1) A　　(2) C　　(3) B　　(4) E

[X 型题]

1. ABCD　2. ABCE　3. BCD　4. ABE　5. BD　6. ACE　7. CDE
8. ABCD　9. ABDE　10. DE

十七、肝功能不全

[A 型题]

1. 肝实质细胞是指(　　)
   A. 库普弗细胞　　　　B. 星形细胞　　　　C. 肝细胞
   D. 内皮细胞　　　　　E. Pit 细胞

2. 肝功能障碍时代谢障碍不表现为(　　)
   A. 低糖血症　　　　　B. 低蛋白血症　　　　C. 高钾血症
   D. 低钠血症　　　　　E. 血浆渗透压降低

3. 肝细胞损害所致的肝功能障碍不包括(　　)

A. 糖代谢障碍　　　　　B. 内毒素清除障碍　　　C. 蛋白质代谢障碍
　　D. 电解质代谢障碍　　　E. 胆汁分泌障碍
4. 肝性腹水的发生不是由于(　　)
　　A. 门脉高压　　　　　　B. 糖代谢障碍　　　　　C. 血浆胶体渗透压降低
　　D. 淋巴循环障碍　　　　E. 激素灭活功能降低
5. 肝功能障碍时容易出血的原因主要是(　　)
　　A. 肝素产生太多　　　　B. 凝血因子产生减少　　C. 血小板减少
　　D. 毛细血管壁受感染　　E. 纤溶酶产生增多
6. 肝脏激素灭活功能减弱时与出现小动脉扩张有关的是(　　)
　　A. 甲状腺激素灭活减少　B. 胰岛素灭活减少　　　C. 雌激素灭活减少
　　D. 抗利尿激素灭活减少　E. 醛固酮灭活减少
7. 肝功能障碍时产生高胆红素血症的原因中下列哪一项不存在(　　)
　　A. 肝脏摄取胆红素障碍　　　　　B. 肝脏合成胆红素障碍
　　C. 肝脏酯化胆红素障碍　　　　　D. 肝脏运载胆红素障碍
　　E. 肝脏排泄胆红素障碍
8. 库普弗细胞功能障碍可导致(　　)
　　A. 生物转化功能障碍　　　　　　B. 内毒素清除减少
　　C. 细胞外基质合成减少　　　　　D. 黏附分子分泌减少
　　E. 白蛋白合成障碍
9. 肝星形细胞活化后,产生的主要变化不包括(　　)
　　A. 激素灭活功能增强　　　　　　B. 向肌成纤维细胞转化
　　C. 收缩能力增强　　　　　　　　D. 细胞外基质合成增多
　　E. 活性氧释放减少
10. 有关肝功能不全确切的描述为(　　)
　　A. 肝脏分泌功能障碍　　　　　　B. 肝脏解毒功能障碍
　　C. 肝脏合成功能障碍　　　　　　D. 肝细胞广泛坏死
　　E. 肝脏各种细胞功能障碍所致的临床综合征
11. 肝性脑病是指(　　)
　　A. 中枢神经系统疾病同时患有肝病　B. 严重肝病所继发的昏迷
　　C. 严重肝病所继发的精神症状　　　D. 肝功能衰竭合并脑水肿
　　E. 严重肝病所继发的神经精神综合征
12. 肝性脑病的发生主要是由于(　　)
　　A. 皮质结构破坏　　　　　　　　B. 下丘脑结构破坏
　　C. 大脑网状结构破坏　　　　　　D. 上行激活系统结构破坏
　　E. 脑组织功能和代谢障碍
13. 肝性脑病时脑组织主要受累细胞为(　　)

A. 神经元细胞 B. 少突胶质细胞
C. 星形胶质细胞 D. 小胶质细胞
E. 室管膜细胞

14. 下列关于血氨的说法正确的是( )
    A. 血氨是指血液内的 NH_4Cl 浓度
    B. 血氨是指血液内的 NH_3 浓度
    C. 血氨是指血液内的 $(NH_4)_2SO_4$ 浓度
    D. 血氨是血液内 NH_4OH 的浓度
    E. 血氨是指血液内的 NH_4^+ 和 NH_3 浓度总和

15. 正常人体内血氨的主要来源是( )
    A. 血内尿素进入肠腔分解产氨 B. 肾小管上皮细胞产生氨
    C. 蛋白质食物在肠道分解产氨 D. 人体组织蛋白分解产氨
    E. 肌肉活动产生氨

16. 肝性脑病患者口服乳果糖的主要目的是( )
    A. 升高血糖 B. 预防肝胆系统感染
    C. 减少肠道对氨的吸收 D. 防止腹水感染
    E. 改善脑组织能力供应

17. 肝性脑病时血氨生成过多,最常见的来源是( )
    A. 肠道产氨增多 B. 肌肉产氨增多
    C. 脑产氨增多 D. 氨从肾重吸收增多
    E. 血中 NH_4^+ 向 NH_3 转化增多

18. 循环血液中能通过血脑屏障引起肝性脑病的物质是( )
    A. 5-HT   B. NH_3 C. NE   D. DA   E. NH_4^+

19. 肝性脑病晚期血氨增高所致脑内神经递质的变化是( )
    A. 谷氨酸增多 B. 乙酰胆碱增多
    C. 谷氨酰胺减少 D. 谷氨酰胺累积增多
    E. 儿茶酚胺增多

20. 肝性脑病早期兴奋性增强的主要原因是( )
    A. 谷氨酸↑ B. 谷氨酰胺↑
    C. 乙酰胆碱↑ D. γ-氨基丁酸↑
    E. 甘氨酸↑

21. 肝性脑病发生细胞水肿的主要原因为( )
    A. 谷氨酸↑ B. 谷氨酰胺↑
    C. 乙酰胆碱↑ D. γ-氨基丁酸↑
    E. 去甲肾上腺素↑

22. 肝性脑病时血氨清除不足的最主要原因是( )

A. 谷氨酰胺合成障碍　　　　　　B. 鸟氨酸循环障碍
C. 肠道细菌产生的尿素酶增多　　D. 肠道细菌产生的氨基酸氧化酶增多
E. γ-氨基丁酸合成障碍

23. 血氨升高引起肝性脑病的主要机制是(　　)
    A. 脑内神经递质改变　　　　　B. 使乙酰胆碱产生过多
    C. 脑细胞的能量代谢增强　　　D. 脑干网状结构活动增强
    E. 使去甲肾上腺素作用减弱

24. 肝性脑病时脑组织乙酰胆碱的变化规律是(　　)
    A. 由于肝脏合成胆碱酯酶减少,乙酰胆碱因分解减少而增加
    B. 血氨升高抑制乙酰胆碱合成而使其减少
    C. 分解减少与合成减少共同作用,其含量正常
    D. 血氨使乙酰胆碱分解加速,其含量减少
    E. 乙酰辅酶 A 累积致乙酰胆碱增加

25. 有关氨中毒学说与其他学说的联系,错误的是(　　)
    A. 血氨增高可导致血浆氨基酸失衡
    B. 高氨可诱导突触间隙 GABA 水平增高
    C. 高血氨诱导芳香族氨基酸入脑增多,参与假神经递质形成
    D. 高血氨下调外周型苯二氮卓受体
    E. 高血氨增强 GABA-A 受体与其配体结合能力

26. 肝性脑病时 GABA 能神经元抑制活动增强的机制不包括(　　)
    A. GABA 与其受体结合能力增强
    B. 苯二氮卓类物质与其受体结合能力增强
    C. 星形胶质细胞 GABA 摄入不足
    D. 氨对 GABA 代谢无影响
    E. 星形胶质细胞 GABA 释放增多

27. γ-氨基丁酸发挥突触后抑制作用的机制是由于(　　)
    A. Na^+ 由细胞外流向细胞内　　B. K^+ 由细胞外流向细胞内
    C. Cl^- 由细胞外流向细胞内　　D. Na^+ 由细胞内流向细胞外
    E. K^+ 由细胞内流向细胞外

28. γ-氨基丁酸发挥突触前抑制作用的机制是由于(　　)
    A. Na^+ 由轴突内流向轴突外　　B. K^+ 由轴突内流向轴突外
    C. Cl^- 由轴突内流向轴突外　　D. Na^+ 由轴突外流向轴突内
    E. K^+ 由轴突外流向轴突内

29. 苯乙醇胺的前体是(　　)
    A. 色氨酸　　B. 苯丙氨酸　　C. 酪氨酸　　D. 缬氨酸　　E. 亮氨酸

30. 肝性脑病患者血浆氨基酸失衡表现为(　　)

A. BCAA含量降低,AAA含量降低　　B. BCAA含量降低,AAA含量增加
C. BCAA含量增加,AAA含量增加　　D. BCAA含量增加,AAA含量正常
E. BCAA含量正常,AAA含量降低

31. 肝性脑病患者血浆支链氨基酸减少主要是由于(　　)
   A. 肝脏对胰高血糖素灭活作用减弱　　B. 肝脏对糖皮质激素灭活作用减弱
   C. 肝脏对胰岛素灭活作用减弱　　D. 肝脏对肾上腺素灭活作用减弱
   E. 肝脏对甲状旁腺激素灭活作用减弱

32. 脑内芳香族氨基酸增多时,使多巴胺和去甲肾上腺素合成减少是通过抑制(　　)
   A. β-羟化酶　　B. 色氨酸羟化酶
   C. 酪氨酸羟化酶　　D. 谷氨酸脱羧酶
   E. 芳香族氨基酸脱羧酶

33. 肝性脑病的常见诱因是(　　)
   A. 胃肠蠕动增强　　B. 上消化道出血
   C. 脂肪摄入增多　　D. 糖类摄入增多
   E. 肠道内细菌活动减弱

34. 中枢神经系统内的真性神经递质是指(　　)
   A. 苯乙胺　　B. 酪胺　　C. 多巴胺　　D. 苯乙醇胺　　E. 羟苯乙醇胺

35. 肝性脑病的假性神经递质是指(　　)
   A. 苯乙胺和酪胺　　B. 多巴胺和苯乙醇胺
   C. 苯乙胺和苯乙醇胺　　D. 酪胺和羟苯乙醇胺
   E. 苯乙醇胺和羟苯乙醇胺

36. 在肝性脑病的发病机制中假性神经递质的毒性作用是(　　)
   A. 干扰乙酰胆碱的功能　　B. 干扰去甲肾上腺素和多巴胺的功能
   C. 干扰三羧酸循环　　D. 干扰糖酵解
   E. 干扰γ-氨基丁酸的功能

37. 正常人血浆中支链氨基酸/芳香族氨基酸的比值接近(　　)
   A. 0.6~1.2　　B. 1.2~2.5　　C. 3~3.5　　D. 4~4.5　　E. 5~5.5

38. 肝性脑病患者血液中芳香族氨基酸含量增多可使脑内的(　　)
   A. γ-氨基丁酸增多　　B. 羟苯乙醇胺增多
   C. 乙酰胆碱增多　　D. 去甲肾上腺素增多
   E. 多巴胺增多

39. 上消化道出血诱发肝性脑病的主要机制是(　　)
   A. 经肠道细菌作用而产氨增加　　B. 引起失血性休克
   C. 脑组织缺血缺氧　　D. 血液苯乙胺和酪胺增加
   E. 破坏血脑屏障,假性神经递质入脑

40. 肝性脑病患者服用肠道抗生素的主要目的是(　　)
    A. 防治胃肠道感染　　　　　　B. 预防肝胆系统感染
    C. 抑制肠道对氨的吸收　　　　D. 防治腹水感染
    E. 抑制肠道细菌产氨
41. 下列治疗肝性脑病的措施中哪一项不妥当(　　)
    A. 服用抗生素　　　　　　　　B. 给予碱性药物
    C. 输入葡萄糖　　　　　　　　D. 口服乳果糖
    E. 给予左旋多巴
42. 下列哪项因素不会诱发肝性脑病(　　)
    A. 感染　　B. 便秘　　C. 消化道出血　　D. 电解质紊乱　　E. 酸中毒
43. 促进肝性脑病发生的神经毒质不包括(　　)
    A. 乳果糖　　B. 硫醇　　C. 短链脂肪酸　　D. 酚类　　E. 锰
44. 肝性脑病发病机制的中心学说是(　　)
    A. 氨中毒学说　　　　　　　　B. 假性神经递质学说
    C. 综合学说　　　　　　　　　D. γ-氨基丁酸学说
    E. 血浆氨基酸失衡学说
45. 有关肝肾综合征的描述,错误的是(　　)
    A. 又称为肝性肾衰
    B. 包括肝性功能性肾衰竭、肝性器质性肾衰竭
    C. 肝性功能性肾衰竭时肾功能变化为可复性的
    D. 肝性功能性肾衰竭主要改变是肾小球病变
    E. 器质性肾衰竭主要改变是肾小管坏死
46. 与肝肾综合征发生机制无关的是(　　)
    A. 肾素－血管紧张素－醛固酮系统激活
    B. 内毒素血症
    C. 交感－肾上腺髓质系统兴奋
    D. 低蛋白血症
    E. 激肽系统异常
47. 关于肝肾综合征的发病机制,下列说法错误的是(　　)
    A. 肾交感神经张力增高
    B. 肾素－血管紧张素－醛固酮系统激活
    C. 肾局部扩血管物质增多
    D. 内皮素增多
    E. 内毒素血症

[B 型题]

1. 从下列各选项中选择合适的选项填入各小题中。

A. 氨与 α-酮戊二酸结合生成谷氨酸　　B. 氨与谷氨酸结合生成谷氨酰胺
C. 氨与瓜氨酸结合生成琥珀酸　　　　D. 丙酮酸氧化脱羧
E. 乙酰辅酶 A 与胆碱结合生成乙酰胆碱

（1）使还原型辅酶Ⅰ（NADH）消耗增多的反应是_____。
（2）在氨的代谢中属于耗能过程的反应是_____。

2. 从下列各选项中选择合适的选项填入各小题中。
　　A. 谷氨酸　　B. 组胺　　C. 多巴胺　　D. 苯丙胺　　E. 去甲肾上腺素
（1）苯乙醇胺的化学结构与上述何种物质相似_____。
（2）羟苯乙醇胺的化学结构与上述何种物质相似_____。

3. 从下列各选项中选择合适的选项填入各小题中。
　　A. 硫醇　　B. 锰　　C. 酪氨　　D. 苯乙胺　　E. 色氨酸
（1）可抑制尿素合成而干扰氨解毒的是_____。
（2）导致星形胶质细胞病变的是_____。
（3）苯丙氨酸在肠道经细菌作用可产生_____。
（4）经肠道细菌作用可产生吲哚、甲基吲哚等的物质为_____。
（5）酪氨酸在肠道经细菌作用可产生_____。

4. 从下列各选项中选择合适的选项填入各小题中。
　　A. 肌肉组织　　B. 胃肠道　　C. 肾脏　　D. 肝脏　　E. 神经组织
（1）清除血中芳香族氨基酸的主要器官组织是_____。
（2）清除血中支链氨基酸的主要器官组织是_____。

5. 从下列各选项中选择合适的选项填入各小题中。
　　A. 肾血流量减少,肾小球滤过率降低,肾小管结构近似正常
　　B. 肾血流量减少,肾小球滤过率增加,肾小管结构近似正常
　　C. 肾血流量减少,肾小球滤过率降低,肾小管坏死
　　D. 肾血流量减少,肾小球滤过率增加,肾小管坏死
　　E. 肾血流量减少,肾小球滤过率正常,肾小管坏死
（1）肝性功能性肾衰竭的特点是_____。
（2）肝性器质性肾衰竭的特点是_____。

6. 从下列各选项中选择合适的选项填入各小题中。
　　A. 肝豆状核变性　　　　　　B. 阿米巴肝脓肿
　　C. 原发性胆汁性肝硬化　　　D. 脂肪肝
　　E. 肝吸虫病
（1）主要由遗传性因素引起的肝脏疾病是_____。
（2）主要由免疫性因素引起的肝脏疾病是_____。

7. 从下列各选项中选择合适的选项填入各小题中。
　　A. 肝库普弗细胞　　　　　　B. 肝星形细胞

C. 肝脏相关淋巴细胞　　　　　　D. 肝窦内皮细胞
E. 肝细胞

（1）与肠源性内毒素血症的发生关系密切的是_____。
（2）与肝纤维化的发生关系密切的是_____。

[X型题]

1. 病毒性肝细胞损伤发生主要与哪些有关(　　)
   A. 感染病毒量　　　　　　　　B. 病毒毒力
   C. 病毒感染途径　　　　　　　D. 机体免疫状态
2. 肝脏疾病的常见病因主要见于(　　)
   A. 生物性因素　　　　　　　　B. 理化性因素
   C. 免疫性因素　　　　　　　　D. 营养性因素
3. 引起肝性腹水的全身性因素包括(　　)
   A. 门脉高压　　　　　　　　　B. 血浆胶体渗透压降低
   C. 淋巴循环障碍　　　　　　　D. 肾脏滤过减少，重吸收增强
4. 肝功能障碍时常出现的电解质紊乱是(　　)
   A. 低钾血症　　　　　　　　　B. 低钠血症
   C. 高磷血症　　　　　　　　　D. 高钙血症
5. 肝功能严重损害时激素代谢紊乱表现为(　　)
   A. 雌激素增多　　　　　　　　B. 胰岛素减少
   C. 醛固酮增多　　　　　　　　D. 抗利尿激素减少
6. 肝性脑病患者可以出现(　　)
   A. 精神错乱　　　　　　　　　B. 嗜睡
   C. 扑翼样震颤　　　　　　　　D. 昏迷
7. 氨中毒使脑组织能量代谢发生障碍的机制是(　　)
   A. 乙酰辅酶A生成不足　　　　B. α-酮戊二酸减少
   C. NADH消耗过多　　　　　　D. ATP消耗过多
8. 肝功能障碍包括(　　)
   A. 肝性腹水　　　　　　　　　B. 胆汁排泄障碍
   C. 胆汁分泌障碍　　　　　　　D. 凝血功能障碍
9. 严重肝病时出现肠源性内毒素血症的原因是(　　)
   A. 肠道吸收内毒素绕过肝脏直接进入体循环
   B. 库普弗细胞功能受抑制
   C. 肠黏膜屏障功能障碍，内毒素吸收入血增多
   D. 肠壁水肿使漏入肠腔内的内毒素增多
10. 肝性脑病时脑对神经毒质敏感性增加是由于(　　)

A. 缺氧 B. 神经毒质增多
C. 感染 D. 电解质紊乱

参考答案

[A型题]

1. C 2. C 3. B 4. B 5. B 6. C 7. B 8. B 9. D 10. E
11. E 12. E 13. C 14. E 15. C 16. C 17. A 18. B 19. D 20. A
21. B 22. B 23. A 24. B 25. D 26. D 27. C 28. C 29. B 30. B
31. C 32. C 33. B 34. C 35. E 36. B 37. C 38. B 39. A 40. E
41. B 42. E 43. A 44. A 45. D 46. D 47. C

[B型题]

1. (1) A (2) B
2. (1) C (2) E
3. (1) A (2) B (3) D (4) E (5) C
4. (1) D (2) A
5. (1) A (2) C
6. (1) A (2) C
7. (1) A (2) B

[X型题]

1. ABCD 2. ABCD 3. ABCD 4. AB 5. AC 6. ABCD 7. ABCD
8. ABCD 9. ABCD 10. ABCD

十八、肾功能不全

[A型题]

1. 肾前性急性肾衰竭最常见的病因是（　　）
   A. 汞中毒　　　　　B. 急性肾炎　　　　　C. 休克早期
   D. 肾内血栓形成　　E. 尿路梗阻

2. 急性肾衰竭少尿期,严格控制液体输入量是为了防止（　　）
   A. 酸中毒　　　　　B. 水中毒　　　　　　C. 高钾血症
   D. 血肌酐水平增加　E. 黏液性水肿

3. 持续性肾缺血和肾毒物导致的急性肾衰竭,其肾脏损害的突出表现是（　　）

A. 肾脏血液循环障碍　　B. 肾小球病变　　　　C. 肾小管阻塞
D. 肾小管坏死　　　　　E. 肾间质纤维化

4. 肾素-血管紧张素系统激活在急性肾衰竭发病中的主要作用是(　　)
   A. 促使交感神经兴奋　B. 促使 ADH 分泌　　C. 促使肾小动脉收缩
   D. 促使 PGE$_2$ 释放　　E. 促使 NO 释放

5. 输尿管结石引起急性肾衰竭,其 GFR 下降是因为(　　)
   A. 肾小球滤过面积下降　　　　　　　B. 肾小球毛细血管血压下降
   C. 肾小管坏死　　　D. 原尿返流　　　E. 囊内压升高

6. 尿比重固定在 1.010 左右主要反映(　　)
   A. 肾小球滤过能力下降　　　　　　　B. 肾脏浓缩能力下降
   C. 肾脏稀释能力下降　　　　　　　　D. 肾脏浓缩、稀释能力均下降
   E. 抗利尿激素分泌减少

7. 急性肾衰竭少尿期最常见的酸碱平衡紊乱类型是(　　)
   A. 代谢性酸中毒　　B. 代谢性碱中毒　　C. 呼吸性酸中毒
   D. 呼吸性碱中毒　　E. 代谢性碱中毒合并呼吸性酸中毒

8. 代表有功能肾单位的常用指标是(　　)
   A. 血压高低　　　　B. 贫血程度　　　　C. 血浆尿素氮浓度
   D. 血肌酐水平　　　E. 内生肌酐清除率

9. 慢性肾衰竭患者在快速纠正酸中毒后会发生手足抽搐的主要原因是(　　)
   A. 血液结合钙增多,导致游离钙浓度下降　　B. 促进肠道形成磷酸钙
   C. 肠道黏膜损害,钙吸收减少　　　　　　　D. 促进血磷浓度升高
   E. 抑制骨骼脱钙

10. 慢性肾衰竭时发生氮质血症的最主要原因是(　　)
    A. 肾小球通透性增加　B. 肾血流减少　　C. 肾小球滤过率降低
    D. 肾小管阻塞　　　　E. 肾血管收缩

11. 慢性肾衰竭晚期钙磷代谢障碍表现为(　　)
    A. 血钙降低,血磷降低　　　　　　B. 血钙降低,血磷升高
    C. 血钙升高,血磷降低　　　　　　D. 血钙升高,血磷升高
    E. 血钙降低,血磷可正常

12. 下列尿的变化指标中哪项表示慢性肾衰竭更严重(　　)
    A. 夜尿增多　　　　B. 多尿　　　　　　C. 高渗尿
    D. 等渗尿　　　　　E. 低渗尿

13. 慢性肾衰竭出血的主要原因是(　　)
    A. 凝血因子合成障碍　　　　　　　B. 毛细血管脆性增加
    C. 维生素 K 吸收障碍　　　　　　　D. 血小板功能异常
    E. 纤溶系统激活

14. 慢性肾衰竭时发生贫血的原因是( )
    A. 促红素生成增多 B. 红细胞脆性降低 C. 毒物抑制骨髓造血
    D. 叶酸含量增加   E. 并发慢性 DIC
15. 各种慢性肾脏疾病产生慢性肾衰竭的共同发病环节是( )
    A. 肾缺血   B. 肾单位广泛破坏 C. 肾血管梗塞
    D. 肾小管阻塞   E. 肾小管坏死
16. 慢性肾衰竭时与血钙降低无关的因素为( )
    A. 血磷升高   B. 血钠升高   C. 维生素 D 不足
    D. 毒物损伤肠黏膜 E. 肾脏 1-α 羟化酶活性降低
17. 尿毒症患者出现 Kussmaul 呼吸是由于( )
    A. 呼吸性酸中毒   B. 代谢性酸中毒   C. 呼吸性碱中毒
    D. 代谢性碱中毒   E. 呼吸性酸中毒合并代谢性碱中毒
18. 尿毒症时皮肤瘙痒的主要原因是( )
    A. 尿素霜形成   B. 皮肤色素沉着   C. 胆汁酸盐沉着
    D. 继发性甲状旁腺机能亢进   E. 胍基琥珀酸增加
19. 下述哪种物质不属于尿毒症的常见毒素( )
    A. 尿素   B. PTH   C. 甲状腺素
    D. 肌酐   E. 多胺
20. 治疗尿毒症最根本的方法是( )
    A. 治疗原发病   B. 避免使用肾毒性药物
    C. 纠正水、电解质和酸碱平衡紊乱   D. 透析疗法
    E. 肾移植

[B 型题]

1. 从下列各选项中选择合适的选项填入各小题中。
    A. 尿量 <400 mL/d,尿钠含量 <20 mmol/L
    B. 尿量 <400 mL/d,尿钠含量 >40 mmol/L
    C. 尿量 1000~2000 mL,尿钠含量较低
    D. 夜尿,尿比重 >1.020
    E. 夜尿,尿比重 <1.015
(1) ATN 引起的少尿型急性肾衰竭_____。
(2) 非少尿型急性肾衰竭_____。
(3) 肾前性急性肾衰竭_____。
(4) 慢性肾衰竭_____。

[X 型题]

1. 使肾小球有效滤过压下降的主要因素是( )

A. 肾血流量下降　　B. 滤过面积下降　　C. 出球小动脉痉挛
D. 入球小动脉舒张　　E. 血浆胶体渗透压升高
2. 对肾前性急性肾衰竭的描述,下列哪些是错误的(　　)
A. 肾内血管灌注量下降　　　　　B. 肾脏没有器质性改变
C. 尿钠升高　　　　　　　　　　D. 尿/血肌酐比值<20∶1
E. 尿比重下降
3. ATN 引起的急性肾衰竭少尿期可出现(　　)
A. 高钾血症　　　B. 酸中毒　　　C. 水中毒
D. 尿比重增高　　E. 氮质血症
4. 少尿型急性肾衰竭患者,多尿期出现多尿的机制是(　　)
A. 肾小球滤过功能逐渐恢复　　　B. ADH 分泌减少
C. 肾小管重吸收功能低下　　　　D. 肾小管阻塞解除
E. 血肌酐从肾小球大量滤出
5. 少尿型急性肾衰竭患者,少尿期出现高钾血症的原因包括(　　)
A. 尿量减少　　　B. 酸中毒　　　C. 低钠血症
D. 组织损伤和分解代谢增加　　　E. 输入库存血
6. 急性肾小管坏死少尿期尿变化的特点有(　　)
A. 尿比重>1.020　　　　　　　　B. 尿蛋白阴性或微量
C. 尿肌酐/血肌酐>40　　　　　　D. 尿钠>40 mmol/L
E. 尿沉渣镜检可见颗粒管型及变性上皮细胞
7. 非少尿型急性肾衰竭时可出现(　　)
A. 尿量可达 1500 mL/d　　　　　B. 氮质血症
C. 尿比重较低　　　　　　　　　D. 尿钠含量较低
E. 尿浓缩功能障碍
8. 血浆肌酐含量升高,与下述哪些因素有关(　　)
A. 肾小球滤过率降低　　B. 胃肠出血　　C. 感染
D. 肌肉中磷酸肌酸分解产生增加　　E. 蛋白质摄入过多
9. 肾性骨营养不良的发病机制与下述哪些因素有关(　　)
A. 高血磷　　　　B. 低血钙　　　C. $1,25-(OH)_2-D_3$ 减少
D. PTH 减少　　　E. 代谢性酸中毒
10. 尿毒症毒素来源主要包括(　　)
A. 正常代谢产物　　　　　　　　B. 细胞代谢紊乱产物
C. 外源性物质未经机体解毒　　　D. 毒性物质的分解代谢产物
E. 生理活性物质蓄积

参考答案

[A 型题]

1. C 2. B 3. D 4. C 5. E 6. D 7. A 8. E 9. A 10. C
11. B 12. D 13. D 14. C 15. B 16. B 17. B 18. D 19. C 20. E

[B 型题]

1. (1) B (2) C (3) A (4) E

[X 型题]

1. AE 2. CDE 3. ABCE 4. ACDE 5. ABCDE 6. DE 7. ABCDE
8. AD 9. ABCE 10. ABCDE

十九、脑功能不全

[A 型题]

1. 属于脑功能不全中缺血性脑血管疾病的是(　　)
   A. 脑出血　　　　B. 脑梗死　　　　C. 脑挫伤
   D. 蛛网膜下腔出血　E. 硬脑膜下出血
2. 属于脑功能不全中神经退行性疾病的是(　　)
   A. 原发颅内肿瘤　B. 转移性肿瘤　　C. 阿尔茨海默病
   D. 脊柱裂　　　　E. 病毒性脑膜炎
3. 认知的结构基础是(　　)
   A. 大脑皮质　　　B. 中脑　　　　　C. 脑干上行网状激动系统
   D. 脑干　　　　　E. 小脑
4. 最严重的认知障碍表现形式是(　　)
   A. 瞬时记忆障碍　B. 失认　　　　　C. 失语
   D. 失用　　　　　E. 痴呆
5. 关于认知障碍的原因,不正确的是(　　)
   A. 颅脑外伤　　　B. 脑缺血性损伤　C. 脑组织中蛋白质异常聚集
   D. 与环境因素无关　E. 脑老化
6. 阿尔茨海默病老年斑的中心成分是(　　)
   A. 神经原纤维　　B. 淀粉样物质沉淀　C. 脂肪样物质沉淀
   D. 蛋白样物质沉淀　E. 星形胶质细胞

7. 可清除突触部位 Aβ-淀粉肽的是(　　)
   A. Aβ-淀粉肽前体蛋白　　　　　B. 早老蛋白-1
   C. Tau 蛋白　　　D. 早老蛋白-2　　　E. α-2 巨球蛋白
8. 阿尔茨海默病患者体内存在的异常基因是(　　)
   A. 载脂蛋白 E 等位基因　　　　　B. 高密度脂蛋白基因
   C. 低密度脂蛋白基因　　　　　　D. 极低密度脂蛋白基因
   E. 载脂蛋白 A 等位基因
9. 额叶损伤导致的记忆障碍是(　　)
   A. 新记忆形成障碍　　　　　　　B. 长时情节记忆障碍
   C. 长时语义记忆障碍　　　　　　D. 空间记忆障碍
   E. 情感记忆障碍
10. 学习记忆障碍中神经递质及其受体异常的是(　　)
    A. 精氨酸加压素　　B. 生长抑素　　　C. 神经肽 Y
    D. 乙酰胆碱　　　　E. P 物质
11. 关于学习记忆障碍的发生机制不正确的是(　　)
    A. 新蛋白质合成与长期记忆无关　　B. 蛋白质磷酸化失衡
    C. 神经调节分子及其受体异常　　　D. 突触功能异常
    E. 神经回路功能异常
12. 保持意识存在的主要结构是(　　)
    A. 间脑　　　　　B. 中脑　　　　C. 脑干上行网状激动系统
    D. 海马　　　　　E. 小脑
13. 引起意识障碍并多伴有脑神经反射异常的是(　　)
    A. 代谢紊乱　　　B. 中毒　　　　C. 外源性毒素积聚
    D. 脑干上行网状激动系统结构损害　　E. 内源性毒素积聚
14. 属于深昏迷表现的是(　　)
    A. 角膜反射忽有忽无　　　　　　B. 脑干反射消失
    C. 防御反射存在　　D. 轻度嗜睡状态　　E. 智力活动障碍
15. 关于意识内容和觉醒度,不正确的是(　　)
    A. 意识内容变化时可伴有觉醒度的降低
    B. 觉醒度降低时可有意识内容的异常变化
    C. 两者既相互平行,又相伴而行
    D. 两者不平行
    E. 两者经常伴行
16. 关于意识不正确的是(　　)
    A. 意识是人体对自身状态和环境的感知以及对外界刺激做出恰当反应的能力

B. 意识是人脑反映客观现实的最高形式

C. 意识和认知无关

D. 意识包括觉醒度和意识内容

E. 意识内容是大脑皮质广泛联系区活动的结果

17. 最严重的意识障碍是(　　)

　　A. 昏迷　　B. 木僵　　C. 昏睡　　D. 嗜睡　　E. 恍惚

18. 关于意识障碍的发生机制正确的是(　　)

A. 大脑皮质的广泛损伤及功能抑制

B. 大脑皮质的局限性损伤一定引起意识障碍

C. 大脑皮质的局限性切除一定引起意识障碍

D. 脑干上行网状激动系统受损引起的意识障碍不常见

E. 丘脑功能障碍不能引起意识障碍

19. 关于意识障碍对机体的影响不正确的是(　　)

　　A. 意识障碍容易引起肺部感染　　　　B. 一定无呼吸功能障碍

　　C. 可有循环功能障碍　　　　　　　　D. 可有水、电解质和酸碱平衡失调

　　E. 可有体温过高或过低

20. 关于意识障碍防治的病理生理基础不正确的是(　　)

　　A. 紧急抢救措施　　　　　　　　　　B. 尽快明确诊断并对因治疗

　　C. 实时监测生命指征　　　　　　　　D. 实时监测意识状态

　　E. 脑保护在重度意识障碍时不重要

[B型题]

1. 从下列各选项中选择合适的选项填入各小题中。

　　A. 长时程增强　　B. 长时程抑制　　C. 两者均可　　D. 两者均无

（1）突触可塑性包括_____。

（2）突触传递效能增强的是_____。

（3）突触传递效能降低的是_____。

（4）研究学习记忆的经典模型_____。

2. 从下列各选项中选择合适的选项填入各小题中。

　　A. 海马的三突触环路　　　　　　B. 海马的单突触环路

　　C. 两者均可　　　　　　　　　　D. 两者均无

（1）内嗅皮质—齿状回—CA3区—CAI区—内嗅皮质环路是_____。

（2）参与空间记忆形成的是_____。

（3）内嗅皮质—CAI区—内嗅皮质环路是_____。

（4）环路损害可产生学习记忆障碍的是_____。

3. 从下列各选项中选择合适的选项填入各小题中。

A. 觉醒度降低 B. 意识内容异常变化
C. 两者均可 D. 两者均无

（1）意识障碍的表现包括_____。
（2）恍惚属于_____。
（3）谵妄属于_____。
（4）昏迷属于_____。

[X型题]

1. 脑功能不全的特点有（　　）
   A. 病因的多样性　　B. 病情的复杂性　　C. 症状的多样性
   D. 体征的繁杂性　　E. 疾病的难治性
2. 属于脑功能不全时出血性脑血管疾病的是（　　）
   A. 脑出血　　B. 脑梗死　　C. 脑挫伤
   D. 蛛网膜下腔出血　　E. 短暂性脑缺血发作
3. 关于认知障碍的临床表现正确的是（　　）
   A. 学习、记忆障碍和痴呆　　B. 失语
   C. 失用　　D. 无精神、神经活动的改变
   E. 失认
4. 脑缺血性损伤引起大脑皮质神经元损伤和死亡的机制有（　　）
   A. 能量耗竭和酸中毒　　B. 细胞内 Ca^{2+} 超载　　C. 自由基损伤
   D. 谷氨酸的兴奋性毒性　　E. 炎性因子失衡
5. 学习记忆障碍中神经调节分子及其受体异常的是（　　）
   A. 乙酰胆碱　　B. 多巴胺　　C. 雌激素水平
   D. 雄激素水平　　E. 去甲肾上腺素
6. 关于学习记忆障碍的发生机制正确的是（　　）
   A. 神经调节分子及其受体异常
   B. 蛋白质磷酸化失衡可导致短期记忆障碍
   C. 敲除 CREB 基因的小鼠可出现长期记忆障碍
   D. 突触前递质释放失衡可导致突触传递障碍
   E. Papez 环路主要参与情绪反应，与长期记忆无关
7. 阿尔茨海默病时基因异常能促进 Aβ-淀粉肽生成和沉积的是（　　）
   A. Aβ-淀粉肽前体蛋白基因　　B. 早老蛋白-1 基因
   C. 早老蛋白-2 基因　　D. 载脂蛋白 E 等位基因
   E. 微管蛋白基因
8. 关于学习记忆障碍时脑组织中的蛋白质异常聚集，正确的是（　　）
   A. 阿尔茨海默病 Aβ-淀粉肽异常聚集

B. 基因变异后的蛋白异常聚集
C. Tau 蛋白异常磷酸化
D. 蛋白质合成后的异常修饰
E. 以上都不对

9. 关于痴呆正确的是(　　)
   A. 认知障碍最严重的表现形式　　B. 可有记忆障碍
   C. 可有认知障碍　　D. 认知障碍最轻的表现形式
   E. 可有思维功能缺损

10. 认知障碍的治疗有(　　)
    A. 对症治疗　　B. 感觉功能训练　　C. 手术治疗
    D. 调节神经递质的药物治疗　　E. 神经保护治疗

11. 引起意识障碍的代谢紊乱和中毒有(　　)
    A. 营养物质缺乏　　B. 内源性毒素积聚　　C. 颅内局限性病变
    D. 体液和电解质平衡紊乱　　E. 脑梗死

12. 属于浅昏迷表现的是(　　)
    A. 无自发言语　　B. 无有目的活动　　C. 角膜反射消失
    D. 疼痛刺激时有回避动作　　E. 脑干反射基本保留

13. 关于意识障碍的表现形式正确的是(　　)
    A. 觉醒度降低按其轻重顺序分,最重的是昏迷
    B. 在轻中度意识障碍的情况下,可出现精神错乱这种意识内容的变化
    C. 昏迷按其程度可分为浅昏迷、中昏迷和深昏迷
    D. 中毒引起的意识障碍多不伴有局灶性神经病学体征
    E. 代谢紊乱引起的意识障碍多伴有局灶性神经病学体征

14. 关于意识和意识障碍的发生机制正确的是(　　)
    A. 意识是脑干、丘脑、大脑皮质之间结构上相互密切联系和功能上互相影响的结果
    B. 大脑皮质的广泛损伤及功能抑制
    C. 丘脑功能障碍
    D. 脑干上行网状激动系统是保持意识存在的次要结构
    E. 脑干上行网状激动系统受损

15. 关于意识障碍对机体的影响正确的是(　　)
    A. 呼吸功能障碍是重度意识障碍患者最常见的损害
    B. 呼吸功能障碍可由呼吸中枢受压引起
    C. 可有循环功能障碍
    D. 可有水、电解质和酸碱平衡失调
    E. 可有其他功能代谢障碍

16. 重度意识障碍的治疗有(　　)

A. 紧急抢救措施　　　　　　　　B. 尽快明确诊断并对因治疗
C. 保护脑功能　　　　　　　　　D. 实时监测生命指征
E. 实时监测意识状态

参考答案

[A 型题]
1. B　　2. C　　3. A　　4. E　　5. D　　6. B　　7. E　　8. A　　9. B　　10. D
11. A　　12. C　　13. D　　14. B　　15. C　　16. C　　17. A　　18. A　　19. B　　20. E

[B 型题]
1. (1) C　　　(2) A　　　(3) B　　　(4) C
2. (1) A　　　(2) C　　　(3) B　　　(4) C
3. (1) C　　　(2) A　　　(3) B　　　(4) A

[X 型题]
1. ABCDE　　2. AD　　3. ABCE　　4. ABCDE　　5. ABCE　　6. ABCD
7. ABC　　8. ABCD　　9. ABCE　　10. ACDE　　11. ABD　　12. ABCDE
13. ABCD　　14. ABCE　　15. ABCDE　　16. ABCDE

（林波　孙晓娟　张静）

参 考 文 献

[1] 王建枝,殷莲华.病理生理学[M].8版.北京:人民卫生出版社,2013.
[2] 步宏.病理学与病理生理学[M].3版.北京:人民卫生出版社,2012.
[3] 赵小玉.病理生理学实验指导[M].北京:人民卫生出版社,2005.
[4] 胡还忠.医学机能学实验教程[M].3版.北京:科学出版社,2010.
[5] 冯向功,陈道云.医学机能实验指导[M].上海:第二军医大学出版社,2010.
[6] 赵时梅,韦丽华.病理学与病理生理学实验与学习指导[M].西安:第四军医大学出版社,2015.
[7] 王建枝,殷莲华,周新文.病理生理学学习指导与习题集[M].北京:人民卫生出版社,2013.